にほんご つうやく

口译教程

陆留弟 —— 总主编

主　编 —— 许慈惠
副主编 —— 须　军

（第二

日本語高級通訳資格・検定試験

华东师范大学出版社
・上海・

图书在版编目（CIP）数据

日语高级口译岗位资格证书考试.口译教程/陆留弟总主编；许慈惠主编. —2 版. —上海：华东师范大学出版社,2021
　ISBN 978-7-5760-1923-0

Ⅰ.①日… Ⅱ.①陆… ②许… Ⅲ.①日语-口译-资格考试-自学参考资料 Ⅳ.①H36

中国版本图书馆 CIP 数据核字(2021)第 138022 号

日语高级口译岗位资格证书考试·口译教程（第二版）

主　　编	许慈惠
责任编辑	孔　凡
封面设计	俞　越
版式设计	蒋　克
出版发行	华东师范大学出版社
社　　址	上海市中山北路 3663 号　邮编 200062
网　　址	www.ecnupress.com.cn
电　　话	021-60821666　行政传真 021-62572105
客服电话	021-62865537　门市（邮购）电话 021-62869887
地　　址	上海市中山北路 3663 号华东师范大学校内先锋路口
网　　店	http://hdsdcbs.tmall.com/
印 刷 者	上海商务联西印刷有限公司
开　　本	890 毫米×1240 毫米　1/32
印　　张	8.75
字　　数	246 千字
版　　次	2021 年 10 月第 2 版
印　　次	2023 年 7 月第 2 次
书　　号	ISBN 978-7-5760-1923-0
定　　价	23.00 元
出版人	王　焰

（如发现本版图书有印订质量问题,请寄回本社客服中心调换或电话 021-62865537 联系）

总主编的话

作为上海市外语口译岗位资格证书考试项目之一的"日语口译岗位资格证书考试"自1997年开考至今,已由开始的鲜为人知,到现在逐步被高校日语专业学生了解,并得到社会各相关部门的认可。考试规模不断增大,生源范围不断扩展。可以说,这一项目为培养具有一定水平的日语口译人才作出了贡献。

随着报考人数的增加,考生结构发生变化,原考试项目显现出局限性。为了更好地体现服务社会的宗旨,适应不同岗位日语口译人才的需要,上海市高校浦东继续教育中心(以下简称"中心")决定从2007年秋季起开设"日语中级口译岗位资格证书"和"日语高级口译岗位资格证书"两个级别的考试。在"中心"和上海市外语口译岗位资格证书考试委员会的直接领导和组织指导下,由日语口译专家组陆留弟、蔡敦达、庞志春、杜勤、王丽薇五位老师负责编写《日语中级听力教程》(王丽薇、吴素莲)、《日语中级阅读教程》(蔡敦达、庞志春)、《日语中级口语教程》(庞志春、王建英)、《日语中级翻译教程》(杜勤、刘新梅)、《日语中级口译教程》(陆留弟、蒋蓓)系列教程。

按照"中心"教程编写的五点原则:1. 定位准确;2. 设定框架和体例;3. 选材面广;4. 体现时代特征;5. 突出口译特点,五位老师认真收集材料,编写上精益求精、各具特色。例如,《日语中级听力教程》每课由A、B两套试题组成。A套用以测试学习者的听力水平,以便进行有针对性的学习和训练。B套为模拟试题,其题型和要求与《考试大纲》的规定完全一致。《日语中级阅读教程》全书由上篇、下篇组成,上篇为"阅读基础与技巧",下篇为"课文与综合解答"。上篇部分主要帮助学习者认识阅读、掌握阅读的主要方法,从而准确且快速地阅读日语文章,做到事半功倍。下篇日语文章涉及说明文、论

述文、随笔、小说等题材。《日语中级口语教程》每课由两篇文章和"口语讲座"组成。其中"口语讲座"为其特色,兼具知识和信息,引导学习者如何说日语、用日语,从而提高他们的日语表达能力。《日语中级翻译教程》每课由日译汉、汉译日两部分组成。在讲授日汉互译基础理论的同时,注重翻译技巧的传授,帮助学习者通过大量的日汉互译实践提高自身的翻译水平。《日语中级口译教程》每个单元由六大模块组成。基本词汇和背景知识模块帮助学习者扫除口译中的基本障碍和了解相关背景知识;短句口译和简单的段落口译模块是口译表达的"实战演习",要求学习者学会灵活、自然、丰富的口语表达;口译注释模块对相关的语言内容进行补充说明,小知识模块对口译的基本要点和基本培训内容进行必要的阐述。此外,为了体现本教程能为上海乃至全国培养更多应用型日语人才的编写目的,编者根据不同教材的特点以及需要,归纳出了八大主题:文化娱乐、社会生活、教育研修、环境保护、高新技术、经济贸易、金融证券和时事新闻。

　　学习外语不同于学习数学、物理等带有公式、逻辑性的学科,外语的学习必须要有无数次的反反复复,而且是简单的反复、反复、再反复。只有坚持这"简单反复"的过程,才能取得外语学习的进一步提高。当然,这"简单反复"也必须由一些指导性的方法来支撑。首先,在初级阶段练好语音语调是对一个"能说会道"者的基本要求;其次,要做到坚持每天放声朗读,这是带领学习者进入"开口说话与交流"的最佳途径;最后也是最重要的一点:如何寻找"自我学习、自我会话、自我翻译"的环境。在外语的学习过程中,除了借助教程以及老师的教授和辅导外,如何寻找一个适合自己学习外语的环境,使自己在日常生活以及自然环境下悟出一套自我学习外语的方法,这在当今千军万马学习外语的浪潮中成为成功的弄潮儿至关重要的。

　　总而言之,学习任何语言都需要付出艰辛的劳动。希望这套系列教材能为有志于从事日语口译工作的人们提供一些帮助和指导。在此,我谨代表本系列教程的所有编写人员期待着你们的成功!

　　本人对整套系列教程从宏观上进行了总体把握,但微观上的把握略有不足,编撰时难免有些缺失。希望各方专家、学者、老师和学

生多多给予指正,以便我们及时改进。

"中心"和上海市外语口译岗位资格证书考试委员会的有关领导和工作人员以及华东师范大学出版社对系列教程的编写和出版做了大量的工作,在此我代表各位主编和参与本系列教程的所有人员向你们道一声谢谢,感谢你们对本系列教程的大力支持,感谢你们给了我们施展智慧的一次良好机会。

总主编　陆留弟

2007年3月

前　言

　　随着经济全球化和对日交流日益频繁,日语人才的需求量越来越大。据了解,仅长三角日资企业就有近10 000家,其中上海占6 000多家,且以每天1～2家的速度迅速递增。因此日语人才市场十分紧缺,具备汉语—日语、日语—汉语能力的双向传译人才更是难能可贵。

　　上海市日语口译资格证书考试就是在这样的形势下应运而生的。目的是为上海地区的国家机关、企事业单位、日资企业、涉外部门考核和遴选能胜任外事接待、外贸洽谈,以及会议交替传译等工作的日语口译人才,为社会需求服务。

　　本考试自1990年推出以来,受到广大考生的欢迎。如同星星之火可以燎原,口译学习者队伍不断扩大,社会的认可度也逐渐提高。应广大考生的要求,上海市口译岗位资格考试委员会新近推出了上海市日语中级口译考试和上海市日语高级口译资格证书考试,取代了原来不分等级的口译考试,更有效、更公平地测试出不同等级的水平情况。

　　日语中级口译考试较之原来容易了不少,而日语高级口译考试则难度提高了很多。要想顺利通过日语高级口译考试,必须进一步学习、提高。除了继续提高汉语、日语的表达能力以外,科学地掌握口译的技巧也是不容忽视的重要方面。

　　根据考试大纲的精神,上海市口译岗位资格证书委员会组织人员编写了一套日语中级口译教程,分听力、阅读、会话、翻译(笔译)、口译,共五本。本书是在该基础上编写的。

　　本书从日语高级阶段口译的科学性及技巧的角度设定十六课课文,每课围绕主题分成以汉语为起点语言和以日语为起点语言的两

大部分，各自配有大量的练习。练习又分为短句和长篇两种，短句有中译日、日译中分别十例，长篇也同样分为中译日和日译中练习。关于练习中的要点，及第五课至第十四课中与各课内容分别对应的关键词句，起点语言用直线，目标语言用曲线来表示。愿本书能为广大考生助上一臂之力。相信学生通过此书的学习，能掌握日语高级口译的科学性及技巧，收到事半功倍的效果，提高口译水平。

为保证本书中提供的日语语言材料真实反应它的使用环境，我们采用了报刊、网络等上面的最新文章。在此，我们对原作者们表示衷心的感谢。当然，这些文章体现的内容不代表作者和出版社的观点。尽管我们在成书时对材料进行了筛选，但在实际口译工作中，译员也必然会遭遇中外价值观念、政治立场等的冲突，因此在口译训练时，读者除了要在语言上下功夫外，还要学会对国外的材料加以鉴别，并在实际工作时遵守相应的外事纪律。

我们相信，本次修订后，本书会以更高的质量呈现在广大读者面前。为加强国际传播能力建设，全面提升国际传播效能，形成同我国综合国力和国际地位相匹配的国际话语权，为我国的日语教育作出更大的贡献。

日本上海共同通讯社的陈明先生和蔡易璐女士也帮助收集提供了大量资料，借此机会，一并表示感谢。

本书适合口译岗位资格证书的考生使用，也适用于一般大学的汉日、日汉口译课程以及自学者。

囿于本人才疏学浅，时间紧迫，书中错误难免，敬请各位批评指教。

编著者
2021 年 1 月

目 录

第一课　忠实起点语言

練習　　　セクション1　文と小段落の中文日訳と日文中訳
　　　　　　　　　　　　　　　　　　　　　　　　　　　　　　 2
　　　　　セクション2　文章の中文日訳と日文中訳 ……… 5
単語リスト　セクション1　文と小段落の中文日訳と日文中訳
　　　　　　　　　　　　　　　　　　　　　　　　　　　　　　 8
　　　　　セクション2　文章の中文日訳と日文中訳 ……… 10

第二课　正确听解

練習　　　セクション1　文と小段落の中文日訳と日文中訳
　　　　　　　　　　　　　　　　　　　　　　　　　　　　　　 13
　　　　　セクション2　文章の中文日訳と日文中訳 ……… 17
単語リスト　セクション1　文と小段落の中文日訳と日文中訳
　　　　　　　　　　　　　　　　　　　　　　　　　　　　　　 19
　　　　　セクション2　文章の中文日訳と日文中訳 ……… 21

第三课　脑　记

練習　　　セクション1　文と小段落の中文日訳と日文中訳
　　　　　　　　　　　　　　　　　　　　　　　　　　　　　　 23
　　　　　セクション2　文章の中文日訳と日文中訳 ……… 27
単語リスト　セクション1　文と小段落の中文日訳と日文中訳
　　　　　　　　　　　　　　　　　　　　　　　　　　　　　　 28

	セクション2　文章の中文日訳と日文中訳 ……… 29

第四课　笔　记

練習	セクション1　文と小段落の中文日訳と日文中訳 …………………………………………………… 32
	セクション2　文章の中文日訳と日文中訳 ……… 36
単語リスト	セクション1　文と小段落の中文日訳と日文中訳 …………………………………………………… 38
	セクション2　文章の中文日訳と日文中訳 ……… 39

第五课　缩　写

練習	セクション1　文と小段落の中文日訳と日文中訳 …………………………………………………… 42
	セクション2　文章の中文日訳と日文中訳 ……… 46
単語リスト	セクション1　文と小段落の中文日訳と日文中訳 …………………………………………………… 48
	セクション2　文章の中文日訳と日文中訳 ……… 49

第六课　把握语句的意义结构

練習	セクション1　文と小段落の中文日訳と日文中訳 …………………………………………………… 52
	セクション2　文章の中文日訳と日文中訳 ……… 57
単語リスト	セクション1　文と小段落の中文日訳と日文中訳 …………………………………………………… 60
	セクション2　文章の中文日訳と日文中訳 ……… 62

第七课　依序整理

練習	セクション1　文と小段落の中文日訳と日文中訳 …………………………………………………… 65
	セクション2　文章の中文日訳と日文中訳 ……… 69

単語リスト	セクション1	文と小段落の中文日訳と日文中訳
		·· 72
	セクション2	文章の中文日訳と日文中訳 ········· 73

第八课　疑 问 意 识

練習	セクション1	文と小段落の中文日訳と日文中訳
		·· 75
	セクション2	文章の中文日訳と日文中訳 ········· 79
単語リスト	セクション1	文と小段落の中文日訳と日文中訳
		·· 81
	セクション2	文章の中文日訳と日文中訳 ········· 83

第九课　抓住语句之间的修饰关系

練習	セクション1	文と小段落の中文日訳と日文中訳
		·· 87
	セクション2	文章の中文日訳と日文中訳 ········· 91
単語リスト	セクション1	文と小段落の中文日訳と日文中訳
		·· 93
	セクション2	文章の中文日訳と日文中訳 ········· 95

第十课　掌握成语谚语等经典表达

練習	セクション1	文と小段落の中文日訳と日文中訳
		·· 98
	セクション2	文章の中文日訳と日文中訳 ······ 101
単語リスト	セクション1	文と小段落の中文日訳と日文中訳
		·· 103
	セクション2	文章の中文日訳と日文中訳 ······ 103

第十一课　掌握关键词和关键句

練習	セクション1	文と小段落の中文日訳と日文中訳
		·· 107

	セクション2　文章の中文日訳と日文中訳 ……	110
単語リスト	セクション1　文と小段落の中文日訳と日文中訳 ……………………………………………	112
	セクション2　文章の中文日訳と日文中訳 ……	113

第十二课　掌握背景知识

練習	セクション1　文と小段落の中文日訳と日文中訳 ……………………………………………	114
	セクション2　文章の中文日訳と日文中訳 ……	119
単語リスト	セクション1　文と小段落の中文日訳と日文中訳 ……………………………………………	121
	セクション2　文章の中文日訳と日文中訳 ……	123

第十三课　思维方式的切换与正确表达

練習	セクション1　文と小段落の中文日訳と日文中訳 ……………………………………………	127
	セクション2　文章の中文日訳と日文中訳 ……	137
単語リスト	セクション1　文と小段落の中文日訳と日文中訳 ……………………………………………	139
	セクション2　文章の中文日訳と日文中訳 ……	140

第十四课　直译和意译

練習	セクション1　文と小段落の中文日訳と日文中訳 ……………………………………………	145
	セクション2　文章の中文日訳と日文中訳 ……	149
単語リスト	セクション1　文と小段落の中文日訳と日文中訳 ……………………………………………	151
	セクション2　文章の中文日訳と日文中訳 ……	152

第十五课　加强母语的表达修养

練習	セクション1	文と小段落の中文日訳と日文中訳 …… 155
	セクション2	文章の中文日訳と日文中訳 …… 159
単語リスト	セクション1	文と小段落の中文日訳と日文中訳 …… 161
	セクション2	文章の中文日訳と日文中訳 …… 163

第十六课　视　译

練習	セクション1	文章と小段落の中文日訳と日文中訳 …… 165
	セクション2	文章の中文日訳と日文中訳 …… 171
単語リスト	セクション1	文と小段落の中文日訳と日文中訳 …… 174
	セクション2	文章の中文日訳と日文中訳 …… 177

参考译文 ………………………………………………………… 180

附录 ……………………………………………………………… 252

　　上海市日语高级口译岗位资格证书考试大纲(2006年版)

　　（视译部分）上海市日语高级口译岗位资格证书考试视译部分文字

　　（听译部分）上海市日语高级口译岗位资格证书考试口译部分录音文字

　　上海市日语高级口译岗位资格证书考试视译部分参考译文

　　上海市日语高级口译岗位资格证书考试口译部分参考译文

参考书目 ………………………………………………………… 262

第一课　忠实起点语言

　　口译就是母语和外语之间的口头翻译工作。需要口译的话语称为起点语言(也称原语)，需要最终译成的语言称为目标语言。口译工作的语种一般有两种情况：一是单语单向的口译；一是交替传译的双语双向传译。交替传译国际上本来限于外语译成母语，译员原则上永远用自己的双语中熟练度最好的语言表达，而用熟悉度最好的外语听辨、理解，亦即外语—母语、母语—外语双语双向的口译。对于母语是汉语的日语人才而言，就是把母语汉语译成外语日语，以及把外语日语译成母语汉语。语种的性质始终在起点语言和目标语言之间转换。

　　上海市日语高级口译岗位资格证书考试倡导口译忠实于起点语言的口译。无论单语单向还是双语双向，口译都必须忠实起点语言，不偏不倚地把握住起点语言的信息内涵，把它全面、准确、通畅地译成目标语言。口译时，根据实际情况的需要，从文化背景、知识背景等角度对起点语言做必要的增译和减译，根据各自语言的表达习惯，利用各自的修辞手法重新遣词造句、改变句子结构等等，都属于翻译技巧范畴，是不失为忠实起点语言之列的，是允许的、也是应该的。但是，忽略或曲解起点语言的原意、望文生义、避实就虚、避重就轻、移花接木、自说自话、任意发挥，则是口译工作的大忌。同样，虽说人类已进入了信息时代，信息爆炸已成为时代的特征。提倡简约、凝练已成为新的趋势。但即便如此我们也没有任何理由因此而擅自将原本该忠实于起点语言的口译工作偷工减料地变为改译、编译、节译、综译，以体现所谓的时代精神。忠实起点语言，是我们口译工作的责任和义务。

練習

セクション1　文と小段落の中文日訳と日文中訳

A. 中訳日

(1) 我们切实履行维护国家安全的责任,是"<u>一国两制,港人治港</u>"成功落实的基石。

(2) 这是浅草寺的雷门,是浅草寺的象征。从雷门进去,<u>走几百米左右就到了浅草寺庙宇</u>。从雷门到浅草寺前的数百米的路两边有很多小商店,这条街名叫"仲见世"。

(3) 不是把中国的经济增长<u>当作威胁</u>,而是把它看做是加深中日经济交流的<u>有利因素</u>,这才是符合经济全球化发展的思维。

(4) 有些企业将个人股<u>优先于</u>国家股和法人股考虑,试行对本金、利息和红利三部分都予以保障的股票制度。我国的股票可以从税前支付的利息和税后纯利润中提取红利。股息<u>一般</u>都高于银行存款利息。

(5) 日本的企业为了保持员工对企业的<u>忠诚度</u>,除了给他们<u>经济上的刺激外</u>,对于提高员工的<u>归属感</u>,也做了最大的努力。对于新职工,每年都要实行<u>组织周密</u>的集训。

(6) 最近辞书界提倡将在文语或口语中实际存在的文句作为用例使用,而不赞许辞书编撰家<u>自己杜撰的句子</u>。因此,需要建立<u>对语料进行比较和筛选</u>的引用例句数据库。

(7) 接到李子云打来的<u>长途电话</u>后我马上铺开信纸给他们写信,却先是不知如何下笔,后来<u>写至一半团掉再写,如此至三</u>,终于写

成一封,都装入信封、粘好邮票了,却到头来又没有投寄。

(8) 所谓信用,是指<u>授信人</u>信任<u>受信人</u>的偿付承诺,后者无须付现即可获取商品、服务或货币的能力。

(9) 说到轿车,北京人<u>拿它太当回事了</u>。有人以为<u>玩车</u>是现代人的时尚。其实,早在七八十年前,老北京人就开始玩车了,不过那会儿的玩车人主要是<u>大宅门的少爷</u>。

(10) 1994 年位于虹桥开发区的虹桥友谊商城开创了<u>上海引进一线品牌的先河</u>。作为<u>上海时尚文化策源地之一</u>,<u>虹桥友谊商城无疑是一线品牌在上海从无到有的</u>,你争我夺的<u>历史见证者</u>。始终倡导"将大众与高档相结合"的虹桥友谊商城,长期坚守着"培育品牌、培育市场、培育消费者"的职责,逐渐成为一个利润发源地。

B. 日訳中
(1) JOC 役員については、各国候補都市との招致レースを<u>勝ち抜く</u>ための国際的な知名度の高さや財政力などから首都の東京都を推す委員がかなり多いという見方が強いです。

(2) アテネ五輪前は1年前に<u>現地調査</u>をしましたが、マラソンのコース視察が主でした。今回のように科学委員会メンバーが<u>同行</u>し、気象条件などのデータを収集をするような本格的なものは<u>初めて</u>といいます。

(3) ハリウッドのグローバル化について次のように分析しています。ハリウッドは市場リスクを分散させるために、絶えずアメリカ以外の地域を開拓し続けてきました。その動きの一つとして、<u>香港の映画人</u>を取り入れ、<u>安くて優れた</u>ニュージーランドやオーストラリアのコンピュータ技術を取り入れ、評価の高いイギ

リスの俳優を取り入れてきました。

（4）90年代に入り、日本経済が低迷し、アメリカは情報技術をベースに構造転換をすすめ、日毎に国際競争力を高めていく過程で日米逆転を成し遂げましたが、さらに日本的経営の長所を積極的に取り入れ、コンセプトとして再生し、競争力強化の基礎としたのであります。

（5）情報社会の進展の中で、各国ともにIT革命の進展に伴い、産業のハイテク化、産業化によるイノベーションの急速な展開によって、それに対応する人材需要に適応できず、その不足に直面しつつあり、その育成が急務となっており、従来の教育システムや教育内容ではこれに適応できなくなっています。

（6）展示されているのは、熊本市出身の生人形師安本亀八（やすもと、かめはち）（一八二六～一九〇〇年）が一八九〇（明治二十三）年に制作したもので、投げられまいとあがく力士の目は血走り、腕には血管が浮き出ており、迫力満点。東京の浅草寺に展示されていたのを米国人収集家が買い求め、デトロイト美術研究所に寄贈されていましたが、昨年、熊本市現代美術館が購入しました。

（7）フランスでは七月下旬に猛暑が続きましたが、八月に入ってからは涼しい日が多いです。この日のパリも薄曇りで、必ずしも「打ち水日和」とは言えない天気でしたが、参加者はひしゃくで水をまき、二五度だった周囲の気温が約二度下がるのを確認しました。
　参加者のヨガ教師、ジャンリュック・バンゲレさん（44）は「暑い日に打ち水できなかったのは残念だが、水を粗末にしない考え方など（打ち水には学ぶべき点が）多くある。」と話しました。

（8）北京五輪で、競泳の伝統が変わるかもしれません。競泳は通常午前に予選、午後に準決勝、決勝を行いますが、同五輪で米国向け放送権を持つ米 NBC 放送が、米国のゴールデンタイムに合わせて決勝を午前に実施するよう提案しました。20 日に閉幕したパンパシフィック選手権では、選手に 2 年後への動揺や憤りが渦巻きました。

（9）16 世紀以来、第二次世界大戦に至るまで 27 回にもわたって戦争を繰り返してきたといわれる宿敵同士であった両国の和解はまさに画期的であり、このシューマン・プランを基本として、1952年 7 月、統合に向けた初めてのヨーロッパ域内機関である ECSC（欧州石炭鉄鋼共同体）が発足することとなりました。

（10）日中間には難しい歴史問題がありますが、独仏両国は 16 世紀以来第二次世界大戦に至るまで実に 27 回にもわたる戦争を経てきたといわれます。他方、日中間には、2000 年にも及ぶ非常に長い交流の歴史があり、その間、「不幸な時期」もありましたが、ほとんどの期間については、友好関係を保ってきました。宿敵同士であった独仏に「和解」ができて、日中にそれができないということはないはずであります。

セクション2　文章の中文日訳と日文中訳

A. 中訳日

　　我们初学为文,一看题目,便觉一片空虚,搔首踟蹰,不知如何落笔。无论是以"人生于世……"来开始,或以"时代的巨轮……"来开始,都感觉得文思枯涩难以为继,即或搜索枯肠,敷衍成篇,自己也觉得内容贫乏索然寡味。胡适之先生告诉过我们:"有什么话,说什么话;话怎么说,就怎么说。"我们心中不免暗忖:本来无话可说,要我说些什么? 有人认为这是腹笥太俭之过,疗治之方是多读书。"读万

卷书,行万里路",固然可以充实学问增广见闻,主要的还是有赖于思想的启发,否则纵然<u>腹笥便便</u>,搜张摘句,也不过是<u>饾饤之学</u>,不见得就能做到"文如春华,思若涌泉"的地步。想象不充,联想不快,分析不精,<u>辞藻不富</u>,这是造成文思不畅的主要原因。

B. 日訳中

「地球温暖化の<u>進展</u>で、ヒマラヤ山脈を含むチベット高原の氷河の溶解が年間10〜15メートルの速さで<u>加速度的に進み</u>、過去40年以上の間に6 600立方キロ以上も縮んだ。そのほとんどは、80年代半ば以降に起きた」。

世界自然保護基金（WWF）の中国、インド、ネパールの各事務所が公表した氷河溶解に関する共同報告書は<u>衝撃的</u>でした。そして、「今後数十年で状況は悪化していく。氷の溶解で上昇する川の水位は、経済や環境問題に<u>大きな打撃を与える</u>ことになるだろう」とも予測しています。

「世界の屋根」と呼ばれるチベット高原の平均標高は4 000メートルを越えています。山脈からの雪が谷で蓄積、圧縮されてできあがる氷河は、世界的にもこの地域に集中し、世界の真水の約7割を閉じ込めています。その体積は10万5 000立方キロにも及び、うちヒマラヤ山脈の総量は3万5 000立方キロと最も巨大です。これら氷河群は、中国大陸を横断する揚子江や黄河、東南アジア最大のメコン川、インドやパキスタンを流れるガンジス川やインダス川など、アジアの8大河川の源流です。また、氷河の溶解によって、こうした流域で「<u>広範囲に洪水が起きる</u>」と予測され、流域に<u>地すべりや土壌浸食が発生し</u>、更にその後には数億人分の水不足を招く可能性もあります。

中国の科学者たちも最近、同様にヒマラヤ氷河の溶解による<u>アジアの水不足の深刻化</u>について報告書を発表し、強い危機感を示しました。科学者らは、エベレスト氷河の溶解標高はこの2年間で約50メートルも上昇し、通常の2倍以上の速さで進んでいるこ

とを発見しました。2002年に見られた巨大氷壁も消失したといいます。報告書では、「次の100年間で摂氏1.4～5.8度も気温が上昇し、海面上昇で世界中の低地は水没の危機に陥る」などと、地球規模の被害を指摘しました。

　氷河は洪水を防ぐ一方、降雪量が少ない年の夏場に起きる干ばつ時に、水を補い、アジアの人々の生活や農業、産業の発展に欠かせない存在です。その水資源のバランスが今、地球温暖化によって蝕まれつつあります。

単語リスト

セクション1　文と小段落の中文日訳と日文中訳

A. 中訳日

并存、共存	併存する(へいそん)(自サ)
雷门	雷門(かみなりもん)(名)
威胁、胁迫	脅威(きょうい)(名)
理解、接受意见	受け止める(うけとめる)(他一)
全球化	グローバリゼーション(名)
适合、适应	当てはまる(あてはまる)(自五)
个人股	個人株(こじんかぶ)(名)
国家股	国家株(こっかかぶ)(名)
法人股	法人株(ほうじんかぶ)(名)
本金	元金(もときん)(名)
利息	金利(きんり)(名)
红利	配当金(はいとうきん)(名)
扣税	税引き(ぜいびき)(名)
纯利润	純益(じゅんえき)(名)
分配、分红	配当(はいとう)(名・他サ)
注视、凝视	見詰める(みつめる)(他一)
数据库	データベース(名)
长途电话	長距離(ちょうきょり)電話(名)
信笺	便箋(びんせん)(名)
偿付	償還(しょうかん)(名・他サ)
承诺、应允	承諾(しょうだく)(名・他サ)
获得	獲得(かくとく)(名・他サ)
时尚	ファッション(名)
宅邸	邸宅(ていたく)(名)
品牌	ブランド(名)

策源、发信	発信(はっしん)(名・自他サ)
见证、关注	見守る(みまもる)(他五)

B. 日訳中

候補(こうほ)(名)	候选、候补
招致(しょうち)(名・他サ)	邀请来
勝ち抜く(かちぬく)(自五)	脱颖而出
推す(おす)(他五)	推选、推荐
アテネ(名)	雅典
現地調査(げんちちょうさ)(名)	实地考察
同行(どうこう)(名・自サ)	同行、一起走
ハリウッド(名)	好莱坞
リスク(名)	风险
開拓(かいたく)(名・他サ)	开拓
日毎(ひごと)(副)	每天、一天天
成し遂げる(なしとげる)(他一)	完成、做成
コンセプト(名)	概念、观念
再生(さいせい)(名・自他サ)	再生
ハイテク(名)	高科技
イノベーション(名)	改革、变革
血走る(ちばしる)(自五)	冒血、血迸出来
血管(けっかん)(名)	血管
迫力(はくりょく)(名)	打动人心的力量
寄贈(きぞう)(名・他サ)	赠与
猛暑(もうしょ)(名)	高温
薄曇り(うすぐもり)(名)	微阴(天)
打ち水(うちみず)(名・自サ)	泼水
日和(ひより)(名)	天气(情况)、晴天
ひしゃく(名)	长柄勺子
ヨガ(名)	瑜伽

競泳(きょうえい)(名・自サ)	游泳比赛
予選(よせん)(名・自サ)	预选
準決勝(じゅんけっしょう)(名・自サ)	半决赛
決勝(けっしょう)(名・自サ)	决赛
ゴールデンタイム(名)	黄金时段
パンパシフィック(名)	泛太平洋
憤り(いきどおり)(名)	愤怒
渦巻き(うずまき)(名)	漩涡
宿敵(しゅくてき)(名)	夙敌
画期的(かっきてき)(形動)	划时代意义
発足(ほっそく)(名・自サ)	成立

セクション2　文章の中文日訳と日文中訳

A. 中訳日

挠头、失误或难为情时的动作	頭をかく(連語)
齿轮	歯車(はぐるま)(名)
竭尽全力	振り絞る(ふりしぼる)(他五)
完成、做完工作	仕上げる(しあげる)(他一)
秘密、暗中	密か(ひそか)(形動)
贫乏、贫弱	貧弱(ひんじゃく)(名・形動)
处方	処方箋(しょほうせん)(名)
书箱	本箱(ほんばこ)(名)

B. 日訳中

地球温暖化(ちきゅうおんだんか)(名)	地球变暖
ヒマラヤ山脈(さんみゃく)(名)	喜马拉雅山脉
チベット高原(こうげん)(名)	青藏高原
半ば(なかば)(名)	中期
ネパール(名)	尼泊尔
氷河溶解(ひょうがようかい)(名)	冰川融解

世界の屋根(せかいのやね)(名)	世界屋脊
標高(ひょうこう)(名)	海拔
真水(まみず)(名)	淡水
横断(おうだん)(名・他サ)	横穿
侵食(しんしょく)(名)	侵蚀
地すべり(ちすべり)(名)	地面下滑
氷壁(ひょうへき)(名)	冰壁
夏場(なつば)(名)	夏季

第二课　正确听解

　　口译能力主要指听解能力和表述能力。当一连串线性结构的语流通过听觉传入大脑时,能否迅速而准确地理解其意思,并用确切而生动的词语连贯地表达出来,这就是口译能力,或者说是语言的表达功夫。口译工作通过两个步骤得以完成:一是耳听,二是口述。听解和表述的关系十分密切,二者相辅相成。由于口译是现场的,又是双向的,如果听不到或听不懂别人的话,就无法进行下一个流程的口译。只有在说话人说出的每一句话都听懂、理解、接受的条件下,口译才能实现。

　　笔译时间比较充裕,可以对文章反复阅读、理解,而口译不同,除非万不得已,一般情况下不便请说话人重复话语。因此,当即的正确听解就显得尤为重要。口译好的人在耳听过程中,对话语感受灵敏,理解深刻,并且能迅速采取语言对策,使自己的口译正确,取得理想的效果。

　　一般说来,听解的具体要求是听清语句,把握要点主旨,分辨正误优劣,善于归纳记忆,领悟言外之意。也就是要听得准,理解快,记得清,具有较强的听话品评力和听话组合力。具体是指快速、准确地理解所听话语内在涵义的一种技能。要求边听边思索,听词语,辨词义;听语句,辨句义;听语段,明语脉;听整篇,抓中心,听出个明堂,知所云。这样的听解是口译的先决条件,重中之重。听解不了就无法译,至少不可能译好。

　　有时,起点语言话语者话语结构松散,表面上说了很多,而真正形成价值的信息则并不多;也有时,起点语言话语者常常自己讲完或念完一段语段后才让译员翻译,这时信息量极大,结构极为浓缩,给译员出了一道难题;这样的场合就更需要译员认真听辨,去伪存真。

正确听解的能力是可以有意识练就的。我们不妨分几个方面去实践、锻炼。一、保持旺盛的体力,注意力高度集中,心绪上不受任何外界情况的干扰,专心致志;二、积极发挥记忆作用,尽可能从逻辑上串通话语;三、做好要点笔记,以便为正确理解助一臂之力;四、抓住关键词;五、把握语句、段落、篇章的整体话语脉络等。通过这一系列的努力,听解能力必定会大有提高。

練習

セクション1　文と小段落の中文日訳と日文中訳

A. 中訳日

(1) 这时我的英文基础并不怎么好,但就是这样直接阅读<u>原著</u>方才领略了其中的美妙,方才<u>惊喜地发现</u>世界文学宝库是这么一个富有魅力的神奇世界。

(2) 在东亚事实上<u>正在进行的经济融合过程中</u>,日本遇到了来自周边国家的挑战这一<u>前所未有的课题</u>。其中本来应该有通过与这些国家的融合得到实惠的各种途径,但由于日本长期以来一直存在一种轻视亚洲的习惯,<u>没有找到一种赢得实惠的方法</u>。至少在很多方面还没有引起足够的重视。

能否改弦易辙,从现在开始认真对待,<u>关键在于我们自己如何选择</u>。但是,如果不能认真对待,那么,由此带来的生活水平的下降,也将要由我们自己来承担。

(3) 外商投资企业和外国企业<u>在中国适用的税种</u>有企业所得税、增值税、消费税、营业税、土地增值税、印花税、资源税、屠宰税、城市房地产税、车船使用牌照税等。进出口货物按海关关税条例的规定缴纳关税和进口环节税。在中国境内工作的<u>外籍人员</u>应缴纳个人所得税。

(4) 老先生一只手拿着杯子喝可乐,另一只手拿着报纸,<u>不经意地浏览着</u>;而老太太则如贵妇人般优雅,她自然地<u>将两肘支在桌上</u>,两手轻轻捧起杯子,慢慢往嘴边送。

(5) 许多国家更希望<u>安理会</u>能更多地发挥保障国际安全的作用。与此同时,一些国家在<u>安理会改革建议的相关报告书</u>出台<u>之前</u>,先各自表明立场,形成舆论,以求在未来的安理会改革中<u>占优势</u>。当前,安理会改革的焦点在于扩大问题,即扩大安理会成员国数,增设安理会常任理事国席位。其次是否决权问题。

(6) 我们小镇那里的人,很容易把我们这些在外面的人当成了<u>不起的人物</u>。只要你走出了那块土地,他们就认为你与众不同。

(7) <u>为防止股票违反价值规律</u>,股价狂涨暴跌,有必要加强对股票市场的<u>宏观调控</u>。另外,有必要防止过分的投机行为,<u>防止股票集中在少数人手中</u>,防止少数投机商操纵股市。

(8) 金融政策是和财政政策、产业政策同样重要的宏观经济政策之一,为实现<u>稳定物价</u>、<u>平衡国际收支</u>、<u>稳定汇率和景气</u>这些目标而实施的。

(9) 中小学校要把"<u>减负</u>"<u>后空出来的时间和空间</u>用于开展适合学生个性的、丰富多彩的活动。家长们也要为孩子安排好<u>有益且有实效的活动</u>,通过这些来促进学生更活泼、更富有个性的发展。

(10) 战后德国的赔偿做法也许<u>可以供日本政府借鉴</u>。德国政府认为,赔偿关系到对历史的认识,关系到国家的荣誉,是国际法原则尊重的考验,是战后德国<u>被</u>国际社会<u>重新接纳</u>的基本道德前提。

B. 日訳中

（1）時差が1時間で、日程変更のメリットのない日本勢も、女子自由形の柴田亜衣（チームアリーナ）が「もちろんできれば午後がいい」と話すなど困惑気味です。巨額のテレビマネーの前に、現場の声はどこまで届くのでしょうか。

（2）広告主はブランドを効果的に印象づける動画広告を、ユーチューブ上に設けた自社のコーナーに、長さや形式の制限なく掲載することができます。視聴者がコメントを書き込んだり、採点したりすることが可能なため、広告主が反響を分析することもできます。

（3）音速を超えて飛行する機体付近では衝撃波が発生し、地上に爆発音のような音として伝わるため、〇三年に営業運航を終えた超音速旅客機コンコルドは、陸地の上空で超音速飛行ができませんでした。

（4）日本陸連が2008年北京五輪に向けた「3大会連続金メダル獲得計画」をスタートさせます。世界ジュニア選手権が北京で15日から開催されるのに合わせ、関東学生陸上連盟などの協力を得て、大学の指導者ら総勢11人の調査団を派遣します。

（5）1989年の冷戦構造の崩壊以降、世界の政治構造は多極化しています。最近の中国WTO加盟が示すように、世界の経済がグローバル化しています。IT革命が象徴するように、世界は急速に一体化しています。

（6）フラットタイプのスピーカーの音が良いのはわかっていました。しかし、いかにして薄いものを作るのかには、全く新しい考

え方が必要だったのです。

（7）経済的な観点から見ると、一国の国際観光収入は輸出高、国際観光支出は輸入高と見なされ、国際観光は「見えざる貿易」ということができます。世界の多くの国では、国際観光は外貨の収入源として重要な存在で、WTO(世界観光機関)によると、1998年には、世界の83％の国において、国際観光収入が輸出商品上位5位以内に入っており、また少なくとも38％の国では、外貨収入源として首位を占めています。

（8）宇多田ヒカルの魅力は、天性の歌唱力とのびやかな声にあります。そして、10代の気持ちを率直に書いた歌詞と、アメリカのリズムとブルース調の曲にあります。この魅力が若い世代を引き付けました。さらに、1960年代に活躍した演歌歌手・藤圭子の娘ということで、親の世代も宇多田ヒカルに注目しました。

（9）日本ではトイレに誰か入っているか確認するのにノックするのがマナーとされていますが、欧米にはそういう習慣はありません。ではどうやって確認するかというと、トイレのノブをガチャガチャと回すのです。鍵がかかっていなければ空いていると見なされます。もし鍵をかけず扉に入っていたら、中の人が悪いということになります。そのため、使い終わったら扉を少し開けておくのが暗黙のルールなのです。

（10）投票権を持つのは、日本オリンピック委員会(JOC)役員25人と30競技団体の代表者の計55人です。JOCや競技団体関係者の話をまとめると、競技団体では綿密な計画と施設の評価が高い福岡市を支持する声が多く、東京都を上回りそうな気配です。

セクション2　文章の中文日訳と日文中訳

A. 中訳日

　　现代著名作家郁达夫,有一次和妻子王映霞一起看电影,<u>一时得意</u>,把鞋子脱下来,<u>盘腿坐着</u>,感觉很舒服。王映霞忽然发现他的鞋底竟然有一些钱,立刻质问他为什么要在鞋底藏钱。

　　郁达夫急忙解释说,刚踏入社会的时候很穷,<u>吃尽了没钱的苦头</u>,现在有点名气了,也有点钱了,但是钱这东西欺压了他好多年,所以要把钱踩在脚底下出气。

　　王映霞一听,疑虑顿消,和丈夫一起感慨起来。

　　看看,有趣的人就是会解决问题,藏个私房钱被发现了还能<u>自圆其说</u>,<u>逃过一劫</u>。

　　活得有趣,与知识多少无关,与挣钱多少无关,只与幽默乐观的生活态度有关。

B. 日訳中

　　私はおそらく猫好きとはいえないでしょう。なぜなら、私が好きなのは特別な一二匹の猫だけですから。<u>その上、その猫が普通の猫とは違って、まるで猫というものを超越したような存在であるからこそ好きなのであります。</u>

　　私は以前、長崎の家でたくさんの猫を飼っていました。私のお気に入りは、「花子」という名の一匹でした。花子は、たぶんペルシャ猫だったのでしょう。体は普通の猫よりも大きく、全身白い毛で覆われ、丸顔で、二つの青い眼はとても<u>美しく利発</u>そうで、<u>性格もおとなしかったです</u>。私はよく、こんな<u>空想をしたものでした</u>。童話の中に出てくる美女が変化した猫や、美女に変身することのできる猫というのは、おそらく花子のような猫ではないかと。花子が屋外で遊ぶのに飽きて、家の中に入って来たいと思った時には、父の机の横にある窓台(の外側)に飛び乗り、片方の前足をそっと窓ガラスにかけ、静かに一声鳴きます。父が顔をあげて自分のこ

とを見たのを確認すると、すぐに地面に飛び降りドアの前まで走って行き、座ってじっと待っているのでありました。たとえ食卓の上に花子の好物の魚が並べてあったとしても、決して勝手に取って食べたりはしません。ただ、急いで食卓の上に跳び乗ったかと思うとすぐに下に跳び降り、上を見上げて待っていました。食卓に飛び乗るのは、「私も食べたい。」と言っているのであり、下に跳び降りるのは、「私はここで待っています。」と言っているのであります。

単語リスト

セクション1　文と小段落の中文日訳と日文中訳

A. 中訳日

原著	原書(げんしょ)(名)
宝库	宝庫(ほうこ)(名)
融合、综合	統合(とうごう)(名・他サ)
挑战	挑む(いどむ)(自他サ)
好处、实惠	メリット(名)
汲取、听取、采纳	汲み上げる(くみあげる)(他一)
惰性、习惯	惰性(だせい)(名)
鼓起干劲、认真做事	本腰(ほんごし)を入れる(連語)
承担	引き受ける(ひきうける)(他一)
所得税	所得税(しょとくぜい)(名)
消费税	消費税(しょうひぜい)(名)
营业税	営業税(えいぎょうぜい)(名)
印花税	印紙税(いんしぜい)(名)
资源税	資源税(しげんぜい)(名)
屠宰税	屠殺税(とさつぜい)(名)
房地产税	不動産税(ふどうさんぜい)(名)
牌照税	鑑札税(かんさつぜい)(名)
海关	税関(ぜいかん)(名)
缴纳	納入(のうにゅう)(名・他サ)
贵妇人	貴婦人(きふじん)(名)
优雅	優雅(ゆうが)(名・形動)
嘴边	口元(くちもと)(名)
很、非常	大いに(おおいに)(副)
舆论	世論(よろん)(名)
安理会	安保理(あんぽり)(名)

常任理事国	常任理事国(じょうにんりじこく)
否决权	拒否権(きょひけん)(名)
出类拔萃、一份儿	ひとかど(名・副)
狂涨暴跌	暴騰暴落(ぼうとうぼうらく)
宏观经济	マクロ経済(名)
汇率	為替(かわせ)(名)
经营、致力于	営む(いとなむ)(他五)
安排、筹备	手配(てはい)(名・自サ)
赔偿	賠償(ばいしょう)(名・他サ)
考验	試練(しれん)(名)

B. 日訳中

時差(じさ)(名)	时差
テレビマネー(名)	电视转播费
衝撃波(しょうげきは)(名)	冲击波
金メダル(きんメダル)(名)	金牌
獲得(かくとく)(名・他サ)	获取、取得
ジュニア(名)	青年
総勢(そうぜい)(名)	总共、全体人数
冷戦(れいせん)(名)	冷战
崩壊(ほうかい)(名・自サ)	崩溃、倒塌、垮台
多極化(たきょくか)(名)	多极化
グローバル化(名)	全球化
一体化(いったいか)(名)	一体化
フラット(名)	平面
スピーカー(名)	音响
外貨(がいか)(名)	外汇
のびやか(形動)	轻松愉快
率直(そっちょく)(形動)	坦率
引き付ける(ひきつける)(他一)	吸引

ノブ(名)	拉手
綿密(めんみつ)(名・形動)	缜密、精密
上回る(うわまわる)(自五)	超过
気配(けはい)(名)	情形、苗头

セクション2　文章の中文日訳と日文中訳

A. 中訳日

得意	調子に乗る(ちょうしにのる)(連語)
出气	腹いせ(はらいせ)(名)
私房钱	へそくり(名)

B. 日訳中

ペルシャ(名)	波斯
利発(りはつ)(名・形動)	灵秀、聪明
空想(くうそう)(名・他サ)	空想
屋外(おくがい)(名)	户外、屋外
飛び乗る(とびのる)(自五)	跳上

第三课 脑 记

记忆，可分为脑记和笔记两种。这课我们谈脑记。如前所述，口译活动首先是对第一语言的理解。而理解就是要把耳听的信息迅速反馈到脑子里，储存起来，然后加以理解。即便是同声传译，也不可能百分之百地做到听、译同步，更何况即席口译。因此，特别需要记忆。一段起点话语，先有耳听、眼看、后有记忆，而后再有理解。记忆是口译的一大武器。有的人天生一付好记性，耳聪目明，又过目不忘、进耳不漏。可一般人并没有这样的好福气。所幸，功夫不负有心人，记忆力是有技巧的，是可以炼就的。

有的人对脑记缺乏自信，总希望尽量用笔记来弥补，这种心态往往造成对笔记的依赖。而万一笔记不全，这种不自信就越发严重。脑记速度较之于笔记速度要快得多，而笔记再怎么神速，都是很有限的。有的人满心以为只要笔快，就全都能记下，就全都能译得出。于是把听辨、理解抛在了脑后。无数实践证明，笔再快，也快不过说话的速度。不仅如此，更要命的是当我们拼命于笔记的时候，大脑高度集中，整个精力和心思都集中到了那支飞快的笔上，笔越快，注意力就越专心于笔尖上（两者成正比关系），用脑听取对方话语的精力就会越发减弱。当笔速跟不上语速的时候，人们的耳朵就不再发挥继续听取话语的作用，后面的话语就处在闻而不见的状态了，甚至听力接近于零。这样，我们就不可能听取全篇，要想正确理解全篇并把它正确地口译出来的愿望也就成了无稽之谈，到头来只能是"纸上谈兵"。所以说大量的话语、信息还是应该主要靠脑记，以思维的敏捷性带动笔记过程的听觉、视觉和运动控制的敏捷性，通过强化脑记训练带动笔

记,而不是反之。

　　刚开始练习脑记时,方法之一是将话语长句切短,一边朗读,一边脑记。一开始,可将一个句子、7、8个单词划分为一段落,然后逐字逐句地正确无误地复述。这样反复练习,再发展到长句、长段。先听若干句或一段,然后用原文复述,不要求逐字逐句过耳成诵,只要讲出大意即可。这种训练有助于训练抓住逻辑主线的能力。强记要注重捕捉语句间的逻辑关系,而不能让字词牵着鼻子。(摘自鲍刚第205页)

練習

セクション1　文と小段落の中文日訳と日文中訳

A. 中訳日

　　(1) 网络道德的核心还是人的道德。人的<u>品位高了</u>,<u>判断能力强了</u>,识别是非就不成问题了。

　　(2) 在雕刻家看来,随随便便雕一个石像还<u>不如不雕</u>,要雕就得把这位英雄雕刻得<u>栩栩如生</u>。

　　(3) 中国的<u>低成本</u>、<u>高素质</u>的劳动力优势为世界各国的消费者带来了好处。中国产品<u>价廉物美</u>、品种繁多,在国际市场中<u>长期居高不下</u>的大宗商品的价格也由此得以回落。

　　(4) 在中国经济较为发达、物质力量较为雄厚、老年事业开展较早的<u>上海地区</u>,<u>截至1998年底</u>,全市共有<u>养老机构387个</u>,<u>床位1.6万余张</u>,这个床位数仅是<u>现有老年人口</u>的<u>0.65%</u>,而且规模小,床位少和<u>设施简陋</u>的现状一直困惑着主办单位。

　　(5) 现在香港已成了中国、亚洲乃至世界金融贸易、信息通信、运输的三大中心。<u>香港回归祖国</u>为今后香港经济的发展注入了新的

活力。

(6) 由于生活节奏的加速,人们需要一望而知的简洁释义。简洁就是没有废话,没有水分,没有可有可无的套话;这已成为辞书界的共识,虽则也不是很容易做到的。

(7) 在近入口处设有候座吧。在此,您可以享受餐前的开胃酒。在柜台后面设有陈列近200种日本酒和葡萄酒的大型酒柜,令您赏心悦目。

(8) 尤其是毕业班的学生(指那些由小学升入初中,由初中升入高中,甚至由高中升入大学的学生们)从回家到深夜入睡,除了吃饭时间,其余都在应付每天繁重的课外作业。作业几乎夺去了他们全部的业余时间,每天中小学生们为完成当天的作业而疲于奔命。

(9) 在路旁刚一坐下,父亲又从口袋掏出什么喂进了嘴里。这时,女儿一直盯着父亲,等他再要掏的时候,女儿抓住父亲的胳膊,掰开父亲的手掌一看,吃惊地喊道。

(10) 因为大学图书馆再好,书库只对教员开放,不对学生开放。而这家图书馆却是对公众敞开大门的,只要你有身份证明,就可以进书库到处浏览,所需图书都可借回家去阅读,定期归还。

B. 日訳中

(1) 個人の創造性を養うため、演習・実験実習系科目を豊富に準備しています。学生が主体となり自分自身で考え、行動し、検証することによって一人ひとりの創造性を磨き上げることができます。

(2) 日本の公民館の事業は、さまざまな分野にわたっており、書道、茶道、健康やスポーツ、音楽などに分けられています。平均すると、一つの公民館に約38のクラブが活動しているということです。

　(3) 東京都と福岡市が名乗りを上げている2016年夏季五輪の国内候補都市は、本月30日に行われる選定委員会の投票で決まります。態度を決めていない委員もおり依然流動的ですが、終盤戦を迎えた招致レースは東京都がリードしているもようです。

　(4) 乗用車は大型になると瞬発力が強くなり、冷暖房の機能などもよくなって、大きければ大きいほど乗り心地がいいのですが、人間は大型になったからといって機能がよくなるとは限らないらしい。今の子供たちが大きくなったとき、あるいは10年ぐらいのちの大相撲の力士が、体が大きいばかりというようなことにならないよう、対策もしっかりやってほしいと思います。

　(5) 今年3月に発売されたアルバム『First Love』は、販売総数が約700万枚という、日本の音楽史上始まって以来の売り上げ枚数を記録しました。販売前から全国のレコード店に予約が殺到して生産が間に合わず、販売当日に売り切れる店が続出するという事態が発生しました。このアルバムの7月現在の総売り上げ枚数は795万枚と言われていますが、これは国内の約15人に1人が、このアルバムを持っている計算になります。

　(6) おまけに、僕のいるところは大学の東洋語学科なので、教職員も学生もだいたいみんな流暢な日本語を喋ります。僕なんかが喋る英語なんかよりもはるかに流暢だし、彼らの方も練習のために日本語を使いたがるので、こっちもついつい日本語で喋ってしまうし、おかげで僕の英語会話能力はますます進歩しません。それ

に比べると、経済学科や哲学学科なんかに所属している人は、いやがおうでも一日英語を使わなくてはならないから、一年くらいですごくうまくなります。

（7）まだ店舗数は少ないですが、東京都内を中心に、ビジネス関連のサービスを提供するコンビニも現れました。Kinko's、Mailboxes ETC、デジタルコンビニなど、ビジネスニュース・コンビニと呼ばれるこれらの店では、仕事をサポートする各種のサービスが充実しています。コピーはもちろん、印刷物を小冊子の形に仕上げる製本サービス、データ出力などのコンピューターサービスのほか、翻訳や印刷物のデザインを請け負ってくれるところもあります。

（8）本学では、各科目を半年間で完成させるセメスター制を導入しています。4単位科目は毎週1回1年間行ってきた授業を毎週2回実施することで半年間で終了できるため、短い期間で集中的に学べます。

（9）「21世紀の新しい100年間をリードする粋組みと人間の模索」を目標として、新時代のシーボルト創出を目指し、「人間尊重、福祉の向上及び国際協調」の理念のもと、深く専門の技術を享受し、社会と時代の要請に応え得る有為な人材を育成するとともに、地域の特性を活かした学術研究の振興及び文化の向上に寄与することを目的としています。

（10）デンマークにある世界初のエコインダストリアルパークは、精油工場、火力発電所、製薬化学工場、硫酸製造工場、セメント工場などが集まったものであります。ここではコスト削減のために、資源とエネルギーの有効利用を図っていて、それがまた環境の生態系改善に役立っています。

セクション2　文章の中文日訳と日文中訳

A. 中訳日

　　这本词典的出版对新儿歌的创作,作了充分的肯定,并将促其繁荣。
　　作为词典,为了便于检阅,从形式和内容两方面作分类,是十分必要的,就儿歌本身来说,是<u>娱乐和教育交融的</u>。儿歌以其娱乐性"一遂其乐",不然的话,既不乐闻,又不易唱,"歌"而非"儿",也就说不上儿歌了。对于教育性,应作广泛的理解,熏陶、陶冶、<u>潜移默化</u>,给孩子一定的影响,即为教育。思想品德的教育在今天特别重要,诸如热爱劳动的教育,自立意识的教育,对越来越多的独生子女来说,是必不可少的一课。<u>讲礼貌,爱卫生</u>,是一个社会的文明起点。即使只引孩子一笑,也<u>有助于乐观主义的培养</u>。当然这一切都应当在反映幼儿生活中自然地表现出来,而且是艺术的表现,而不是相反。

B. 日訳中

　　古代中国では、すでに<u>自分でマッサージすることで視力保護を図る</u>人がいました。現在、中国の小中高の学生が毎日行っている「目の体操」も自分でできる健康マッサージの一つであります。
　　「目の体操」を行うときは、腰掛けた姿でもよいし、横になった姿でもよいです。<u>両目を自然に閉じ</u>、目のまわりの<u>つぼ</u>をマッサージします。そのときは、つぼを手で<u>正確に、かつ軽く、ゆっくりとマッサージ</u>しなければなりません。つぼの周囲に<u>軽い痛みや張りを感じれば</u>マッサージが正しいということであります。各種のマッサージを20～30回、毎日1～2回行います。
　　これらのつぼマッサージは<u>眼部周囲の血液循環を促進し、眼筋のはたらきを調節する</u>ことができ、目に対してある程度の保護調節作用があり、特に少年期の近視予防に大きな役割を果たします。中国では「目の体操」は朝の体操同様、子供たちが毎日するものであります。すでに近視にかかったものでも、「目の体操」を続けることで、<u>近視の悪化を防止する</u>ことが出来ます。

第三课

単語リスト

セクション1　文と小段落の中文日訳と日文中訳

A. 中訳日

道徳	モラル(名)
使用者	ユーザー(名)
正面、正经	まとも(名・形動)
识别、看透	見極める(みきわめる)(他一)
随随便便	いいかげん(形動)
雕刻	彫る(ほる)(他五)
低成本	低(てい)コスト(名)
素质	素質(そしつ)(名)
优势	優位性(ゆういせい)(名)
价格贵	割高(わりだか)(名・形動)
大宗	大口(おおくち)(名)
主办、举办	主催(しゅさい)(名・自他サ)
乃至、甚至	ひいては(副)
回归祖国	祖国復帰(そこくふっき)(名)
注入、流入	注ぎ込む(そそぎこむ)(自他五)
套话、口头禅	決まり文句(きまりもんく)(名)
入口	エントランス(名)
等待	ウェイティング(名)
开胃酒	食前酒(しょくぜんしゅ)(名)
柜台	カウンター(名)
耗费、花费	費やす(ついやす)(他五)
疲于奔命	悪戦苦闘(あくせんくとう)(名)
强迫、强制	強いる(しいる)(他一)
使劲地	ぐいと(副)
手掌	手のひら(掌)(名)

B. 日訳中

磨き上げる(みがきあげる)(他一)	磨练
名乗り(なのり)(名)	自报姓名
終盤戦(しゅうばんせん)(名)	决胜战
冷暖房(れいだんぼう)(名)	空调
心地(ここち)がいい(連語)	舒服
おまけに(接続)	加之、而且、况且
いやがおうでも(連語)	不管喜欢与否
コンビニ(名)	便利店
請け負う(うけおう)(他五)	承包、接受
枠組み(わくぐみ)(名)	框架、构架
模索(もさく)(名・他サ)	摸索
要請(ようせい)(名・他サ)	要求
有為(ゆうい)(名・形動)	有作为
寄与(きよ)(名・自サ)	贡献
デンマーク(名)	丹麦
インダストリアル(名)	工业的
精油(せいゆ)(名・他サ)	提炼石油、精炼油
セメント(名)	水泥

セクション2　文章の中文日訳と日文中訳

A. 中訳日

促进	促す(うながす)(他五)
检索、查找	検索(けんさく)(名・他サ)
熏陶	薫陶(くんとう)(名)
陶冶	陶冶(とうや)(名・他サ)
非常	こよなく(副)
课程、学科	課目(かもく)(名)
识别	わきまえ(名)

重视	重んじる（おもんじる）（他一）
一点帮助、一点益处	一助（いちじょ）（名）

B. 日訳中

マッサージ（名・他サ）	按摩
視力（しりょく）（名）	视力
目の体操（名）	眼保健操
腰掛ける（こしかける）（自一）	坐着
つぼ（名）	穴位
張り（はり）（名）	胀
血液循環（けつえきじゅんかん）（名）	血液循环
眼筋（がんきん）（名）	眼肌
近視（きんし）（名）	近视

第四课 笔 记

　　记忆可分为理解性记忆和机械性记忆两种。对话语内容经过大脑思考、判断,听得懂、理解了的话语,记忆会建立,并且保持长久;反之,对听不懂、未理解的话语,要记忆是不可能的。可以说理解是记忆的基础。这就是理解性记忆。

　　而机械性记忆与理解性记忆不同,它不是靠理解,而是机械性地全盘记住。其中加入分析和理解的余地很少。这样的机械性记忆力随着年龄的增长而衰退。机械性记忆的信息量是很有限的。因此,普通成人主要通过理解去记忆,所以机械性记忆数字时得依靠记笔记。

　　口译必须在极短的时间内处理大量话语信息。原语长的话,很难全都靠脑记住。而且,理解的速度也不可能等同于单纯的耳听速度,前者总是小于后者。据知,一段没有内在联系的内容,只要不复述的话,都不能维持记忆三四秒钟。(摘自小松达也 2005 年)

　　口译现场的紧张导致记忆功能、理解功能衰退。正因如此,笔记在口译活动中就显得尤为重要。

　　口译笔记的目的并不是记录"原话",而是迅速但却是短时间地保留原语信息要点和关键词语,酌情转译成另一种语言。它表现为即席条件下口译"思维理解"的笔头提示形式。

　　因此,口译笔记从概念上可定义为译员在口译现场通过一定的职业化手段即席、迅速地整理过的"提示性"笔头记录。它是即席口译理解和口译记忆的继续,而并非是一种旨在长期保留信息的纯粹记录性质的笔记。这也就是说,口译笔记只是译员对短时"工作记忆"或一定时间内的长时间记忆的提示性补充,它不能完全替换译员的记忆职能,但可以起某种"路标"的作用,从而提醒译员注意他在工

作中所需要的各种信息。(摘自鲍刚 2005 年 第178 页)

但是,由于人的笔记速度的有限性,记笔记只可能限定在很小的范围之内,无形中记笔记的自由权利被缩小了(哪天,电脑技术发达到能代替人把所听到的全都迅速而又准确无误地记录下来的话,则另当别论)。

口译笔记有很多特殊性。它不同于课堂笔记,也不同于会议记录。我们提倡以脑记带动笔记,而不是反之。笔记只应该是脑记的一种补充,不宜过多,否则,容易造成注意力分散,复述时难以整合。因此,笔记应有所选择。应选那些难以靠理解去记忆的、得依靠机械性记忆的数字、专有名词和专业术语,或者语句中的关键词等做笔记,以把主要精力用于原语的听解上。

在口译工作开始前,有必要先检查一下是否备好了纸和笔,笔是否写得出,是否好使,数量是否够等等。纸最好用大张白纸,使一大段话语能写在一张纸上,免得翻页耽误时间或因翻页分散精力,影响思路。词语之间、行距之间的间隔不能过密。因为笔记并不是对原语字词的记录,而是译员大脑对原语思路及内容追踪的提示标记,必要的空间能有助于它。由于即席、即时条件不允许,口译笔记不可能做到页面整洁,字迹端正。但是笔记必须具有高度的可辨性——译员自己能一目了然。

練習

セクション1　文と小段落の中文日訳と日文中訳

A. 中訳日

(1) 东亚国家(地区)必须进行两方面的赶超。<u>一方面</u>还未完成工业化赶超,<u>另一方面</u>又要避免在知识经济的竞赛中落后。

(2) 语言是人类交流的工具。互相学习对方的语言,这是一个表示友好的<u>可喜现象</u>。

(3) 通过这件事可以看出,中国走向世界的步伐明显加快,中国在国际上的地位正迅速提高。

(4) 1842年鸦片战争结束后,上海全面开埠,外国人纷纷涌入。当英国人首先建立了英租界后,法国人也相应地开设了法租界。在1900年,生活在法租界里的法国人约有600多人,到了20年代,则超过了3 500人。

(5) 从整个社会来看,资金哪里是不够,反而处于过剩状态。据统计,1991年城乡储蓄额竟达9 000多亿元,压在箱底的手头现款有2 000多亿元,还有国库券等有价证券也达2 000亿元左右,个人金融财产合计13 000亿元。

(6) 1985年以来,中国已连续出现了16个全国范围的暖冬,降水自20世纪50年代以后逐渐减少,华北地区呈现出暖干化趋势。

(7) 这些工作人员不厌其烦地向我们说了很多话。那是他为了把游客拉到他的童话世界里,要么开玩笑式地威胁我们,要么逗引我们,真是下了大工夫。

(8) 中国75%的老年人生活在农村,广大农村的养老问题仍然要靠家庭来承担。家庭养老不仅表现在经济上的支持,它对老人心理、精神上所起的影响也是不可低估的。

(9) 改革开放以来,走出国门的40万留学生中有14万人陆续回国,并以年均13%的速度增长。目前全国建成的60多个留学生创业园中,"海归"企业达4 000家,产值超过100亿元。

(10) 台湾的"哈日"现象经媒介炒作后更是热火。不仅从日本引

进了商品,而且受之影响,"日本化"已经蔓延到台湾生产的产品中。在1998年起开始流行的广告日本化的风潮中,<u>加深日本印象的广告</u>日益增多,北海道的雪景、枫树的红叶、日本的女学生、日语和日本电视剧的台词等<u>吸引着</u>消费者。"卡哇伊!"的叫声突然从四处响起。众所周知,"喜欢日本"的现象在任何地方都能从青少年的容貌上找到,西门大街好像是日本的新宿。然而,大多数的老一辈人已经不能理解"现在年轻人头脑里在想什么"。

B. 日訳中

（1）日本ではサマータイムの導入について賛否両論があります。<u>賛成の理由としては</u>、省エネルギーや地球環境にやさしい、家族や地域社会の交流機会が増えるなどがあります。<u>反対の理由としては</u>、地域の地理的特性や風土にあわない、導入の必要性を感じないなどがあります。サマータイムは夏の一定期間、日照時間を有効活用するために、時計を一時間進める制度であり、世界70カ国以上採用されています。

（2）<u>驚いたことに</u>、「名作」や「古典」と名付けられた文学の世界は、「少年」か「大人の男性」が活躍する世界でしかありません。それらの文学は<u>面白くなかったわけではありません</u>。<u>しかし</u>、わたしにはどこか遠い世界を描いたものに思え、自分とは無関係のものであるように思われました。

（3）総務省が二十九日発表した<u>七月の完全失業率</u>（季節調整値）は、前月比<u>0.1ポイント改善し</u>、<u>4.1％</u>でした。<u>完全失業者数は前年同月比二十一万人減って二百六十八万人となりました</u>。緩やかな景気回復を映して企業の採用意欲が旺盛で、就職が増えました。
　男女別の失業率は、<u>男性は六月と同じ4.2％</u>、<u>女性は</u>0.3ポイント改善し<u>3.9％</u>でした。

（4）スズキは九日、静岡県牧之原市にある相良工場の敷地内に、六百億円を投じて年産二十四万台規模の小型車専用工場を建設すると発表しました。今秋着工し、二〇〇八年秋の稼働を目指します。

（5）復元されたのは国の重要文化財の「鳥獣文様陣羽織」で、縦九十九センチ、横五十九センチです。約二百グラムの金を使った糸や絹糸など二十数色の豪華なつづれ織りで、ウシやヤギに襲いかかるライオンの姿など伝統的なペルシア文様を描いています。

（6）情報リテラシーとは、コンピューターを自由に使いこなし、情報を収集・活用できる能力のことです。これからの時代に求められる高度な情報リテラシーを修得するため、基礎的な情報処理系の講義と実習科目を1年次の最初の半年間に全学科必修としています。

（7）全学共通科目は、「英語」、「情報処理」、「健康と生活」、「国際理解と地域の言語」、「人間の探求と表現」、「現代社会の理解」、「科学技術と環境」、「職業と実践」、「総合科目」及び「留学生対象科目」の10領域で構成されており、多面的な授業が展開されます。

（8）日本や韓国、北朝鮮などの市民団体が参加し、マニラ首都圏で開かれていた「日本の過去清算を要求する国際連帯協議会」は二十七日、日本の植民地支配と旧日本軍による被害者への謝罪と即時賠償、および日本の首相が靖国神社を参拝しないことなどを求めた声明文を採択しました。また、従軍慰安婦問題の解決を日本に促すよう国連に求めるアピール文を、九月十八日から始まる国連人権理事会に提出することを決めました。

（9）日本、韓国、中国の高校生による日韓中ジュニア交流競技会

第四課

最終日は27日、韓国の大邱で行われ、日本は各競技で中国と対戦しました。

（10）中国人団体観光客が多いのは東京や大阪を巡るツアーです。東京のお台場や秋葉原、関西では中国ゆかりの唐招提寺が定番となります。上海の旅行社によると、東京ディズニーランドや大阪のユニバーサルスタジオジャパンが人気なほか、伊豆、箱根や九州の温泉地めぐり、北海道で雪を見たい、といった要望も多いです。

セクション2　文章の中文日訳と日文中訳

A. 中訳日

在背后整老刘的是副局长老李。本来老李以为老局长病故之后上面会顺理成章把他提起来当局长的，却没想到调来个老刘堵了他的路：老李心里很窝火，就要给老刘制造点磕磕绊绊。老李在单位当领导时间很长，又分管组织和人事，各科室的头头有许多都是他提起来的人，自然都听老李的，于是都跟这老李在背后对老刘使坏。结果，老刘这个局长出去办事连个车都要不来。寒冬腊月，老刘家里窗上的玻璃让街上踢足球的小孩踢碎了两块，寒风夹着雪花嗖嗖地往里灌，单位办公室硬是拖了一个星期才把新玻璃给安上，把老刘全家大小都冻感冒了。老刘爱喝红茶，叫办公室给他去买一点来：办公室的回答是没有这笔开支：可老刘看到老李的办公室里碧螺春、铁观音，甚至雀巢咖啡办公室都给他买。老刘气得当着办公室主任的面摔了一个茶杯。

B. 日訳中

大手企業の九割超が、二〇〇六年度下半期（十月～〇七年三月）は好調な景気が持続するとの見方を示し、六割超が、遅くても〇六年度内に日銀による再利上げを予想していることが、共同通信が

行った主要企業百社のトップに対するアンケートで十二日、明らかになりました。懸念要因としては、八割超が原油高騰や米国経済の減速を指摘し、三割が現在の景気拡大局面が「年内」までと回答しました。企業経営者が、当面の景気は力強いと感じているものの、先行きへの慎重論が広がっていることが浮き彫りになりました。

　景気の現状では、「力強く拡大」と答えたのが六社、「緩やかに回復」が八十八社でした。〇六年度下半期でも「拡大」が四社、「回復」が八十七社と計九十一社が好景気が持続すると答えました。

　日銀は七月にゼロ金利政策を解除しましたが、次の利上げ時期については、「八～九月」が一社、「十～十二月」が二十六社、「〇七年一～三月」が三十七社と計六十四社が、遅くとも〇六年度中と予想しました。

　一方、景気拡大局面がいつまで持続するかの問いには、「〇七年上半期」が二十一社、「〇七年下半期」が十八社、「〇八年以降」が二十四社となり、計六十三社が少なくとも〇七年上半期までは拡大するとの見方を示しました。ただ、「年内」と回答した企業も三十一社に上り、見方が分かれました。

　〇六年度下半期の景気にマイナスに働く主な懸念要因（複数回答）は、「原油、素材価格の高騰」が八十六社と最も多く、「米国経済の減速」が八十一社と続きました。中国経済の減速や、北朝鮮などの地政学的リスクを挙げる企業も目立ちました。

　一方、同時期に景気にプラスに働く要因（複数回答）は、「民間設備投資の拡大」に次いで「個人消費の本格回復」を五十二社が回答、内需主導の成長を印象付けました。

　調査は鉄鋼、電機、自動車、流通、金融などの上位企業百社を対象に、七月下旬から八月初旬にかけて実施しました。

第四課

単語リスト

セクション1　文と小段落の中文日訳と日文中訳

A. 中訳日

赶超	追い越し(おいこし)(名)
可喜的	喜ばしい(よろこばしい)(形)
步伐	足取り(あしどり)(名)
排次序	ランキング(名)
鸦片战争	アヘン戦争(名)
开埠、开放港口	開港(かいこう)(名・自他サ)
租界	租界(そかい)(名)
雪崩	なだれ(名)
储蓄额	貯蓄額(ちょちくがく)(名)
衣柜、箱子	たんす(箪笥)(名)
国库券	国庫券(こっこけん)(名)
呈现	呈する(ていする)(自サ)
威胁、威逼	脅かす(おどかす)(他五)
陆续、连续不断	陸続(りくぞく)(形動)
园区、区	パーク(名)
哈日	日本大好き
炒作	煽る(あおる)(自他五)
热火、过头	過熱(かねつ)(名・自他サ)
枫树	楓(かえで)(名)
掀起、响起	巻き起こる(自五)
容貌、仪表	ルックス(名)

B. 日訳中

サマータイム(名)	夏时制
賛否両論(さんぴりょうろん)(名)	赞成和反对

日照(にっしょう)(名)	日光照射
緩やか(ゆるやか)(形動)	缓慢、缓和
旺盛(おうせい)(形動)	旺盛
敷地(しきち)(名)	地盘、用地
今秋(こんしゅう)(名)	今年秋天
着工(ちゃっこう)(自サ)	动工
稼動(かどう)(名・自他サ)	投产、运转
復元(ふくげん)(名・自他サ)	修复、复原
豪華(ごうか)(形動)	豪华
綴れ織り(つづれおり)(名)	葛丝
ライオン(名)	狮子
文様(もんよう)(名)	花纹、图案
リテラシー(名)	能力
植民地(しょくみんち)(名)	殖民地
アピール(名・自他サ)	呼吁、控诉
ゆかり(名)	缘分、因缘
ディズニーランド(名)	迪斯尼乐园
ユニバーサル(名)	美国环球影片公司
スタジオ(名)	工作室

セクション2　文章の中文日訳と日文中訳

A. 中訳日

整人、欺负	苦しめる(他一)
阻挡	阻む(はばむ)(他五)
窝火	むかっ腹(むかっぱら)をたてる(連語)
提拔、提升	取り立てる(とりたてる)(他一)
严冬	厳冬(げんとう)(名)
腊月、阴历十二月	師走(しわす)(名)
硬是、坚决	あくまで(副)

拖、进展缓慢	延び延び(のびのび)(形動)
摔、猛烈敲打	叩き付ける(たたきつける)(他一)

B. 日訳中

大手企業(おおてきぎょう)(名)	大企业
好調(こうちょう)(形動)	良好、顺利
利上げ(りあげ)(名)	加息
先行き(さきゆき)(名)	前途、将来
浮き彫り(うきぼり)(名)	刻画
好景気(こうけいき)(名)	繁荣
懸念(けねん)(名・他サ)	担心、挂念、不安
地政学(ちせいがく)(名)	地缘政治学
上位(じょうい)(名)	上位、等级高
下旬(げじゅん)(名)	下旬
初旬(しょじゅん)(名)	上旬

第五课 缩 写

为了多快好省又合理地记笔记,必须掌握缩写。即通过简单、省略以及符号等方法来加快记录速度。在此,简称为缩写。缩写也是只写给自己看的,字迹潦草等都不是问题,只要能快速笔记下来,自己看得懂就行。下面介绍一些常用的缩写符号。

数学符号

$+$	表示"多"
$++\,(+^2)$	表示"多"的比较级
$+^3$	表示"多"的最高级
$-$	表示"少"
$\times$	表示"错误"、"失误"和"坏"的概念
$>$	表示"多于"概念
	表示"高"概念
$<$	表示"少于"概念
	表示"低"概念
$=$	表示"同等"概念
	表示"对手"概念
$(\ )$	表示"在……之间"
$\neq$	表示"不同"概念
	表示"无敌"概念
$\sim$	表示"大约"概念
$/$	表示"否定"、"消除"等概念

标点等

：	表示各种各样"说"的动词
？	表示"问题"
. (dot)	这个"."点的位置不同表示的概念也不一样
	". d"表示 yesterday, ". y"表示 last year,
	". 2m"表示 two month ago
	"y"表示 this year, "y2." two year later
	"next week", 可以表示为"wk."
∧	表示转折
√	表示"好的"状态
	表示"同意"状态
☆	表示"重要的"状态
N	表示"交流"状态
&	表示"和"、"与"
//	表示"结束"

该表格摘自 http://pierrotlefou.blogchina.com/539041.html

注意词汇的缩写、简称、混成等。很多专有名词或专门名词如GDP(国内生产总值)、WTO(世界贸易组织　ガッド)。汉语、日语的外来语大多来源于欧美语言,有如：スーパーマーケット的简称就是スーパー,记笔记就更要遵循这样的简称笔记法,以求精简。这不仅能节约记笔记的分分秒秒,而且还因此节约了因记笔记所占的用脑时间,以集中更多的精力去听取下面的话语信息。

練習

セクション1　文と小段落の中文日訳と日文中訳

A. 中訳日

(1) 更何况东亚的经济合作已经出现了东南亚联盟(ASEAN)、亚洲太平洋经济合作组织(APEC)、东南亚联盟加中国(Ten Plus

One)、东南亚联盟加中日韩(Ten Plus Three)等<u>区域性经济合作组织</u>。

(2) 2001年在上海召开的APEC会议上，<u>中国东道主</u>请前来参加会议的领导人穿的服装就是唐装。

(3) 短期内会对经济增长和<u>就业</u>产生一定的影响，但总体上利<u>大于</u>弊。

(4) 最近有人提出安理会的<u>构成上存在问题</u>。在2005年9月21日召开的联合国大会上，有关安理会改革的问题已成为一个<u>重要的讨论议题</u>。近年来，随着国际形势的发展，人类正面临各种<u>全球性问题</u>。

(5) 在航空公司，评价驾驶技术的一项重要指标便是"<u>飞行小时</u>"，开车也是<u>一样</u>。<u>多练多熟悉</u>的道理都是相通的。

(6) 再怎么有能力的人，<u>不可能凡事都一个人干好</u>，有什么事时，总会得到别人的照顾。此时，怀有一份感谢之心<u>很重要</u>。一味地受人照顾，没有丝毫感谢之心的人势必招人讨厌。

(7) 世界银行1994年的分析报告中<u>指出</u>，如果美国的消费者从中国以外的国家进口相同商品的话，<u>每年将多支出140亿美元</u>。如今由于中美贸易规模<u>成倍扩大</u>，美国的消费者可以节省更多开支，同样对于其他国家和地区的消费者来说也是如此。

(8) 战后日本<u>坚持和平发展道路</u>，取得了重要进步。日本首相小泉在今年8月15日<u>表示</u>：日本<u>坚持永不再战的誓言</u>，同时将进一步发展同邻国的友好关系。作为国际社会的一员，为确立世界的永久和平，为实现人们<u>可以过上精神上充实的生活</u>的社会而全

力以赴。

　　(9) 地球变暖引起的平均气温变化不如酷暑、暖冬等一年之中忽热忽冷的变化那么明显。人们预计100年内全球平均气温的浮动大约会在1~3.5摄氏度,并将长期且极其缓慢的变化。在过去的100年里,全球的平均气温激剧上升了0.3~0.6度,如果温室效应气体按现在的速度继续增加的话,预计到2100年平均气温将升高2度左右。因此,如将每年的平均气温制成图表的话,就会是一条短期的变动曲线,并且显示出长期的平均气温上升倾向。

　　(10) Biotechnology 意为生物技术,是一种巧妙地利用生物本身所具有的功能的技术。从广义上讲,转基因技术也属其中一种。
　　生物的所有细胞中都含有基因。比如,人体由超过60万亿个细胞组成,但染色体存在于每个细胞核中。染色体中含有一种名叫DNA的物质,由它来决定父母给孩子的遗传。我们把DNA中实际起到遗传作用的物质才称为基因。就像这样,DNA是"生命的设计图纸"。虽然不同的生物其细胞数和基因数、排列方式有所不同,但DNA的结构、遗传信息密码以及破译体系等,是地球上所有生物所共有的。

B. 日訳中

　　(1) 台湾からは十数年前から話があったと明かす日本相撲協会の北の湖理事長(元横綱北の湖)は「日本という国を理解してくれている。待ってくれていたんだから、力士は持っているすべてを土俵で見せてほしい」と巡業の成功に向けて力を込めました。

　　(2) 昨年、あるところで中国の朱鎔基首相が「日本の経済実力はGDP(国内総生産)で測るだけでは分からない、(海外からの配当・利子を含めた)GNP(国民総生産)で見るべきだ」と発言したそうです。鋭いところを突いています。

（3）本体の機器は高さ約十センチ、幅約三センチ、奥行き約二センチ、重さ約百グラムとポケットサイズで携帯電話より小型軽量です。

（4）記者会見した鈴木修会長は「（軽自動車で首位の）名誉よりも売上高と利益を追求する」と強調しました。

（5）体重に占める水分の割合は、女性の方が男性よりも低いです。これは水分をあまり含まない脂肪が多いためであります。生まれたばかりの赤ちゃんは体重の4分の3が水分で、年をとるにしたがって、水分が減っていきます。

（6）15年前の成績にくらべて、男子はほぼ半分、女子は6割程度に低下していたそうです。

（7）約900年の歴史を持つ常滑焼で有名な愛知県常滑市では毎年夏に、海外から陶芸家を招き、やきものをテーマにしたユニークな国際交流を展開しています。「とこなめ国際やきものホームステイIWCAT」と題したこのワークショップは、1985年にスタートしました。

（8）JOC評価委員会は17日に評価報告書をまとめますが、両都市に対して行った現地調査では東京都の印象度の方が高かったといいます。競技団体が個別にまとめた報告書の採点結果は、福岡市を上位としたのが14団体で、東京都が上回ったのが12団体でした。

（9）沢木啓祐強化委員長は「大会組織委員会に問い合わせるよりも、近いし、直接出かけたほうがいい。アテネ前は主観的な調査だったが、今回はより客観的なデータを持ち帰りたい。」と話しま

第五課

した。警戒する8月の北京の暑さを体感するとともに、数値を測定します。可能なら、日本女子の3連覇がかかるマラソンコースの路面の硬さなども測定する計画です。

（10）首相は「言論を封殺してはならない。大いに国民に周知していかなければならない。言論の自由がいかに<u>大切</u>か分かるように、注意していかなければならない。」と述べました。首相公邸前で記者団の質問に<u>答えました</u>。

セクション2　文章の中文日訳と日文中訳

A. 中訳日

　　大学一年级的时候，学校开运动会，她们系里游泳项目没人报名。班长不知道从哪里知道伊文从前在中学里是游泳队的，<u>就来动员她</u>。伊文开始不太愿意，她想<u>在中学里还可以混混</u>，大学里人才济济，游不出成绩不但自己没面子，<u>也坍了系里的台</u>。但是班长挺能说的，禁不住他的"连哄带骗"，三下两下就把伊文给说动了。比赛的结果，给系里挣来个亚军。从此班长开始注意这个<u>不是张扬的上海女生</u>。在图书馆、学生食堂或是书亭里碰到了，总是主动过来打招呼。班长是河北廊坊人，廊坊离北京不太远，因此班长<u>很有北方人的气质</u>，长得人高马大，又兼北方人的豪爽，不像有些上海男生，<u>一副酸溜溜的样子</u>。班长又很会办事，同学之间、系里和学生会的事务和关系都处理得恰到好处。慢慢的伊文也有了感觉，<u>常常会有意无意的注意班长</u>。

B. 日訳中

　　広場には<u>人がたくさんいて</u>、そのほとんどが<u>凧をあげていました</u>。私もごくありふれた凧を買って来て、<u>凧あげをしている人の群れに加わりました</u>。

　　凧がまだあがっていないうちから、妻<u>と</u>息子は早くも<u>顔を輝か</u>

せていましたが、息子は空いっぱいにあがった凧を見上げ、はやる気持ちでしきりに足踏みをしています。私は急いで凧に糸をしばりつけ、糸をぴんと引っ張りましたが、いかんせん凧は地面にへばりつき、どうしても動こうとしません。私はあせって顔から汗がふきだしました。

　妻はなかなか賢く、両端の竹ひごを外側にちょっと引くと、はたして凧はあがり始めました。息子はうれしさに小躍りして言いました。

　「ほら、さすがお母さんは頭がいいなあ。」

　妻は得意げに凧をどんどん高くあげていき、息子の抗議にもまったくとりあいませんでした。しかし、最後には息子が切り札を使い、地面に座り込んで泣きはじめたので、そこでやっとしぶしぶ凧の糸を息子に渡したのであります。

　妻がこれほど我を忘れて遊ぶのを、ずいぶん長い間目にしていません。妻は自分の命とも思う大事な息子さえすっかり忘れてしまっていましたが、まるで春のように美しい、光り輝く笑顔を浮かべていました。

第五课

単語リスト

セクション1　文と小段落の中文日訳と日文中訳

A. 中訳日

东道主	ホスト国(名)
弊病、危害	弊害(へいがい)(名)
雇佣	雇用(こよう)(名・他サ)
构成	仕組み(しくみ)(名)
联合国大会	国連総会(こくれんそうかい)(名)
面临、直面	直面(ちょくめん)(自サ)
驾驶	操縦(そうじゅう)(名・他サ)
指标、评价的标准	尺度(しゃくど)(名)
增加	増やす(ふやす)(他五)
誓言	誓言(せいげん)(名)
酷暑	猛暑(もうしょ)(名)
暖冬	暖冬(だんとう)(名)
温室效应	温室効果(おんしつこうか)(名)
折线	折れ線(おれせん)(名)
生物技术	バイオテクノロジー(名)
基因	遺伝子(いでんし)(名)
细胞	細胞(さいぼう)(名)
染色体	染色体(せんしょくたい)(名)
遗传、继承	受け継ぐ(うけつぐ)(他五)
承担、掌管	つかさどる(他五)

B. 日訳中

明かす(あかす)(他五)	透露、说出
力士(りきし)(名)	力士
巡業(じゅんぎょう)(名・自サ)	巡演

力を込める（連語）	倾尽全力
鋭い（するどい）（形）	敏锐、锋利
突く（つく）（他五）	戳、捅
記者会見（きしゃかいけん）（名）	记者会
売上高（うりあげだか）（名）	销售额
招く（まねく）（他一）	邀请
焼物（やきもの）（名）	陶瓷
ユニーク（形動）	独特、特有
ワークショップ（名）	车间、工厂
問い合わせる（といあわせる）（他一）	咨询
警戒（けいかい）（名・他サ）	警戒、防范
体感（たいかん）（名・他サ）	身体感觉
封殺（ふうさつ）（名・他サ）	封杀

セクション2　文章の中文日訳と日文中訳

A. 中訳日

报名参加	エントリー（名・自サ）
听说、了解到	聞きつける（ききつける）（他一）
起劲、跃跃欲试	乗り気（のりき）（名）
拥挤、多	ひしめき（副）
面子	面子（めんつ）（名）
当众出丑	恥をさらす（連語）
精通	達者（たっしゃ）（名・形動）
煽动、怂恿	おだて（名）
花言巧语	口車（くちぐるま）（名）
说服的话、劝说的话	くどき（名）
矜持寡言	ひかえめ（形動）
书亭	書籍スタンド（名）
偶遇	出くわす（でくわす）（自五）

第五课

结实	がっしり（副）
豪爽	豪快（ごうかい）（形動）
絮絮叨叨	ねちねち（副・自サ）
频繁、屡次	しきり（頻り）（形動）

B. 日訳中

凧（たこ）	风筝
ありふれる（自一）	普通的、常见的
群れ（むれ）（名）	群
はやる（逸る）（自五）	焦急、振奋
しきりに（形動）	频繁、屡次
足踏み（あしぶみ）（名・自サ）	踩脚、踏步
しばりつける（他一）	系好、绑住
ぴんと（副）	绷紧、拉直
いかんせん（連語）	怎奈、莫奈何
へばりつく（自五）	粘上、贴上
ふきだす（自他五）	冒出（汗）
小躍り（こおどり）（名・自サ）	雀跃
とりあう（他五）	理睬
切り札（きりふだ）（名）	杀手锏、王牌
しぶしぶ（副）	意犹未尽、不情愿

第六课 把握语句的意义结构

从实际情况看,原语话语者常常自己讲完或念完一段语段后才让译员翻译,信息量极大,结构极为浓缩,这种做法实际上给译员出了一道难题,或者原语话语者说话结构松散,话说了很多,而形成价值的信息则并不多。此时,就更需要译员能去伪存真,把握大致的脉络。

一段话语,必定有语序先后,必定有意义结构。把握住话语流程,意味着把握住了话语脉络,也就意味着理解了话语内容的框架。

口译和笔译不同。笔译一篇文章,其语句之间的意义往往通过快速的通篇浏览就可以把握住大概,而口译就不可能做到。事实上,口译不如笔译那么有充裕的时间去思考,就连思路也不如笔译那般严谨。因此,口译时对话语做必要的整理,努力把握话语的意义关系,理出话语的流程脉络,理出头绪,就显得尤为重要。

语句意义的关系一般可以概括为以下4种模式。

1. "起承转结"四段论模式

四段式以汉诗经常采用的起、承、转、结作为基本形式。

"起"即是话语开头;"承"即是进入正题;"转"即是掉转方向,介绍不同意见,举例;"结"即是得出结论。例如:

大阪本町ノ紅屋ノ娘,(起)

姉ハ十六妹ハ十五;(承)

諸国大名ハ弓矢デ殺す,(転)

紅屋ノ娘ハ眼デ殺す。(結)

2. 三段论模式

所谓"三段式",指A序论(开头)、B本论(展开)、C结论(结尾)

的结构形式。

序论(导入)……提出问题,或预先表明自己的立场和意见等。

本论(展开)……提出论据、事例等,以证明自己主张的正确性,或进一步解释自己主张的背景及观点等,讨论和自己观点不同的意见。

结论(结尾)……概括结论或附加愿望、期待、劝诱等。

3. "顺态"的二段论模式

即因果关系。有"だから""したがって""それで""ゆえに""そうすると"等接续词或接续助词。当表示段落与段落间的逆态意义关系时,由接续词表示,而语句间的逆态意义关系,接续词与接续助词两种词性都可以。

值得注意的是日语汉语中同样是因果意义关系的句子,汉语并不逐一用关系词来表达,而日语则需一一表达出来,这是两种语言的表达习惯,不容忽视。例如:汉语说

○ 人手很紧,再派个小王吧。

○ 你先去吧,我马上就来。

而日语必定说

○ 人手が足りないので(/から)、王さんもやろうか。

○ 先に行って下さい。すぐ行くから。

有时汉语里不把逆转关系用关系词表达出来,而是能够根据语境判断出来的。日语虽说尊重对方的感悟不一一直言,但是这样的关系词用得很频繁,一般不能省去。

4. "逆态"的二段论流程模式

即转折关系。

"しかし""けれども""だが""ところが""それなのに""が"等。

練習

セクション1　文と小段落の中文日訳と日文中訳

A. 中訳日

(1) 床前明月光,

疑是地上霜。
举头望明月，
低头思故乡。

(2) 同时，从政府到民间都存在改变传统的思维方式和做法的痛苦过程，<u>因而</u>，欺诈、赖账等失信行为广泛产生。

(3) 失去了信用，交易的链条就会断裂，市场经济根本无法运转。<u>因此</u>，普遍的守信行为是交易能够进行、经济能够运转的前提，也是每一个企业立足于社会的必要条件。

(4) 年终送礼和中元节送礼是对平日照顾过自己的人的一份感谢的表露，是对因某事给添了麻烦的人表示歉意心情的体现。<u>所以我认为是需要的。思念对方的心情只是寄托于年终送礼和中元节送礼的形式而已。所以只要不看得太死板，就不会成为负担。</u>

(5) 这些都是亚太地区经济崛起的雄厚的物质基础。<u>但是</u>，资源上的优势只是经济发展的根据，而要使经济得到真正的发展，就得善于利用资源，发挥其效力，这有赖于人的主动性、积极性和创造性。

(6) 有人说，在以后很长的时间里或许我们都无法再看到五星红旗飘扬在世界杯的赛场，除非中国成为东道主。<u>不过</u>，<u>主人可不是好当的</u>，是要能烧得出一手好菜的，否则只会更丢人。

(7) 小泉首相在今年 8 月 15 日说：二战中日本给许多国家，尤其是给亚洲各国的人民造成了巨大的损害和痛苦。他代表日本国民表示深刻反省，并向牺牲的人们谨表哀悼。但说这一番话的小泉，却一再参拜靖国神社，不仅伤害了亚洲各国人民的感情，而且使得中日在军事安全领域的<u>重要交流项目被迫停顿</u>。这说明了：安全领域的相互信赖关系，<u>如果没有正确的历史观作基础</u>，是难以形成的。

第六课

(8) 生气时,往往容易失去理智,说出伤害人的话,破坏了与家人、朋友之间的感情,而且也会影响健康。所以,能够不生气,最好不要生气。可是,如果真的有事情让你很生气时,你也不需要把它埋在心里,试着心平气和地把它说出来,表达你的感觉,也许这样反而减轻你的压力,让你快乐些呢!

(9) 豆腐切成大指头般大的小方块,牛肉剁成细末,蒜苗切成短节。菜油放在热锅里熬热,放进牛肉末炒过,再放进豆瓣快炒五、六下,速放进辣椒粉再快炒一、二铲,随即加入温水约半碗,倒进豆腐,加入豆豉并淋上红酱油,轻轻铲转,待烧沸后即压小火力,继续约十五分钟。

(10) 日本万代南梦宫向上海市公安局黄浦分局赠送一座金色限量版"独角兽高达"和"执法维权先锋、知识产权卫士"牌匾,感谢警察叔叔们抓坏人。网友们感叹到,这些外资企业也是相当的入乡随俗。这两件事也许是小事,但背后透露的信号很重要:中国正进一步扩大开放,营商环境也越来越好了。

B. 日訳中

(1) 金利は資金の需給関係で決まりますが、一方、金利が上下すると、それが資金の需給に影響を及ぼし、景気など経済活動を変化させます。中央銀行の金融政策はこうした金利の働きを通じて物価や景気を安定させようとするものです。

(2) 今、東アジアでは事実上の経済統合がいや応なく進行中です。それにつれて製造業が海外に出て行くというデメリットの傍ら、同じ変化から必ずメリットも生じます。それをいかに汲み上げるかが、今の日本が直面する重要課題になっています。

そこで、製造業の競争力を高める努力をすることはもとより大切ですが、同時に、より総合的な国際収支のファイナンスに視野を

広げて、以下のような諸点に注力すべきではないでしょうか。

（3）確かに、後発諸国は先発諸国の失敗の経験から学ぶことが可能であり、それだけシステム開発における有利性はありますが、経済的に最も重要なことは、自国に見合った産業開発とその担い手となる人材の開発をいかに有効に達成するか、しかも、限られた財政と資源配分の中で、それをバランスよくすすめるかが課題となりました。

（4）いろいろなスポーツがさかんであります。スポーツといっても自分でやる楽しみ方もあるし、人がやるのを見て楽しむこともあります。いずれにしても、一般人に人気があるのは野球とサッカーでしょうが、大相撲も依然として健在であります。とくに「見るスポーツ」としての魅力があって、女性の人気が高いそうです。歴史が長いということもありますが、ルールが簡単で分かりやすいし、土俵入りのような儀式的な要素や行司の衣装、力士の化粧まわしのような華やかな面もあるのが、人気の原因でしょう。

（5）アメリカでもう二年以上暮らしているし、十年間ずっと英語の小説の翻訳をやってきたわけですから、もちろんある程度の英語の会話は出来ます。でも、英語を使っている人と喋るのは正直言ってかなり苦手であります。僕は日本語を話すのもあまり得意ではなくて、喋れば喋るほどだんだん気持ちが重くなってくるところがあるのだけれど、英語でもそれはやはり同じであります。だから、積極的に英語を使って話したいという気持ちはあまり起きないし、言うまでもないことですが、そういう人の英語会話能力はなかなか進歩しません。

（6）高度経済成長で国際的にも注目された日本的経済システム

は、このように学校教育をも規制してきました。そして、雇用慣行として、長期(終身)雇用と年功制が支配的であったために、一生の運命が卒業期の就職決定に支配され、それが学校教育全体に影響を与えるような慣行を作り出したのであります。

(7) ガソリン高を受け、燃費が良い小型車の需要が世界的に拡大していることに対応するためで、スズキが日本国内で車両工場を新設するのは二十五年ぶりとなります。
　新工場稼働までの対応として、〇六年度には国内工場で軽自動車生産を三万台減らし、軽よりも高価格の輸出用小型車を六万台増産、さらに〇七年度にも軽自動車を三万台減産して輸出用小型車を三万台増やす計画です。

(8) フィルムを使わないカメラ、デジタルカメラ(通称デジカメ)のブームはこの数年続いています。といっても、ブームに火がついた95年に発売された機種は、画素(レンズを通った光景を電子データに変えるもの。この数が多いほどきめの細かい画像になる)の数が25万程度で、プリントしたときの美しさは、普通のフィルムカメラの写真には遠く及びませんでした。あくまで、パソコン上で画像データを使う人向けの機械であったといってもよいです。

(9) お正月といえば何を思い浮かべますか。子供なら口をそろえて「お年玉」と言うでしょう。子供たちが心弾ませるお年玉は、大人にとって悩みの種になることもあります。いくらあげるか、何歳まであげたらいいか。不況風が吹くこの時期、お年玉のことを義務と見ず、あげ方、使い方を子供たちと一緒にもう一度考えてみてはいかがでしょう。

(10) ロイター通信によると、ハタミ氏は、九月七日にワシント

ン大聖堂で開かれる文明間の対話をテーマにした集会で演説する計画ですが、米政府当局者との会談予定はないといいます。ワシントン訪問に先立ち、ニューヨークを訪れ、国連の関連会議への出席も予定しています。

ハタミ氏は、改革派として大統領を二期八年務め、昨年八月に退任しました。今月二十七日には、世界宗教者平和会議（WCRP）のために訪れた京都市で記者会見し、すべての国家や市民による文明間の対話の推進を訴えました。

セクション2　文章の中文日訳と日文中訳

A. 中訳日

　　社工即社会工作者，在发达国家每千人中就有六人左右，但以往上海除试点的浦东以外几乎没有正式的社工。现在，上海将在中国内地率先发展、诞生一批专业化、职业化的社工。这是中国首批职业社工。

　　发展社工是上海"大民政"格局中社会救助、社区建设、社会福利、优抚安置和民间组织管理工作中的重要组成部分。社工通过与受助对象心灵上的对话，帮助人摆脱困境，同时还提供相关政策咨询和专业知识解答。社工是人与人之间的"桥梁"。比如从专业角度调节教师与学生、孩子与家长之间的关系，缓解医患矛盾。目前，社工的工作重点按照上海"政府主动推动，社团自主运行，社会多方参与"的总体思路，以推进禁毒、社区青少年管理工作为突破口，形成多元化、各司其职、协同管理的综合治理新格局，共同做好预防和减少犯罪工作。

　　社会需要社工。今后，消除日常生活中的矛盾和对立，增进社会和谐就由社工来从事了。他们帮助政府开展青少年教育工作，照顾老人和帮助下岗失业人员等困难群体。今后，社区中大小事情都能频繁地见到社工的身影。社工组织面向社区居民及家庭提供各类专业服务。从国外的经验来看，很多服务项目最初都是应居民的需求

第六课

做起来,成熟之后再由政府将其作为政策予以采纳的。当然,目前在中国社工刚刚起步,人手不足,力有不逮,但相信今后社工的队伍会壮大起来。

另一方面,社工不是义工,他们不是业余地、随机地给人做好事,并不是今天扶盲人过马路,明天帮孤老擦窗这种形式,而是理性化、组织化、职业化和专业化地去帮助人。

从宏观角度看,当今世界商品趋于滞销。可以这样说:人类对物质的追求正在"饱和"。现代人需要的是更高层次的满足,也就是人对人提供精神层面服务。人际关系的调整、行为辅导、情感交流等这些事情,政府机构不是事事都管得了的。像单亲家庭孩子的教育问题,独居老人的日常生活料理,残障人士的社会活动……总有政府力所不及之处,对社工来说却大有用武之地。

B. 日訳中

また春になり、窓はいつも開けておけるようになりました。春が窓から入ってくると、人は部屋の中に座っていられず、ドアから出て行きます。ところが屋外の春はいかにも安っぽいです。至るところ日差しにあふれていますが、部屋のくらがりに射し込む光ほど明るくはありません。また、至るところ日に照らされたけだるい風が吹いていますが、部屋のよどみをかき動かすほどの生気はありません。鳥の鳴き声にしても、とぎれがちで弱々しく、屋外の静寂がないと引き立たないように思えます。したがって、春はちょうど絵を額に入れるように、窓にはめこんで見たほうがよいと分かるのであります。

同時に、ドアと窓には異なる存在価値があることに気づきます。もちろんドアは人を出入りさせるために作られています。しかし、窓も時には出入口として使えるのであります。たとえば、どろぼうや小説の中でひそかに縫い引きをする恋人が、とかく好んで窓をよじ登るように。したがって、窓とドアとの根本的な違いは、決して単に人が出入するかどうかだけではありません。もし春を

<u>観賞するということに限るなら</u>、こういえるでしょう。ドアがあるなら出ていってもよいですが、窓があるなら出ていかなくてもよいと。

単語リスト

セクション1　文と小段落の中文日訳と日文中訳

A. 中訳日

痛苦	苦痛(くつう)(名)
欺诈	詐欺(さぎ)(名)
赖账	踏み倒す(ふみたおす)(他五)
运转	回転(かいてん)(自サ)
立足	立脚(りっきゃく)(自サ)
飘扬	翻る(ひるがえる)(自五)
看到	目にする(連語)
东道国	ホストカントリー(名)
损害	損失(そんしつ)(名)
哀悼	哀悼(あいとう)(名・他サ)
谦恭、有礼貌	慎む(つつしむ)(自五)
停顿、搁置	見送る(みおくる)(他五)
往往、动不动	とかく(副)
损害、伤害	損ねる(そこねる)(他一)
埋、关起来	押し込める(おしこめる)(他一)
温和	穏やか(おだやか)(形動)
压力	ストレス(名)
小方块、切成方块	角切り(かくぎり)(名)
剁	切り刻む(きりきざむ)(他五)
细末、碎末	ミンチ(名)
大蒜、蒜苗	にんにく(名)
切成短节	ぶっきり(名)
辣椒	とうがらし(名)
小火	弱火(よわび)(名)
限量版	限定版(げんていばん)(名)

知识产权	知的財産権(ちてきざいさんけん)(名)
牌匾	横額(よこがく)(名)

B. 日訳中

需給(じゅきゅう)(名)	供需、需要与供给
上下(じょうげ)する(自他サ)	向上或向下
デメリット(名)	缺点、短处
傍ら(かたわら)(名・副)	同时
後発(こうはつ)(名・自サ)	后开始、后出发
見合う(みあう)(自他五)	平衡、相抵、适合
担い手(にないて)(名)	挑夫、挑行李
達成(たっせい)(名・他サ)	达成、告成
いずれにしても(連語)	无论怎样、不管怎样
健在(けんざい)(名・形動)	健在、仍然存在
行司(ぎょうじ)(名)	相扑裁判员
化粧(けしょう)(名・自他サ)	化妆、装饰
規制(きせい)(名・他サ)	规定、限制
慣行(かんこう)(名)	惯例、例行
ガソリン(名)	汽油
燃費(ねんぴ)(名)	燃料消耗率
火がつく(連語)	事件的起因、导火线
画素(がそ)(名)	像素
レンズ(名)	透镜、镜片
きめが細かい(連語)	纹理细致、周到、表面光滑
口をそろえる(連語)	异口同声
演説(えんぜつ)(名・自サ)	演说
先立つ(さきだつ)(自五)	在……之前,首先

セクション2　文章の中文日訳と日文中訳

A. 中訳日

社工	ソーシャルワーカー(名)
发达国家	先進国(せんしんこく)(名)
测试	テスティング(名)
前头	先頭(せんとう)(名)
职业的	プロフェッショナル(形動)
社区	コミュニティ(名)
逃亡、逃脱	脱出(だっしゅつ)(名・自サ)
指导,咨询	コンサルティング(名)
桥梁	ブリッジ(名)
突破	突破(とっぱ)(名・他サ)
参与、从事	携わる(たずさわる)(自五)
斡旋	斡旋(あっせん)(名・他サ)
背影、后影	後姿(うしろすがた)(名)
志愿者	ボランティア(名)
陪同、随从	お供(おとも)(名・自サ)
擦窗	窓拭き(まどふき)(名・自サ)
饱和	飽和(ほうわ)(名・自サ)

B. 日訳中

安っぽい(やすっぽい)(形)	贱、卑鄙的、不值钱的
くらがり(名)	黑暗、隐私
射し込む(さしこむ)(自五)	射进、射入
照らす(てらす)(他五)	晒、照耀、照亮
よどみ(名)	沉闷、淤水、停滞不前
生気(せいき)(名)	生气、活力、朝气
とぎれがち(名・形動)	断断续续、时有间隔

引き立つ(ひきたつ)(自五)	醒目、显眼
はめこむ(他五)	镶嵌
よじ登る(自五)	爬、攀登

第七课　依序整理

　　话语内容的陈述总有个先后顺序。中文里有"一、二、三、……""第一、第二、第三、……"；或是"首先、其次、再后、……""此外、还有、再有、……"等等，日语有"第一に、一番目に、一つに、……""まず、次に、それから、さらに、最後に、……""まず、第二に、それから、……""外に、一方、それに、その上、……"等。
　　口译要善于注意话语的流程形式，注意话语的顺序。找出话语中的同类事物，按照先后顺序加以整理性地记忆，长句的正确理解和翻译也就变得容易了。
　　以前、ある大学の教授が、「<u>大学生になるための"資格"は4つある</u>。<u>学問をしようという意識</u>。社会の問題に対する意識。<u>自分で課題を見つけて学ぶ力</u>。そして、<u>講義についていくだけの学力</u>。これらがいまの日本の大学生に欠けている。」という話をされたことがある。私はその<u>原因が三つある</u>と思う。<u>一つは子供のときから準備されすぎた環境の中で育ったこと</u>。<u>二つ目は生活の中での体験不足</u>。<u>三つ目は少子化により大学が大衆化してはいりやすくなったこと</u>。
　　这段话语，可以在头脑里按照先后顺序一条条地罗列整理：
大学生になる"資格"→① 学問をしようという意識
　　　　　　　　　② 社会の問題に対する意識
　　　　　　　　　③ 自分で課題を見つけて学ぶ力
　　　　　　　　　④ 講義についていくだけの学力
　　大学生になる"資格"が今の日本の大学生に欠けている原因→
　　　① 子供のときから準備されすぎた環境の中で育ったこと

② 生活の中での経験不足
③ 少子化により大学が大衆化して入りやすくなったこと
これは依序整理，既容易记忆又便于翻译。

練習

セクション1　文と小段落の中文日訳と日文中訳

A. 中訳日

（1）站得高一点来看，中日关系在未来历史上存在多种选择的可能。<u>一是</u>日本加深与美国结盟，提防和对付中国；<u>二是</u>不即不离，互相猜疑，暗施冷箭；<u>三是</u>中日合作，共同促进两国及东亚、东南亚的繁荣。第二种状态其实是一种过渡，不是滑到第一条路，就是转到第三条路。究竟何者对中国更为有利，是不言而喻的。

（2）教育部负责人指出："减负"工作要正确处理好以下几个关系：

<u>一是</u>要正确处理"减负"与加强教育管理、提高教学质量的关系。必要的负担是学生成长和发展的推动力，"减负"只是减掉那些妨碍学生身心健康和全面发展的过重负担，决不是降低教育质量。

<u>二是</u>要正确处理"减负"与考试的关系。要推行考试制度改革，就必须重新考虑考试的内容和方法，这是"减负"的一个重要内容。但是，"减负"并不是要取消考试，而是要减少考试的次数，改革考试内容。

<u>三是</u>要正确处理"减负"与培养学生顽强意志、刻苦学习精神的关系。"减负"是给学生更多进行扩展思考的时间和空间，为学生培养创新精神和实践能力创造机会，其目的在于培养学生的研究、探索精神。

（3）管理者的工作可以大致分为三个方面。<u>第一</u>，制定整个企业或部门的目标。<u>第二</u>，根据这一目标确定明确的实施细则，让部下去工作。<u>第三</u>，恰当地评价工作结果，明确主攻方向、目标。用英语表述的话就是"PLAN""DO""SEE"这三点。如此循环往复，设立更

高的目标,就能推动企业发展。

(4) 最近在语言学习上有"两热",一个是中国人的学英语热,一个是外国人的学中文热。

(5) 日本大多数企业采用的长期雇佣方式,与以下两点有密切的关系。第一,企业尤其是大、中型企业,是从长远的观点出发培养职员的。第二,职员的工资调整,是贯穿整个雇佣期间的。这两点是论资排辈型工资体系产生的基础。

(6) 第二次世界大战后日本经济的发展,可以大体分为三个阶段,第一个阶段是回复到战前水平的恢复期,第二个阶段是高速发展期,第三个阶段是走向稳定成长期的过渡期。

(7) 日本经济的基本课题,可说是:(1) 在技术和经济上协助、支援发展中国家及落后国家的发展;(2) 向世界开放国内市场,努力为维持世界和平及自由贸易体制做出贡献。

(8) 推销员并不是只要将产品推销出去就万事大吉了,还必须做其他两件事。一件是通过市场调查的结果,或者是通过销售所收集到的材料,了解消费者的要求质量,及时反馈给设计和生产部门,让他们生产出符合要求质量的产品。另外一件就是必须就所销售产品的使用方法对顾客进行充分的指导。

(9) 日本国内的重要课题是:(1) 调整产业、社会结构,创造开放型经济的基础;(2) 扩大国际市场减低对出口的依赖;(3) 发展科学技术,尤其是开发对世界有贡献的基础技术等等。

(10) 考评员工时,如果能够从以下角度考虑就好了。① 技术能力第一。② 具有全局意识,能够与同事协作。③ 无论什么都想看一

看,试着做一做,对自己不熟悉的领域充满兴趣。④ 不会遇到小小的失败就灰心丧气。即使有少许不明白,也会抱着先做着试试看的心情去积极努力,遇到不妥情况出现,再去更正。⑤ 平时养成提高自己技术水平的习惯,并按照计划稳步进展。

B. 日訳中

（1）私の「基調報告」は三つからなっています。<u>第一部では</u>、日中国交正常化の意味するところはなんであったか、<u>第二部では</u>、正常化後の三十年の歩みを振り返る、<u>第三部では</u>、これからの日中関係は如何にあるべきか、について申し述べることと致します。

（2）航空機内での喫煙や客室乗務員への暴力、セクハラといった「機内迷惑行為」防止をめざした航空法の改正案が成立しました。改正法は航空機の安全運航を防げる悪質な行為を<u>「安全阻害行為」</u>として具体例を列挙しました。① トイレでの喫煙、② 携帯電話など電子機器の使用、③ 離着陸時にシートベルトをしない、④ 手荷物を通路に放置、⑤ 離着陸時に座席やテーブルを倒すなどの項目があります。

（3）日韓FTAの検討はこの日韓関係改善の文脈の下で進められているものです。そのメリットとしては、① 人口1億7千万人の統合市場が誕生する② 競争の活発化が経済の効率化を促進する③ 市場開放や国内制度の調和の努力が経済構造改革を促進することなどが挙げられます。

（4）ここ数年来、東アジアにおける多国間協調、アジア地域主義の発展といえるような動きが活発化しています。それはいわゆる<u>経済協力という側面と地域安全保障協力という二つの側面からの進展でありました。</u>まず、経済が先行しました。すなわち、1967年のASEAN(東南アジア諸国連合)の結成、1989年のAPEC(アジ

ア太平洋経済会議)の開始など典型的なものであります。そして、これらの参加国の拡大、機能・役割の増大の過程をみれば、経済協力、経済相互依存を軸としながら、今日当地域では地域協力のシステムやメカニズムがいかに重要な役割を果たすようになっていることがわかります。

(5) 新聞では、「日本の第3の開国」といっています。<u>第1は</u>黒船の来航(1853年)、<u>第2は</u>第2次大戦敗戦によるアメリカ軍の日本占領、<u>そして</u>今度のコメ市場の部分開放、というわけです。新聞特有の大げさな表現も、日本の農民にとってはまだ言い足りないくらいでしょう。政府の手厚い保護に慣れてきてしまった彼らにとって、外国産のコメと品質、価格で勝負するのは、相当厳しいものになることは確かです。

(6) ドゥニ議長調整案は、農産物について、① 1986～1988年の輸入量が国内消費量の3％未満、② この期間に輸出補助金を付けていない、③ 有効な生産制限措置がとられている、という3条件を満たしているなら1995年から6年間の関税化猶予を認めています。

(7) 演説の骨子は、① 国連の平和維持活動は憲法の範囲内で積極的に行う、② 軍縮、核兵器の不拡散、開発、人口、難民、人権、麻薬、エイズなどの問題解決には積極的に貢献する、③ 国連改革に積極的に取り組み、国連憲章の中にある旧敵国条項の削除を求める、ということに決まりました。

(8) 「とたん(に)」の成立から見た名詞の文法化について四つの「兆候」を挙げています。
<u>まずは</u>層状化であります。……
<u>次に</u>、分岐というのがあります。
<u>三つ目の兆候は</u>特化であります。

<u>文法化の四つ目の兆候として</u>、「保存」というのが挙げられます。

(9) これから、主として表現とか文法とかの面について、日本語の特徴を考えて見ましょう。

<u>第一に</u>、私たちの日本語は物のやりとりに関することばが実に詳しいと思います。

<u>第二に</u>、日本人がものを區別します。その區別の仕方には特色があります。

<u>第三は</u>、日本語では動詞の表現に関しては、自動詞的な表現が多いということであります。

<u>表現の第四の特色は</u>、はっきりした表現を避けることです。

<u>第五番目</u>は、日本語の表現というのは論理的でないということです。

<u>表現の特色の六番目</u>、いちばんたいせつなことがいち番最後にくることです。

(10) 熟年離婚にはいくつかの特徴があります。

<u>まずはじめに</u>、夫婦の間で離婚を問題にしはじめるのが妻の側であるということです。

<u>次に、第二の特徴は</u>、妻から離婚を求められる男性には「会社人間」が多いことです。

財政的に妻が夫に頼らなくても離婚がしやすい状況にあることも熟年離婚の<u>特徴の一つです</u>。

<u>最後に</u>、最も重要なのは、妻の「生きがい」との関係です。

セクション2　文章の中文日訳と日文中訳

A. 中訳日

广播解说词

各位来宾，欢迎光临上海友谊商城。上海友谊商城是一家集购

物、休闲、餐饮娱乐为一体的体验式时尚商都。我们为您提供了温馨的服务、精致的商品,带给您理想的购物环境,使您感受到无比愉悦的购物享受。

<u>商店设 7 个楼层</u>,主要经营各类百货礼品、男女品牌服饰、工艺精品、餐饮、大型游艺场,<u>经营品种达 10 万余种</u>。

<u>一楼</u>主要经营名品礼品、化妆品、珠宝翡翠、黄金美钻、金笔名表、烟酒滋补品、数码家电、奥运特许专柜、屈臣氏、肯德基、巴黎三城。

<u>二楼</u>主要经营绅士服、男鞋、皮具、运动休闲、牛仔系列、衬衫、苏瓦卡甜品屋。

<u>三楼</u>主要经营淑女仕女装、女鞋、高档内衣及饰品、羊绒、女士包袋。

<u>四楼</u>主要经营玉器象牙、石雕木刻、内画扇子、工艺刺绣、地毯、西洋工艺品、工艺礼品,在该楼层的外销商品区内有中国特色的旅游纪念品、真丝等精美礼品可供您挑选。

<u>五楼</u>主要经营有工艺品、收藏品、名家字画、名家瓷器、古玩市场、明清家具、卢正浩茶馆。

<u>六楼</u>是福记(联合)"御花园"大酒店。

<u>七楼</u>是动感时尚大型电子游艺城。

<u>商城一楼商场特设 VIP 会员服务接待室、母婴室</u>,供您休憩。

<u>另外</u>,商城还提供多种外币兑换;英、日、法、意、西班牙语商品导购;邮购邮寄、代办国际海运托运,定制服装,网上购物,古玩工艺品鉴定,代客寄售、代客刻章、代客泊车等多项特色服务。

送温馨,天天在友谊。

上海友谊商城祝您购物愉快!

B. 日訳中

有人宇宙飛行の成功を目の前にして、中国は宇宙開発分野においては先進国との距離やまだ不足の部分も多いというのが多くの宇宙開発研究者の共通認識です。

<u>一方</u>、有人宇宙飛行分野では、アメリカ、ロシアは長期間にわたってリードしてきただけでなく、今はすでに宇宙飛行機時代に入り、他の惑星の探査も始めています。宇宙開発技術に関する研究は、多くの国々や多国籍企業及びNGOの積極的な参与により、ますます注目が集められています。一部の私営企業も有人宇宙飛行を計画しており、すでにサンプルも作り出していて、近年打ち上げを計画しています。<u>他方</u>、世界における科学技術の進歩に伴って、中国の技術水準も向上してきましたが、核心部分の技術に関してはまだ先進国にコントロールされている状態に置かれています。ですから、中国は、インド、ブラジル等の国とともに「科学周辺国家」と言われています。「科学核心国」、「科学強国」、「科学大国」、「科学周辺国」、「科学後進国」の五つのレベルの中で、四番目の「科学周辺国」にランキングされることに止まっています。

単語リスト

セクション1　文と小段落の中文日訳と日文中訳

A. 中訳日

不即不离	つかず離れず(連語)
互相猜疑	腹を探る(連語)
遭突然袭击	不意打ちを食らう(連語)
过渡	過渡(かと)(名)
毕竟、总之、归根结底	つまるところ(連語)
处理、办理、对待	取り扱う(とりあつかう)(他五)
无论如何也……、坚决	あくまでも(副)
毅力、耐性	根気強さ(こんきづよさ)(名)
刻苦钻研	刻苦勉励(こっくべんれい)(名)
培育、栽培	培う(つちかう)(自他五)
或者、或许	若しく(もしくは)(接続)
总括、汇总	統括(とうかつ)(名・他サ)
员工	従業員(じゅうぎょういん)(名)
发展中国家	発展途上国(はってんとじょうこく)(名)
反馈	フィードバック(名)
工资	賃金(ちんぎん)(名)

B. 日訳中

国交正常化(こっこうせいじょうか)(名)	邦交正常化
歩み(あゆみ)(名)	步伐,事情的进程
振り返る(ふりかえる)(他一)	回顾
客室(きゃくしつ)(名)	客房

悪質(あくしつ)(形動)	恶劣
阻害(そがい)(名・他サ)	阻碍、妨碍
手荷物(てにもつ)(名)	随身行李
離着陸(りちゃくりく)(名・自サ)	起降
先行(せんこう)(名・自サ)	先行、先实行
軸(じく)(名)	轴、中枢
猶予(ゆうよ)(名・他サ)	延期
憲法(けんぽう)(名)	宪法
核兵器(かくへいき)(名)	核武器
軍縮(ぐんしゅく)(名)	裁军

セクション2　文章の中文日訳と日文中訳

A. 中訳日

宝石	宝石(ほうせき)(名)
男装	紳士服(しんしふく)(名)
运动装	スポーツウェア(名)
牛仔	ジーンズ(名)
女士	レディース(名)
羊绒	カシミア(名)
手提包	ハンドバッグ(名)
象牙	象牙(ぞうげ)(名)
刺绣	刺繍(ししゅう)(名)
地毯	カーペット(名)
古董	骨董品(こっとうひん)(名)
育婴室	育児室(いくじしつ)(名)
定制	オーダー・メード(名)
网上购物	オンラインショッピング(名)

B. 日訳中

先進国(せんしんこく)(名)	发达国家

惑星(わくせい)(名)	行星
多国籍企業(たこくせききぎょう)(名)	跨国公司
打ち上げ(うちあげ)(名)	发射
ブラジル(名)	巴西

第八课　疑问意识

　　为了正确又迅速地捕捉语句的信息，首先必须抓住语句中的关键性信息。这关键性的信息由很多方面的内容构成，其中之一就是由七个疑问词表示出来的，中文是"谁""何时""何地""（做）什么""为什么""如何"。日语是"だれ""いつ""どこ""なに（を）""どうして""どのように"。在听取话语时，要注意带着这七个疑问意识，这样便于掌握捕捉信息，便于理解和翻译。例如，下面一段文章的划线部分都是动作发生的时间、地点、主体、事由、人数等关键信息。这些疑问都是重要的素材，必须好好记住，必要时应该做好笔记。例如：

　　<u>2日午前10時半ごろ</u>、<u>東京都国立市西1丁目のJR中央線立田—国立駅間の踏切で</u>、<u>男性が高尾発東京行きの快速電車にはねられ、死亡した</u>。この事故で、東京—高尾駅間が一時不通となり、快速電車など上下計16本が運休・特急4本を含む計22本が最大で36分遅れた。<u>約1万9千人に影響が出た</u>。

練習

セクション1　文と小段落の中文日訳と日文中訳

A. 中訳日

　　（1）美国国务院负责人 28 日向共同社透露，<u>美政府已决定向计划参加在华盛顿举行集会的伊朗前总统哈塔米发放入境签证</u>。
　　1979 年伊朗革命导致美伊两国外交中断，<u>如果此次访问华盛顿得以实现，哈塔米将是 1979 年以来访问华盛顿的地位最高的伊朗

人。在目前伊朗核问题日趋紧张的局势下，前总统哈塔米的言行势必分外引人关注。

（2）由上海市对外经济贸易委员会(上海市外国投资工作委员会)主编，市发改委、市经委、市科委等二十多个有关委办局参与编写的《2006上海外商投资环境白皮书》正式发布。中共上海市委常委、上海市副市长周禹鹏直接领导编写工作，并作了序。

（3）联合国成立于1945年10月。在第二次世界大战结束后的两个月。"从此创造一个和平的世界"，在这一宗旨下最初由51个国家组成。类似的组织在第二次世界大战之前也曾有过。就是第一次世界大战后成立的"国际联盟"。但由于美国没有加入，且未能防止第二次世界大战的爆发，所以经过反省之后便成立了现在的联合国。联合国的成员国不断增加，如今已有191个国家。

（4）据统计，什刹海周围最盛时日均垂钓者曾达近900人，但放鱼活动开始后数月间下降到了200多人。在前天的活动现场，垂钓者的身影竟破天荒地消失了。"现在终于没人钓鱼了，这是我们行动取得的成果！"看到昨天现场的情景，每一个曾经参加过放鱼活动的小同学莫不感到由衷地自豪。

（5）一般学生虽然不能像教员那样直接进书库，但是只要你递上了借条，几分钟之内工作人员就从里面把书给你找来，可以在外面的阅览室安心阅读，哪怕只有课间一小时的空隙。

（6）"山里"新姿登场。2006年5月，改造一新的"山里"将开门迎客。全新的"山里"充满情趣，并将更加倍地关切每一位尊贵的客人。既有注重客人私密空间的一般坐席，也有风格迥异又充满和风气息的私人包间，还新增设了雅致、充满安心与宁静的寿司吧。
在这一方美食空间里，每一位来客均能尽情品味选用当季的新鲜

食材,借以厨师的精湛手艺而倾心烹制的丰盛筵席,体验花园之飨。

(7) 至于公司规模,资本金113.98亿日元、员工约1 500名,其中100名系常驻世界29个国家和地区的当地法人、支店(分店)、办事处(事务所)驻任人员,年交易额7 000亿日元。

(8) 这个酷暑,为您特别推荐两款来自荷兰和美国的品牌啤酒,将在这个激情夏日里带给您一份清爽和透彻。

(9) 寿司口味清淡,营养丰富,非常适合在炎热的夏季食用。另外向您推荐选用新鲜食材、有机蔬菜,有益健康的色拉卷。

(10) 东京在过去的100年里,平均气温上升了3度左右。这是一个令人震惊的数字,它超过了过去1万年的气温上升速度。

B. 日訳中

(1) ワールドカップ(W杯)の日本代表だった中田英寿(なかた・ひでとし)選手がW杯に合わせ、4月に東京・北青山に開いた「ナカタドットネット　カフェ」が十六日、閉店しました。営業終了後、中田選手の公式サイトの会員ら約百五十人に限定したイベントが開かれ、選手本人が電話で「飛び入り参加」しました。

(2) 鑑真和上と唐招提寺東山魁夷作品展が17日、上海で開幕します。国宝「金亀舎利塔」内蔵の舎利が、鑑真が日本に運んで以来はじめて中国に「里帰り」します。日本画家、東山魁夷が11年を費やして制作した全68面の「唐招提寺御影堂障壁画」も中国で初めて展示します。

(3) 麻生太郎外相は十日、自民党総裁選に向け今月二十一日に正式に出馬表明し、政権構想「麻生ビジョン」を発表する方針を決

めました。「簡素で温かい政府」の実現を掲げます。

　(4) フランスの市民に日本の「打ち水」の習慣を紹介し、真夏の暑さと地球温暖化に対抗しようという「パリ打ち水大作戦」が十六日、パリ中心部の広場で行われました。

　(5) イランのアザデガン油田開発に当たる石油開発技術会社のバザールガン社長は二十七日、開発着手が遅れていることについて、権益を持つ日本の石油開発会社、国際石油開発への不信感を示し、「九月十五日までに合意できなければ、中国やロシアなどとの共同開発も模索する。」と語りました。イラン石油省が運営する通信社が伝えました。

　(6) ラムズフェルド米国防長官は二十七日、訪問先のアラスカ州でロシアのイワノフ国防相と会談した後、記者会見し、テロ組織への先制攻撃を想定し、核弾頭搭載の大陸間弾道ミサイル(ICBM)の一部を通常型弾頭に置き換え、通常兵器化する計画を検討していることを明らかにしました。ロイター通信などが報じました。

　(7) 在日米軍再編に伴う米軍普天間飛行場(沖縄県宜野湾市)のキャンプ・シュワブ(名護市)沿岸部移設をめぐる政府と沖縄県、名護市など関係自治体による協議機関の初会合が二十九日午前、首相官邸で開催されました。

　(8) 小説「ブリキの太鼓」などで知られ、戦後ドイツを代表するノーベル文学賞受賞作家のギュンター・グラス氏(78)は十二日付のドイツ紙フランクフルター・アルゲマイネとのインタビューで、ナチス・ドイツの親衛隊(SS)に所属していた過去を自ら明らかにしました。

（9）豊臣秀吉の正室ねねが建立した京都市東山区の高台寺で、秀吉が使ったと伝わる、ペルシア製タペストリーで仕立てた約四百年前の陣羽織が復元され、二十一日、報道関係者に公開されました。

（10）米航空宇宙局（NASA）は二十二日、二〇一〇年に退役するスペースシャトルに続く新たな有人宇宙探査機（宇宙船）を「オリオン」と名付けたと発表しました。人々に親しまれているオリオン座にちなみました。
　一四年に国際宇宙ステーション（ISS）まで飛行、二〇年に最大四人の飛行士を月に送るのが目標だとしています。
　地球の大気圏に再突入する際の安全性を重視し、一九六〇～七〇年代に月へ到達したアポロ宇宙船に似たカプセル型です。「コンピューターやエレクトロニクスの最新技術を駆使したものになる」としています。
　宇宙船の直径は約五メートル、容積はアポロカプセルの約二・五倍で、ISSに六人を運ぶ能力があります。

セクション2　文章の中文日訳と日文中訳

A. 中訳日

　　我知道丸善书店，大约是在1934年。那时我在北平当学生，因为置身在美国人办的教会学校里，已能稍事涉猎外国文学书籍了。那时，北平东安市场有几家外文书店，成为我时常出入之所，听说它们卖的外文书都是从日本的丸善书店批来的廉价书。我的哥哥贾芝和他的同学朱颜（锡侯）在中法大学孔德学院读书，那时已和东京的丸善书店有邮购关系了。据说，这家书店为读者服务的工作真是做到了家。你只要投函给他们，写明你的专业和爱好（我指的是哲学、社会科学，尤其是文学一类），他们就会随时向你提供有关部类的新书讯息。遇有一批廉价书出售，他们会不失时宜地把书单寄给你，听

凭你挑选,而无论是你需要购置的新版书或廉价书,你只要把书目寄给他们,他们会很快地照单把书寄来,你如翻看后决意买了,然后再把书款汇寄他们,如果看后不中意,可以在一定时间内把书退还给他们,邮资也概由他们支付。他们像相信自己那样地相信读者。他们经营的书籍语种,除俄文及中文外,世界各种文字的出版物可说搜罗齐全,应有尽有;如果他们书目上未收入的书类,你托他们代购,它也能及时向原出版地代为购置,决不失信。我哥哥贾芝和他的同学,后来也是我的朋友的朱颜,他们的英、法文藏书,就大都是通过从丸善邮购这个途径积累起来的。后来我到了日本,不久,朱颜也去了法国,我替哥哥在丸善买书,差不多成了家常便饭了。

B. 日訳中

　　住友金属工業の100％子会社で、高級陶磁器メーカーの鳴海製陶(名古屋市)は二十九日、中国の中国国際信託投資公司(CITIC)グループの投資ファンド「CITICキャピタル・パートナーズ」と組んで、来月にも経営陣による自社買収(MBO)を実施すると発表しました。

　　鉄鋼事業への集中を図る住金から独立することで、成長分野への事業シフトを進めます。ガラス食器への参入や中国、インドなどでの海外展開を進め、三～五年後の株式上場を目標とします。

　　同ファンドと経営陣が発行済み株式の90％を取得します。このうち、10～15％を経営陣が取得見通しです。買収価格は公表していません。残る10％も住金が今後二年間保有します。

　　鳴海製陶の二〇〇六年三月期の売上高は約百十億円、経常利益は約六億五千万円でした。

単語リスト

セクション1　文と小段落の中文日訳と日文中訳

A. 中訳日

发放	発給(はっきゅう)(名・他サ)
断交	断交(だんこう)(名・自サ)
最高位置	最高位(さいこうい)(名)
紧迫、紧张	緊迫(きんぱく)(名・自サ)
序	序文(じょぶん)(名)
反省	反省(はんせい)(名・自サ)
消失、消逝	消え失わせる(きえうしなわせる)(自一)
赢得、取得	勝ち取る(かちとる)(他五)
得意的	誇らしい(ほこらしい)(形)
空闲、空隙	合間(あいま)(名)
装束、打扮	装い(よそおい)(名)
情趣	趣(おもむき)(名)
改造、重新	リニューアル(名詞)
私人	プライベート(形動)
大厅、会厅	ホール(名)
包间	個室(こしつ)(名)
(味道)最好的时期	旬(しゅん)(名)
织成、交织成	織り成す(おりなす)(他五)
会场、聚会场所	会席(かいせき)(名)
精髓、真髓	真髄(しんずい)(名)
交易额	取り扱い高(とりあつかいだか)(名)
法人	法人(ほうじん)(名)
健康	ヘルシー(形動)

上升	上昇(じょうしょう)(名・自サ)
惊讶	驚異的(きょういてき)(形動)

B. 日訳中

ワールドカップ(名)	世界杯
閉店(へいてん)(名・自サ)	停业、关店
公式(こうしき)サイト(名)	官方网站
イベント(名)	活动
飛び入り(とびいり)(名)	当场突然加入、参加
出馬(しゅつば)(名・自サ)	出马、出阵
ビジョン(名)	前景、构想
簡素(かんそ)(名・形動)	简朴、简单朴素
着手(ちゃくしゅ)(名・自サ)	着手
国防長官(こくぼうちょうかん)(名)	国防部长
テロ組織(そしき)(名)	恐怖组织
先制攻撃(せんせいこうげき)(名)	先发制人
ミサイル(名)	导弹
会合(かいごう)(名・自サ)	聚会、集会
ノーベル文学賞(ぶんがくしょう)(名)	诺贝尔文学奖
ナチス(名)	纳粹
正室(せいしつ)(名)	正妻、正室
仕立てる(したてる)(他一)	作成、制成
退役(たいえき)(名・自サ)	退役
オリオン(名)	奥利安(希腊神话中的巨人,猎手)
カプセル(名)	密封舱、胶囊
エレクトロニクス(名)	电子学

セクション2　文章の中文日訳と日文中訳

A. 中訳日

些许、一些	いささか(形動)
涉猎	渉猟(しょうりょう)(名・他サ)
经常、常常	しょっちゅう(副)
进货、购进	仕入れる(しいれる)(他一)
廉价	廉価(れんか)(名・形動)
在编、在册	在籍(ざいせき)(名・自サ)
随时	随時(ずいじ)(副)
立即、当即	即座(そくざ)(副)
退货	返品(へんぴん)(名・自サ)
买进、进货	買い入れ(かいいれ)(名)
藏书	蔵書(ぞうしょ)(名)
不久、不大工夫	ほどなく(副)
家常便饭	日常茶飯事(にちじょうさはんじ)(名)

B. 日訳中

ファンド(名)	基金

第九课 抓住语句之间的修饰关系

　　结构复杂的句子,听解起来难度大。因为句子中的成分往往多有修饰。这样的句子成分之间构成修饰与被修饰的关系。要善于迅速对句子成分中的各个修饰关系加以整理,以便正确理解和翻译。
　　句子的各个组成部分不外乎修饰和被修饰两个部分。修饰又不外乎名词等的连体修饰和连用修饰两种。
　　听句子时,首先要听出句子的躯干成分,即是被修饰部分,将它们串成一条主线,以此把握句子的精华和大意。下面看两个例子。

　昼夜を問わずにぎわう「けやき通り」には、サラリーマンが仕事の後の時間を楽しむカフェや若い女性たちが好きな小物店やブティックが並んでいる。

　　我们先不妨根据句子成分中的修饰与被修饰关系,分成几个部分。在这个基础上,再找出句子的主干和主干部分的修饰成分。

　昼夜を問わず/にぎわう/「けやき通り」には、/サラリーマンが/仕事の後の時間を楽しむ/カフェや若い女性たちが好きな/小物店やブティックが/並んでいる。

　昼夜を問わずにぎわう「けやき通り」には、サラリーマンが仕事の後の時間を楽しむカフェや若い女性たちが好きな小物店やブティックが並んでいる。

这样，句子的主要框架就出来了。

「けやき通り」には、カフェや 小物店やブティックが 並んでいる。

显而易见，其余的部分就都是修饰主干部分了。这个部分用下划线表示如下。

<u>昼夜を問わずにぎわう</u>「けやき通り」には、<u>サラリーマンが仕事の後の時間を楽しむ</u>カフェや<u>若い女性たちが好きな</u>小物店やブティックが並んでいる。

榉树路上有很多家上班族下班后享用的咖啡屋以及年轻女性喜欢的杂货店和高档服装店，鳞次栉比，不论白天昼夜都热闹无比。

再看下面一个例句。

最近、「若者たちは横暴すぎる。」「他人のことを考えない。」「他人の目を意識しない。」といったことが、大人たちの批判の声としてよく聞かれる。この場合、大人の批判の多くは、自分たちの過ごしてきた青春時代の青年像とは余りにも違う現代の気ままな若者の姿に、かつての抑圧された、常に他人の目を意識しなければならなかった、屈辱にあふれた自己の青春の像を重ね合わせてつぶやく、悔恨と羨望と嫉妬の混じり合ったものが多い。

面对这样一个长句，最好的办法是引导学生分析整个句子的结构。可以分成几步走。具体的做法是：

1）先找出句子的主题和谓语部分。借助提示副助词"は"，再借助由"は"构建的句型结构，我们就不难发现这个句子的主题是"大人の批判の多くは"；再找它的谓语。这谓语比较复杂，其本身由一个

主谓结构构成:"～が形容词谓语(……ものが多い)"。即,谓语句里又有一个主语和谓语两个成分。其中,显而易见,主语是"……ものが",谓语是"多い"。整个句子的句型结构是"～は～が～形容词谓语(～は……ものが多い)"。这样一来,长句就大体把握住了。

2) 找出了句型结构、主题谓语成分以后,接着再找谓语句"ものが多い"的主语"ものが"的定语修饰句。这个定语句子理顺后翻译也就容易了。从外在结构上看,除了主谓结构外,其余都是连体修饰成分(定语修饰)。问题是这个定语句本身长而复杂。其中有好几个成分,让我们逐个分析。"自分たちの過ごしてきた青春時代の青年像とは"修饰动词"違う",为它的补语;"余りにも"作为副词也修饰动词"違う"。由此形成的句子"自分たちの過ごしてきた青春時代の青年像とは余りにも違う"又充当着"時代の気ままな若者の姿"的定语。而这个"自分たちの過ごしてきた青春時代の青年像とは余りにも違う現代の気ままな若者の姿"又以格助词"に"的形式与"自己の青春の像を重ね合わせ"这一动宾词组构成修饰关系(为动补关系)。此外"かつての抑圧された"、"常に他人の目を意識しなければならなかった"、"屈辱にあふれた"又以并列关系分别修饰"自己の青春の像";然后"自分たちの過ごしてきた青春時代の青年像とは余りにも違う現代の気ままな若者の姿に、かつての抑圧された、常に他人の目を意識しなければならなかった、屈辱にあふれた自己の青春の像を重ね合わせ"又以连用形式修饰谓语动词"つぶやく";而这样的修饰与被修饰构成的句子在语义上又修饰着"自分たちの過ごしてきた青春時代の青年像とは余りにも違う現代の気ままな若者の姿に、かつての抑圧された、常に他人の目を意識しなければならなかった、屈辱にあふれた自己の青春の像を重ね合わせてつぶやく"与"悔恨と羨望と嫉妬の混じり合った"以并列关系,修饰其后的"もの"。这个句子的修饰关系如下所示。

この場合、大人の批判の多くは、

自分たちの過ごしてきた青春時代の青年像とは　余りにも違う現代の気ままな若者の姿に、

かつての抑圧された、
常に他人の目を意識しなければならなかった、
屈辱にあふれた自己の青春の像を重ね合わせてつぶやく、
悔恨と羨望と嫉妬の混じり合ったものが多い。

練習

セクション1　文と小段落の中文日訳と日文中訳

A．中訳日

（1）从年龄上说，日本人到20岁，中国人到18岁就算成人了，即所谓的大人了。然而，这并不等于所作所为就符合成人的条件。从年龄上说加入了成人的行列，但精神上依旧像个小孩，想法幼稚，对自己的行为不负责任的人不少，这样的人恐怕很难说是真正意义上的成人。

（2）中国加入世界贸易组织（WTO）后，对中国金融业将会产生深远影响。不仅表现在金融业务竞争、金融从业人员的流动、金融业务市场的变化、金融产品等的创新等方面，同时对整个中国金融业的金融运行体系的改革与深化也有着重大影响。

（3）在冷战时代，敌我双方曾各自组建过"共同安全保障"体系。冷战结束后不设假想敌的协调安全保障或努力实现联合国所倡导的集体安全保障，在全球范围内成为一种普遍现象。在这一阶段，对人类社会构成安全威胁的，已不是清楚认识到这些变化的、负责任的国家，而是国家之外的"恐怖分子"。虽然全世界有责任感的人们尚未对"恐怖分子"做出准确的界定，但对其所产生的危害却有着共同的认识。

(4) 秦大河说,近百年来地球气候正经历一次<u>以全球变暖为主要特征</u>的显著变化,中国气候变化趋势与全球基本一致。

(5) 101起草了一份状词,向法院起诉供热公司,由于这家<u>供暖锅炉房噪音过大</u>,<u>影响了居民的正常生活</u>,因此,要求赔偿损失并改造锅炉减小噪音。

(6) 诸如<u>1985年的"5.19"和1989年的"黑色三分钟"</u>,对于亲身经历过冲击的球员和教练们来说,对于陪伴中国足球度过44年酸甜苦辣的球迷来说,每一个脚印都是那样<u>刻骨铭心</u>,每一次挫折都是<u>走向成功</u>的必要积累。

(7) <u>中国科学家日前说</u>,未来50年到100年中国气候将<u>持续变暖</u>,华北和东北南部等地区出现继续变干的趋势,这将给自然生态系统和社会经济带来严重影响。

(8) 经济上不能独立的人当然谈不上是真正意义上的成人。但是<u>即便有工作,在经济上能自立</u>,却没做到成人应该做的事,比如不好好纳税,<u>对自己的言行不负责任的人</u>,仍旧不是真正意义上的成人。

(9) <u>科班出身</u>的薛维迪(Wendy),<u>擅长自弹自唱</u>,并多次与著名歌手及音乐人同台演出。每周一至周六 21:00～23:45 您<u>在空中酒廊悠闲小酌时</u>,可欣赏到她倾情演绎的<u>爵士乐</u>,舒缓的曲调,轻柔的歌声让您和着窗外城市美景,浅尝杯中美酒,感受无比的惬意。

(10) 花园饭店(上海)今年推出的午间婚礼受到了越来越多新人们的<u>欢迎</u>。其合理的流程安排、与晚间婚宴相同的服务内容以及优惠的价格,<u>符合追求简约时尚的年轻人的需求</u>。作为<u>一对海归派</u>,傅先生和其漂亮的新娘就把他们的婚宴放心地放在花园,举办了一

场时髦的午间婚礼。

B. 日訳中

（1）グラス氏はダンチヒ（現ポーランド・グダニスク）生まれです。これまでは国防軍兵士だった際に敗戦を迎え、米軍の捕虜となったと説明していました。同氏はインタビューで「両親の束縛から逃れる」ため、十五歳で潜水艦部隊への配属を希望したものの採用されず、敗戦直前の十七歳の時にドレスデンでSSの戦車部隊に加わったと述べました。

（2）屈強な男同士が闘う姿を生き生きと表現した明治期の相撲生（いき）人形が、熊本市現代美術館の企画展で展示されています。生人形は、木製の人形に貝殻をすりつぶした胡粉（ごふん）で肌の質感を付けて人間そっくりに作ります。著名な事件や伝説などを再現し、江戸末期から明治初期に見世物小屋で流行しました。

（3）古都の夏の夜空を彩る恒例の「大文字五山送り火」が十六日夜、京都市を囲む山々で行われ、蒸し暑さが残る中、浴衣姿の家族連れや観光客らが夜空に揺れる火文字を楽しみました。送り火は、お盆に迎えた先祖の霊を送り、無病息災を祈る伝統行事であります。

（4）十七日付の中国紙、北京晨報によると、男女の出産比率のアンバランスが指摘されている中国で、二〇〇四年には出生人口の男女比が女児百人に対し男児百二十一人となったことが分かりました。

（5）ストレスは、一般には人間関係などの精神的ストレス学説といって、けがや中毒、暑さや寒さ、過労や病気などで、からだが危機を感じると、脳と副賢皮質が連携して、副賢皮質ホルモンが分泌

され、危機を克服するプロセスを解明した学説です。

（6）現に昨年の日本の国際収支は、原油価格の高騰やIT（情報技術）関連輸出の急減少がたたって、貿易収支が対前年比マイナス32％と大幅に減少する一方、利子・配当などからなる取得収支が29％も増大したため、両者がほぼトントンになる現象が起きました。

（7）わいせつ行為や暴力事件といった教員の不祥事が全国各地で後を絶たず、必ずしも適格性がある人が教師になっていないという指摘があります。学級崩壊などの問題も山積するなかで、子供を愛し、指導力のある教員を確保する手だてとして、東京教育委員会自らが教員養成に乗り出すことにしました。来年度から小学校の教員志望の大学4年生を対象に、一年間かけて教育実習をさせる考えを明らかにしました。

（8）郵便小包や書留の配達時、不在の受取人に電子メールで知らせ、物はコンビニで受け取るサービスが始まるそうです。サービス希望者は、携帯電話などのメールアドレスをコンビニで登録しておきます。受取人の印鑑が必要な郵便物はコンビニの配達ボックスで保管し、受取人には自動的にメールで連絡されます。帰宅時に店に立ち寄れば、いつでも受け取れます。月100円の登録料と一回100円の使用料が必要です。

（9）暑いところで汗をかきすぎたり、下痢をしたりして、体内から水分が大量に失われると、意識障害やけいれんなどの症状が現れ、極端な場合は命にかかわることもあります。

（10）現代社会は豊かになればなるほど、競争もエスカレートし、そしていつリストラされ、首にされるかわからないといったよ

うな毎日だから、人と人の関係は緊張してしまい、どうしてもストレスが溜まってしまいますね。一日たりともリラックスできないからだと思います。

セクション2　文章の中文日訳と日文中訳

A. 中訳日

　　侦探问:"您一上午看几号?"
　　华大夫回答:"半天只看六号。"
　　侦探说:"这就奇了！总共一上午才六个人,怎么会记不住？再说这人的长相,就是在大街上扫一眼,保管也会记一年。告明白你吧,这人上个月在佑衣街持枪抢劫了一家首饰店,是通缉的要犯,您不说,难道跟他有瓜葛?"
　　华大夫平时没脾气,一听这话登时火起,"啪！"一拍桌子,拔牙的钳子在桌面上蹦得老高。他说:"我华家三代行医,治病救人,从不做违背良心的事。记不得就是记不得！我也明白告诉你们,那祸害人的家伙要给我瞧见,甭你们来找我,我找你们去！"
　　两位侦探见牙医动怒,龇着白牙,露着牙花,不像装假。他们迟疑片刻,扭身走了。

B. 日訳中

　今年一～六月に警察が摘発したサイバー犯罪は前年同期比11.8％増の千八百二件で、上半期としては統計を取り始めた二〇〇〇年以降で最多だったことが十七日、警察庁のまとめで分かりました。特に不正アクセス禁止法違反の摘発は二百六十五件で33.8％の大幅増となりました。一方、都道府県警が受理したサイバー犯罪の相談件数は39.5％減の三万五百六十五件でした。警察庁は「取り締まりを強化し、業界と連携するなどして被害防止にも努める」としています。
　サイバー犯罪で最も多かったのはネットワークを利用した詐欺

で9.1％増の七百三十三件、全体の約40％に達しました。大半は<u>インターネットオークション</u>に関するものでした。<u>出会い系サイト</u>を通じて知り合った18歳未満の子どもらを相手にした児童買春は18.2％増の百六十九件でした。偽ブランド品をネットオークションに出品、販売するなどの<u>商標法違反</u>も112.0％増の百六件に上りました。

不正アクセス禁止法違反は、<u>他人のIDやパスワードなど識別符号を入力してコンピューターに侵入する</u>ケースが大半で、ほかは<u>不正アクセス助長行為</u>が一件でした。摘発人数は六十三人で、十、二十代の若者による犯行が計三十六人と過半数を占めました。最年少は十四歳でした。

識別符号を得た手口別に摘発件数をみると、<u>IDから容易に推測できるパスワードが使用されていた</u>など、設定や管理の甘さにつけ込んだものが百十五件ありました。<u>偽ホームページ</u>に誘導してパスワードなどを入力させる「フィッシング」も百二件に上りました。

単語リスト

セクション1　文と小段落の中文日訳と日文中訳

A. 中訳日

幼稚	幼稚(ようち)(形動)
整理、准备好	整える(ととのえる)(他一)
脆弱	衰弱(すいじゃく)(名・自サ)
不可估量	はかり知れない(連語)
敌我双方	敵味方(てきみかた)(名)
恐怖分子	テロリスト(名)
显著	目覚しい(めざましい)(形)
确实、的确	まさに(副)
诉状	訴状(そじょう)(名)
起草	起草(きそう)(名・他サ)
法院	裁判所(さいばんしょ)(名)
申诉	訴える(うったえる)(他一)
锅炉	ボイラー(名)
尝尽	嘗め尽くす(なめつくす)(他五)
辛酸	辛酸(しんさん)(名)
支持者	サポーター(名)
刻、铭刻	刻む(きざむ)(他五)
挫折	挫折(ざせつ)(名)
积累	積み重ね(つみかさね)(名)
持续	引き続き(ひきつづき)(副)
擅长	堪能(たんのう)(形動)
音乐人	ミュージシャン(名)
天空	スカイ(名)
爵士乐	ジャズミュージック(名)
有余地、宽敞、舒畅	ゆったり(副・自サ)

第九课

婚礼	ウエディング(名)
夫妻	カップル(名)
順利、流畅	スムーズ(形動)
如今、当今	今どき(いまどき)(名)
新娘	新婦(しんぷ)(名)

B. 日訳中

敗戦(はいせん)(名・自サ)	战败
捕虜(ほりょ)(名)	俘虏
戦車(せんしゃ)(名)	坦克
束縛(そくばく)(名・他サ)	束缚
屈強(くっきょう)(形動)	顽强不屈
貝殻(かいがら)(名)	贝壳
すりつぶす(他五)	磨碎
見世物(みせもの)(名)	小节目、杂耍
彩る(いろどる)(他五)	着色、上色
恒例(こうれい)(名)	传统节目
無病息災(むびょうそくさい)(名)	无病消灾
アンバランス(名)	失衡
わいせつ(名)	猥亵
不祥事(ふしょうじ)(名)	丑事、不祥事件
後を絶たず(連語)	不断发生
適格(てきかく)(名・形動)	合格、合乎规定的资格
手だて(名)	做法、手法
乗り出す(のりだす)(自五)	开始进行
書留(かきとめ)(名)	挂号信
メールアドレス(名)	电子邮件地址
ボックス(名)	箱子
下痢(げり)(名)	腹泻
けいれん(名)	抽筋

極端(きょくたん)(形動)　　　極端
宿敵(しゅくてき)(名)　　　　夙敵
画期的(かっきてき)(形動)　　划时代意义
発足(ほっそく)(名・自サ)　　成立、起步

セクション2　文章の中文日訳と日文中訳

A. 中訳日

长相	人相(にんそう)(名)
通缉	指名手配(しめいてはい)(名・他サ)
瓜葛、联系	つながり(名)
脾气、秉性	気性(きしょう)(名)
发火、大怒	かっと(副・自サ)
拔牙	抜歯(ばっし)(名・自サ)
职业	生業(せいぎょう)(名)
救人、帮助人	人助け(ひとだすけ)(名)
违背	悖る(もとる)(自五)
动怒、激怒	激怒(げきど)(名・自サ)
裸露、露出	むきだし(名・形動)
牙床	歯茎(はぐき)(名)
犹豫、迟疑	ためらう(自他五)
翻转、纵身	翻す(ひるがえす)(他五)

B. 日訳中

摘発(てきはつ)(名・他サ)	揭发
アクセス(自サ)	存取、选取数据
取り締まり(とりしまり)(名)	取缔
オークション(名)	拍卖
出会い系サイト(名)	交友网站
偽(にせ)ブランド品(ひん)(名)	假冒名牌商品

ホームページ(名)	主页
定食(ていしょく)(名)	套餐
大半(たいはん)(名)	大半、过半
助長(じょちょう)(名・他サ)	助长
手口(てぐち)(名)	犯罪手法
付け込む(つけこむ)(自五)	乘机、乘虚、抓住机会
フィッシング(名)	钓鱼

第十课　掌握成语谚语等经典表达

　　如前所述,口译能力是听解能力和表述能力的综合。口译做不好的原因有很多,除了缺乏话题相关的社会文化知识、背景知识等以外,主要是语言表达水平的不到位。而语言表达水平不仅指外语,也包括母语。具体表现有以下三种情况:一是听不懂起点语言的话语而无法用目标语言表达;二是听得懂起点语言的话语而不能用目标语言表达;三是听得懂起点语言所言,基本用目标语言表达出来,却不够贴切,言不达意或言不生动。要解决这些问题,除了必须更多地学习、掌握双语的词汇(包括新词汇)、常用短语、惯用表达(包括惯用句和句型)等,提高整体水平以外,还有重要的一条,那就是要多多掌握汉日双语的成语、谚语、俚语、俗语等,因为它们往往是话语的"点睛之笔",是最出彩的部分,可以称之为经典表达。合理地使用,可丰富语言表达,使内容涵义更精确,我们的口译也就会更富于生气、活力和感染力。尽管两种不同的语言之间总会有文化差异,起点语言表达与目标语言表达之间总有差异,两种语言中的精彩部分多少会打掉一些折扣,不可能完全对译得了。但是,我们还是可以尽力为之。

　　外语专业出身的人身上多有一种倾向,只注重外语的学习,而对母语的学习不以为然,总以为母语不是问题,容易懈怠。实际情况并不容乐观。在口译实践中,有很多时候,日语倒不成问题,却卡在了母语汉语上。平时,对于中日成语、谚语、名言警句等,应熟读成诵,并在大量的优秀语言材料的阅读学习中注意去参悟表达的秘诀,以丰富语言材料,炼就出贴切的表达能力,进入语言表达的自由王国。

練習

セクション1　文と小段落の中文日訳と日文中訳

A. 中訳日

（1）有一些富人致富却忘记自己的社会责任，<u>想方设法偷税漏税</u>。

（2）这场<u>蓝绿</u>两阵营之争，<u>势均力敌</u>，<u>不分上下</u>。

（3）有人说过，"经济全球化是一把<u>双刃剑</u>"，它为每个国家的经济提供了更广阔的发展空间。这种机遇的同时，也给经济实力较差、发展较迟的后进的发展中国家带来了许多挑战，需要<u>这些</u>国家认真对待。

（4）与勤奋工作的20多岁的员工相比，50多岁的员工拥有的只是一些过时的知识，在公司里<u>无所事事</u>，却拿着高薪。

（5）但由于日本长期以来一直存在一种轻视亚洲的习惯，<u>没有找到</u>一种赢得实惠的方法。至少在很多方面还没有引起<u>足够的重视</u>。能否<u>改弦易辙</u>，现在开始认真对待，关键在于我们自己如何选择。

（6）不能因为不忍心看到动物受虐待，所以就不研究新的医疗技术，也不开发新的药品。生病就生病，不想违背命运。如果持这种观点，则<u>另当别论</u>。反之，即便再残酷也不能停止动物实验。这是<u>不容轻易反驳的观点</u>。

（7）十一面观音的美姿，在大和之旅中是<u>首屈一指</u>的，每次前来参谒，都给予我略有变化的印象。这一回，不知怎的，我被她手指的

美妙吸引住了。我出神地凝视着那柔软而圆润的手指,那好像拂上一丝风儿就会倏忽改变姿态似的纤细的手指,使我<u>流连忘返,久久不忍离去</u>。

(8) 中国加入世界贸易组织(WTO)后,将对中国金融业产生<u>深远影响</u>。

(9) 虽然今年招聘会上的单位来了不少,但是实在没有什么合适的。简历投了一圈<u>也杳无音信</u>。

(10) 随着在上海工作的外籍人士增加,各种各样的咖啡馆和咖啡连锁店<u>如雨后春笋般</u>地出现在上海街头。

B. 日訳中
(1) 彼は党内で<u>五本の指に入る</u>実力者であります。

(2) 私は子供の時代は勉強もよくしたと思いますが、夏はよく友達とプールに行って泳いだり、冬はスケートをしたりして結構遊びました。いい思い出がいっぱい残っています。日本語のことわざに「<u>よく学び、よく遊べ</u>」というのがありますが、いまの時代は学歴偏重社会で、ただでさえ毎日体力以上に勉強させられているのに、まして、土日も補習学校に行かなければなんてひどまぎます。

(3)「<u>天高く馬肥ゆる秋</u>」。空は高く澄み渡り、街路樹の葉も色づきはじめる10月。カキやブドウ、リンゴ、ギンナン、クリ、クルミ、アケビなど、山の恵みが豊かに実るころです。農家では忙しかった稲刈りもほとんど終わりを迎え、その秋の実りを神に感謝する祭りが全国各地で行われます。

第十课

(4) アメリカのように、少しでも待遇のよい職場を求めて変わる風潮は日本にはなんて、また、そんなことをする人がいると、「腰が軽い」などと陰口をたたかれます。

　(5) 故郷の駅を離れる列車の窓から、遠ざかっていく思い出の山や川を見つめながら身を切られるような思いがしたこと、みんな昨日のことのように覚えています。

　(6) それから、日本でも次第に高品質のカメラが開発されるようになり、やがて性能でも普及率でも欧米のメーカーに肩を並べ、追い抜いていきました。

　(7) 目指す食堂に着いて見ると、これが昔とは似ても似つかぬ高級レストランに変貌しているではないでしょうか。メニューを見ると、懐かしい郷土料理の名前の横には、目の玉が飛び出るような数字が並んでいます。

　(8) 「聞くは一時の恥、聞かぬは一生の恥。」ということばが好きです。自分の中に閉じこもって分からないままにするよりも、自分自身では解決のつかない問題、学びたい、あるいは知りたい事柄が出てきたときには、恥知らずのように大胆に人に尋ねます。それは非常に勇気のいることですが、ぜったい悪いことはありません。

　(9) 紅茶の伝統を誇る英国に異変が起こっています。大手のコーヒーチェーン店4社を筆頭に十数社に上るコーヒー専門のブランド店が乱立し、しのぎを削っているのです。

　(10) 確かにわれわれは、消費社会の中に生きています。そして、生活の多くの時間を消費に割いています。しかし、だからとい

って、われわれの「生」のすべてが消費であるはずはありません。消費はわれわれの目的でもありません。われわれが消費者として生きるのは、われわれの生活、人生の一部にすぎません。

セクション2　文章の中文日訳と日文中訳

A. 中訳日

　　从他工作的那个仓储式超市出来，就开始别扭着，那个地方叫工人村，尘土飞扬，连出租车都拦不到。
　　她问：你怎么到这里上班？
　　他道：骑摩托车。
　　这里的生意好做吗？全是下岗工人住这附近，便宜的裤子都穿不上，冷冷清清。
　　两个人在弥漫着尘土的太阳光里等了半天，还是没有出租车，他说做小公汽怎样，她说随便吧。
　　他俩上了车，只剩下一个座位，虽然靠着窗，却正在轮胎上面，她坐上去难受地蜷着腿，小心翼翼地踮着脚尖，怕弄脏了浅色裤子的裤脚。车子毛毛糙糙的停在一个车站，忽地刹车，他结结实实地踩了一下她的"瓦萨琪"皮鞋。

B. 日訳中

　とてもよいと感じた文章はあまり読まず、しっくり来ない文章は読まない、これが私の読書の基本原則です。
　とてもよいと思うのになぜあまり読まないのですか。それは、とてもよいと感じることは大変な事で、一度出会ったら詳しく体得し、繰り返し味わい、自我の干渉する余地がないものだからです。これはちょうど私が映画を観るのと同じで、突然よいものに出くわしたときには、見終わった後に決して続けて別の一本を見ようとはせず、一人で河辺や小道を歩き、物思いにふけるのに似ています。たとえ他のいくつかの映画がこの一本に比べて別に見劣

りしないという事を知っていても、それでも贅沢にいっしょくたに取り込んでしまうのは忍びないのです。友人との付き合いも同じことで、世の中には付き合うべきよい人々がいくらでもいますが、どうして彼ら全てが深く付き合う親友となりえましょうか。胸襟を開いて付き合うのは数人いれば十分です。あちらこちらで肩をたたき腕をまわして親しみを表してまわっていては、疲れきってしまって、結局どの一人とも深く付き合えることはなく、どの一人に対しても申し訳が立ちません。読書と友人との付き合いは同じで、欲張ってはいけないのです。

　しっくり来ない文章は読みません。こちらは聞いてみて理解し難くはないものですが、実際にやり遂げるのが難しいです。それというのも私たちが読書しているときというのは、しばしばある種自我を喪失した受動的な状態であって、感覚の選択レーダーがなかなか起動しないのです。実際、たとえ誰もが認める世界的な名著であろうと、若いときは先生がよく読めというから従うよりありませんでしたが、中年になってみて自分の感覚と相容れないものは読むのを拒む権利があることに気づくのです。あちらはあちらでそれなりにちゃんとした本で、こちらはこちらでそれなりに何事もない人、縁がなければ軽く肩を触れ合うだけで通り過ぎるべきです。もしも明らかにそりが合わないのに無理をしてまとわりついては、ずいぶんと耐えがたく、どれほどよくない事でしょうか。

単語リスト

セクション1　文と小段落の中文日訳と日文中訳

A. 中訳日

想方设法	八方手を尽くす
势均力敌	力量が伯仲する
双刃剑	諸刃の剣
命运	運命（うんめい）（名）
反驳	反論（はんろん）（名）
首屈一指	屈指（くっし）（名）
纤细	繊細（せんさい）（形動）
认真做事	本腰を入れる
舒服	心地がいい
不管喜欢与否	いやがおうでも
互相猜疑	腹を探り合う
杳无音信	梨のつぶて
如雨后春笋般	雨後の筍のように

B. 日訳中

肩を並べる	并驾齐驱
天高く馬肥ゆる	秋高气爽
郷土料理（きょうどりょうり）（名）	农家菜
身を切られる（みをきられる）	痛苦
目の玉が飛び出る	惊人

セクション2　文章の中文日訳と日文中訳

A. 中訳日

仓储	アウトレット（名）

第十课

尘土	土ぼこり(名)
飞扬	舞い上がる(まいあがる)(自五)
下岗、裁员	リストラ(名・自サ)
冷冷清清、空荡荡	ガラガラ(形動)
太阳光	日差し(ひざし)(名)
小公汽	マイクロバス(名)
不凑巧	あいにく(副)
正上方	真上(まうえ)(名)
脚尖	つま先(つまさき)(名)
裤子	スラックス(名)
粗野的、粗暴的	荒っぽい(あらっぽい)(形)
刹车	ブレーキをかける(連語)
结结实实地	ぎゅっと(副)

B. 日訳中

しっくり(副・自サ)	合时、吻合
体得(たいとく)(名・他サ)	体会
干渉(かんしょう)(名・自サ)	干扰、干涉
出くわす(自五)	遇上、偶遇
物思い(ものおもい)(名)	沉思、思虑
ふける(耽る)(自五)	沉溺于
見劣り(みおとり)(名・自サ)	差、逊色
取り込む(とりこむ)(他五)	收取、拿入
忍ぶ(しのぶ)(自五)	忍心
胸襟(きょうきん)を開く(連語)	推心置腹、敞开胸襟
申し訳が立つ(連語)	对不起、能够补偿
欲張る(よくばる)(自五)	贪心、贪婪
受動的(じゅどうてき)(形動)	被动
レーダー(名)	雷达

相容れない(あいいれない)(連語)	互不相容
拒む(こばむ)(他五)	拒绝
そりが合わない(連語)	性情不相投、脾气不合
まとわりつく(自五)	缠在一起

第十一课 掌握关键词和关键句

　　关键词,顾名思义就是语句乃至篇章中的重要词语。关键词就是语篇要突出强调的词语,一些鲜为人知的概念或新生事物的新名词往往会成为关键词。

　　汉语、日语中,一些具有社会或文化背景现象的词语往往或多或少具有一定的象征意义,比如:下海、大款、老土、包装、三包、三陪、五讲四美,甚至最近在年轻人中流行的"郁闷(胸闷)"等等。日语中的"ばついち(×一)""天下り""畳み"等等,这样的词语反映着即时社会的舆论或话题的焦点,久而久之便成了新词,成了关键词。它透着社会信息和时代精神,显出文化底蕴,包含着一层文化概念和象征意义,起着传神的作用。这样的关键词必须明确无误地翻译出来。必要时应做适当的补充讲解。

　　而要掌握这样的关键词,了解天下大事是关键。平时要多看报,不说百事通,也得做百事晓。有了知识的功底,口译就不再害怕。

　　关键词不仅指新、时髦、击中要害的新名词,还可以是反复出现的、重要的词。例如:

　　まだ花はまったく開いてはいないけれど、ふくらんで、色づいた蕾のせいで、遠くからみると木全体がほんのりした薄紅にけぶっているといった時期の桜。ちらちら咲き初めたばかりの桜。八分咲きくらいでもう一息という桜。春爛漫の絶頂といった風情の満開の桜。散ってゆくひとひらひとひらが、こちらのからだに触れては溶けて消えてゆく雪片のように降りかかってくる今時分の桜。どれも良い。私は国粋主義とはほど遠い人間で、「日本」に対

してはむしろきわめて批判的にふるまってきたが、桜という花が好きで好きでたまらないことは決して隠そうとは思わない。

这个段落中,"樱"一词一共出现了六次,可见它的重要性,显然是个理解语句的关键词。

練習

セクション1　文と小段落の中文日訳と日文中訳

A. 中訳日

（1）中国愿与各国一起,加强在国际反恐方面的合作。

（2）每天晚上,在社区活动室里,一群女学员正在大汗淋漓的学习街舞。

（3）有人说你们做猎头的守着一部电话就能轻轻松松赚大钱?

（4）儿子在美国买了两辆车,零首付,一分钱没拿,就将汽车开回家来了。

（5）这些年薪四五十万的外企白领们都习惯用k代替"千元"作为计算薪金的单位。

（6）不久前,首届全球华语流行乐排行榜颁奖典礼给歌迷们留下了深刻的印象。

（7）网吧大多布置得整洁、温馨,冬有暖气,夏有空调,颇得泡吧一族的青睐。

（8）中国成功地获得了2010年上海世博会的举办权。

(9) 在日本,75 岁以上司机造成的致命交通事故比例从 2008 年的 8.7% 上升至 2018 年的 14.8%。作为世界上老龄化严重的国家之一,日本正面临一个敏感的社会问题：如何在人们变老的同时降低交通事故的发生率?

(10) 要是说迪斯尼乐园是童话世界,那么迪斯尼海洋就是冒险世界。迪斯尼乐园里有很多小孩子,甚至也有很多娃娃,可是这里的游客年龄层就比较高了。在迪斯尼乐园里,排队是少不了的事。这是最大且唯一的缺点。

B. 日訳中

(1) ハンドボール男子は31～23で勝ちました。ラグビーは48～24で快勝し、ソフトテニスは男女ともに中国を下しました。しかし、サッカーは2～3で惜敗しました。卓球、バスケットボール、バレーボール、テニス、バドミントンは男女ともに敗れました。

(2) 男と女、どっちがウソがうまいかというと、それは女だとみな言うでしょう。どうしてウソがうまいかというと、それは言ったウソを覚えているからです。ウソはつきっぱなしではいけないのであって、あとの面倒を見ないといけません。

(3) 東京都の昆虫専門店で、1 000 万円の値をつけた体長 80 ミリのオオクワガタが売れました。買主は昆虫マニアの会社社長です。海外の通信社は「事件」としてこのニュースを報道しました。

(4) 8月22日、全地球測位システムを利用した一部のカーナビゲーションが正常に動かなくなりました。日付データの誤作動によるもので、各メーカーには問い合わせが相次ぎました。

(5) 完全な年功序列で、勤続年数や年齢だけの体系はよくあり

ません。若い人はいくら頑張っても業績を上げても、賃金の面では反映されません。

(6) 米国で急成長中の動画投稿サイト、YouTube(ユーチューブ)は二十二日、テレビでは見られない「インターネット上だけのCM」の配信を始めました。サイトの利用者が増え、広告収入増加につながるのを期待しています。

(7) 21世紀には、コミュニケーションとマナーがますます重要になるでしょう。それも今までのように形だけを覚え込むのではなく、相手の価値観を尊重した臨機応変なマナーが求められます。

(8) 以上みてきたように、ヨーロッパはこれまで半世紀をかけて欧州統合の「深刻」と「拡大」の双方を着実に進展させきたといえますが、それを可能にしたいくつかの注目すべき重要な要素は以下の通りであります。

(9) 告白した理由についてグラス氏は「当時は恥とは思いませんでしたが、後に重荷になりました。書かなければならない時が来た。」とし、九月に出版する自伝でこの経歴を書いたと述べました。

(10) 「外国人お断り」をめぐるトラブルは各地で起きています。スナックなどの飲食店で「外国人お断り」の看板を掲げている店は多いです。外国人の入居を断るアパートも後を絶ちません。せっかく留学生を招いても、アパートさがしが困難では最初から印象が悪くなります。

セクション2　文章の中文日訳と日文中訳

A. 中訳日

　　人民币汇率改革的总体目标是，建立健全以<u>市场供求</u>为基础的、有管理的浮动汇率体制，保持人民币汇率在合理、<u>均衡水平上</u>的基本稳定。人民币汇率改革必须坚持主动性、可控性和渐进性的原则。主动性，就是主要根据<u>我国自身改革和发展的需要</u>，决定汇率改革的方式、内容和时机。可控性，就是人民币汇率的变化要在宏观管理上<u>能够控制得住</u>，避免出现金融市场动荡和经济大的波动。渐进性，就是根据市场变化，充分考虑各方面的<u>承受能力</u>，有步骤地推进改革。

B. 日訳中

　　アフリカ南部のマラウイ共和国で、日本人の若者が歌うエイズ啓発ソングが<u>大ヒット中</u>です。エイズ被害の深刻さが音楽を通じて現地の人々に伝わっています。

　　歌のタイトルは「ディマクコンダ（NDIMAKUKONDA）」です。現地のチェワ語で「愛してる」を意味します。歌っているのは、国際協力機構（JICA）の青年海外協力隊員として、今年三月まで<u>現地に派遣されていた</u>山田耕平さん（26）です。

　　JICAによると、マラウイでのエイズウイルス<u>感染率は約14％</u>、年間推定八万七千人が死亡しています。山田さんはエイズ感染者が次々に命を落とす現状を目の当たりにしてショックを受けました。毎日のように葬式があり、自分の知人にも亡くなった人がいたといいます。

　　<u>エイズ検査</u>を受ける若者が少ないことを知った山田さんは「<u>マラウイは歌と踊りが根付いた国</u>。音楽の力で意識を変えられるのでは」とメッセージソングを思い付きました。

　　エイズ検査で陽性が判明した男性と恋人の女性とのやりとりを歌詞につづり、知人の現地ミュージシャンに訳詞と作曲を依頼しました。陽気なメロディーの歌は、昨年夏からテレビやラジオで繰

り返し放送され、同国のヒットチャート首位を獲得しました。
　日本では三十日にCDが発売され、売上金の一部はマラウイのエイズ検査費などに充てられます。山田さんは「検査を受ける習慣が根付いていない点では日本も同じです。この歌でエイズについて関心を持ってもらえればうれしい。」と話しています。

単語リスト

セクション1　文と小段落の中文日訳と日文中訳

A. 中訳日

反恐	反テロ(名)
街舞	ヒップホップダンス(名)
猎头	ヘッドハンティング(名)
零首付	頭金なし(あたまきんなし)
年薪	年収(ねんしゅう)(名)
白领	ホワイトカラー(名)
排行榜	ランキング(名)
网吧	ネットカフェ(名)
迪斯尼乐园	ディズニーランド(名)

B. 日訳中

パッケージ(名)	包装
辺境人(へんきょうじん)(名)	边缘人
秋波(しゅうは)を送る(連語)	放电
過労死(かろうし)(名)	过劳死
浮気者(うわきもの)(名)	花心
売り物(うりもの)(名)	卖点
床運動(ゆかうんどう)(名)	自由体操
鞍馬(あんば)(名)	鞍马
跳馬(ちょうば)(名)	跳马
弱者層(じゃくしゃそう)(名)	弱势群体
サクラ(名)	托儿
タブー(名)	误区,禁忌
ショー(名)	做秀
年功序列(ねんこうじょれつ)(名)	论资排辈

業績(ぎょうせき)(名)	业绩
臨機応変(りんきおうへん)(名)	随机应变

セクション2　文章の中文日訳と日文中訳

A. 中訳日
渐进	漸進(ぜんしん)(名・自サ)
步骤	段取り(だんどり)(名)

B. 日訳中
啓発(けいはつ)(名・他サ)	启发、启蒙
ソング(名)	歌曲
ヒット(名・自サ)	颇受青睐
エイズ(名)	艾滋病
タイトル(名)	题目
ウイルス(名)	病毒
葬式(そうしき)(名)	葬礼
根付く(ねづく)(自五)	扎根、定型
訳詞(やくし)(名)	翻译的歌词
メロディー(名)	旋律
ヒットチャート(名)	流行歌曲排行榜
売上金(うりあげきん)(名)	销售额

第十二课　掌握背景知识

不仅受到外语干扰,甚至还受到母语的痛苦干扰,无外乎表现出两种情况:一是对起点语言的不理解,对所说的内容内涵把握不住;二是对起点语言是理解的,但是另一种语言的表达法没掌握。

口译所涉及的知识是以各种专业知识或特定背景为主的。

捉住句意精神就是理解对方的说话内容,而语言以外的背景知识能有助于提高我们对句意精神的理解。

语言以外的背景知识主要有三个方面:一是关于话题的知识;一是关于背景知识;一是一般知识,也即常识。常识也是理解对方说话的有力要素。这种知识随着经历、经验、年龄的增长而增长。所以要作好口译,除了加强汉语、日语的学习,提高语言水平以外,还必须更多地积累知识和信息。平时保持旺盛的好奇心,关心时事,了解历史,了解世界重大事件,多听、多看、养成遇事查阅的好习惯。不说做百事通,也得要做百事知。广博的知识是加强听读理解,作好口译的重要基础,这远不是一个语言能力代替得了的。难以想像,没有话题知识、背景知识的话,口译可能到位。

練習

セクション1　文と小段落の中文日訳と日文中訳

A. 中訳日

(1) 江泽民提出"<u>三个代表</u>"重要思想是代表中国先进生产力的

发展要求,代表中国先进文化的前进方向,代表中国最广大人民的根本利益。

(2)朱总理在政府工作报告中关于<u>再就业</u>说道,对<u>下岗分流人员</u>不仅要通过建立<u>再就业服务中心</u>保障他们的基本生活,还要通过代缴社会保险,促进实现再就业。

(3)去年秋天,胡锦涛主席出席在曼谷召开的<u>亚太经合组织峰会</u>时说道,中国实行以市场供求为基础的、单一的、有管理的<u>浮动汇率制度</u>,这是同当前中国的经济发展阶段、金融监管水平和企业承受能力相适应的。

(4)《<u>基本法</u>》第23条规定,香港特别行政区应<u>自行立法</u>禁止任何叛国、分裂国家、煽动叛乱、颠覆中央人民政府及窃取国家机密的行为。

(5)1998年以来,国有<u>企业下岗职工</u>达2 700多万人,90%以上进入再就业服务中心,先后有1 800多万人<u>通过多种渠道和方式</u>实现了再就业。

(6)温家宝总理指示<u>全国防治非典型肺炎指挥部</u>要做好防治工作,准确统计并及时公布疫情,把<u>农村疫情的防治工作</u>做在前面,把北京市防治工作作为全国的重中之重抓紧抓好。

(7)中国至2008年为<u>止</u>已经实现了<u>载人飞船</u>和<u>舱外活动技术</u>。此外,<u>大型火箭</u>的研发、宇宙飞船之间的<u>交会对接技术</u>、包括物质循环的可长期使用的<u>生命维持系统</u>,以及<u>物资补给飞船</u>等技术也必须掌握。据信,中国将通过"天宫"这个小型试验平台逐一积累上述技术。

(8)中国的发展,无论是在速度,还是在规模上实在令人惊讶。

第十二课

作为"世界大国"的中国有能力牵动世界的政治和经济。

（9）在全球经济一体化的大格局下，一个地区，甚至是一个大国的经济形势很容易影响到别的地区和国家。尽管亚太地区至今保持着较坚韧的经济活力，但1997年的金融危机还是在不同程度上打击了亚太地区的一些国家。

B. 日訳中

（1）ナチスの歴史的責任や小市民のナチス加担を一貫して取り上げ、反戦をうたう左派文壇の代表格だった同氏の戦後六十一年目の告白は、国内外で論議を呼びそうです。

（2）日本の大手銀行3行が統合、合併するというニュースが世界を驚かせました。歓迎する声が多いですが、先行きを心配する声もあります。

（3）埼玉県にある市の教育委員会が、4月からある制度を実施し始めました。その制度とは、いじめにあったり体が弱かったりで、学習意欲がありながら家にこもりがちな不登校の子のために、自宅に先生を送って個別授業をするものです。学習の機会を積極的に設けることはよいことです。

（4）双方は相手側の被る不利な影響を最小限に留めるよう、相互信頼をもって、速やかに相手側と協議をおこない、可及的速やかに協定の履行を再開するようにしなければなりません。

（5）午後八時、東山の如意ケ嶽中腹に、一画が最長百六十メートルもある巨大な「大」の文字が浮かび上がり、古都を約一時間取り囲みました。京都市内はこの日、最高気温三五度の猛暑でした。

市内のビルはネオンが消され、中心部を流れる鴨川の河原には多くの観光客が集まり、携帯電話のカメラで盛んに撮影していました。

（6）ウォーキングやジョギングは、大人と子供のペースが違いすぎて、家族で一緒にというわけにはいきません。ファミリースポーツとして定着しつつあるボウリングなら、みんなで楽しめそうです。その上達の基本は、まずボール選びからです。目安としては体重の十分の一の程度で、中指と薬指はややきつめ、親指は緩めの指穴のものがいいです。最初に親指が抜け、ボールが回転するようにすればOKです。

（7）夏休みを海外で過ごす人たちの出国ラッシュが十二日、成田空港でピークを迎えました。航空会社によると、英国の旅客機同時テロ計画を受けてキャンセルした乗客はほとんどなく、出発ロビーは例年通り家族連れやカップルで混雑しました。
　成田国際空港会社の推計では、この日約五万二千四百人が出国しました。帰国のピークは二十日で、約五万八千六百人が見込まれています。
　米国へ向かう便では飲み物などの液体を機内に持ち込むことが禁止されるなど保安検査が強化されましたが、トラブルはなく、各航空会社はひと安心しました。家族五人でパリ旅行に行く東京都町田市の主婦松岡明子さん（60）は「検査や警備が厳しいと逆に安心。こういう事件の直後はテロは起こらないのでは」と話していました。

（8）中国の「双循環戦略」について関心が高まっている。「双循環」とは「国内循環」と「国際循環」の2つの循環を指す。この言葉は、今年5月14日の中国共産党政治局常務委員会の会議で最初に

用いられた。そこでは「中国の巨大な市場規模と国内需要の潜在力という強みを生かして、国内と国際という相互に補完する2つの循環に基づく新たな発展のパターンを確立する」ことがうたわれた。

　(9) 実際のところ、決算通貨としての円の使い勝手は過去20年間でほとんどよくなっていません。将来、円圏が形成されるとしても、かなりの時間がかかるでしょう。歴史的にも、アメリカ経済が世界の中心的な位置を占めたのは1920年代ですが、国際通貨としてドルがポンドにとってかわったのは1950年代であります。アメリカの経済的力をもってしても、ドルが国際通貨としての地位を獲得するまで20～30年はかかったことになります。その意味では、円圏は、政策的に形成するものではないと考えるのが自然でしょう。

　(10) 安倍晋三官房長官は十二日午前、地元・山口県下関市で、後援会などが主催した集会に出席、自民党総裁選について「しっかりと志を持って頑張りたい」と述べ、立候補の意向を表明しました。九月一日に都内で正式に記者会見を開き、憲法改正などを柱とした政権構想を発表します。
　自民党総裁選は安倍氏、谷垣禎一財務相、麻生太郎外相の三つどもえの戦いとなる見込みで、安倍氏の出馬表明により後継首相レースの論戦が過熱しそうです。ただ既に党内は安倍氏支持が大勢です。安倍陣営は盆明けから本格的な選挙態勢に入り、各派や地方党員票の支持固めに万全を期します。
　安倍氏は七月下旬から「再チャレンジ支援策」の対話集会で岩手、京都、大阪など各地を精力的に回り、再チャレンジ支援で格差問題解消などに取り組む姿勢をアピールしてきました。二十二日に横浜で開かれる自民党北・南関東ブロック大会を皮切りに各ブロック大会に出席し、他候補との論戦に臨みます。

セクション2　文章の中文日訳と日文中訳

A. 中訳日

　　"我国的差距主要是科技创新能力不足,投入总量不够,缺乏一批具有世界影响的大师级科学家。"中国科学院一位专家表示,和美、俄相比,我国航天产业虽然在卫星回收技术、航天测控等局部水平上处于世界前列,但总体水平差距较大。

　　中国空间技术研究院一位工作人员表示:"我们还不能骄傲。一个很大的问题是载人航天的许多技术突破如何尽快转化为生产力,实现对技术的牵引和对国民经济的带动作用。这些技术要尽快推广。"

　　国家自然科学基金支持的一项研究表明,我国虽然初步形成了较为完整的航空航天工业体系,但资源转化能力、市场化能力和产业技术能力仍然较弱,总体竞争实力不强,难以全面参与国际竞争。

　　资金渠道单一、管理体制条块分割等问题仍然制约着我国航天事业的进一步发展。空间专家闵桂荣院士认为,多年来我国比较重视航天技术的发展,却忽视了卫星应用产业的配套发展。他建议将卫星应用产业的发展列入国民经济和信息化总体战略,统一制定中长期天地一体化发展战略,建立长期稳定运行的空间基础设施,制定政策,鼓励民间企业投资卫星应用产业,同时加紧先进技术的研发工作。

　　早在20世纪80年代末,钱学森就提出了发展"航天飞机"的战略设想。"高技术航天领域的跟踪……要把眼光放远一点,看到21世纪中叶去……这样到下个世纪中叶,我们在航天飞机技术的某些方面,也许能达到世界先进水平,也就有资格加入到国际合作了。"

　　老一辈科学家的重托和期望,在今天已经实现了第一步。我国下一步还将实现航天员出舱活动,完成空间飞行器的交会对接,并根

据需要建造空间站。

　　面对激烈的航天竞争态势,中国科学院穆荣平等专家建议,作为一种战略产业,我国航天器制造业需要国家明确的总体发展战略的指导,需要明确的国际合作战略和高效、精干的科研体系支撑,需要杰出人才和优秀团队。

B. 日訳中

　　太平洋戦争の空襲で犠牲になった全国の一般市民を弔う「太平洋戦全国戦災都市空爆死没者慰霊塔」(兵庫県姫路市)で、建立から五十年を機に進められていた洗浄補修工事が、十五日の終戦記念日を前にほぼ完了しました。工事を進めていた事務局は「不戦の誓いを新たに、慰霊塔を守っていきたい」と話しています。

　　JR姫路駅から西一・五キロの手柄山にある慰霊塔は、高さ約二十七メートルの鉄筋コンクリート造りです。刀を地中に突き立てたデザインで「もう戦争はしない」との決意を表現しています。

　　「政府は軍人軍属は弔ったが、一般市民を顧みることがなかった」として当時の石見元秀姫路市長らが、一般市民の供養と世界平和への悲願を表す慰霊塔建設を提唱しました。一九五六年に建立されました。

　　塔の台座部分には、北海道から鹿児島県まで全国百十三の戦災都市を示した日本地図を彫刻しました。左右には、約五十万人の空襲犠牲者数と約九百五十五万人の空襲被災者数を自治体ごとに刻んだ側柱が並んでいます。

　　慰霊塔や側柱に汚れや亀裂など老朽化が目立ち始め、管理する財団法人「太平洋戦全国空爆犠牲者慰霊協会」(事務局・姫路市)が約二千万円かけて、六月から補修工事を進めていました。

単語リスト

セクション1　文と小段落の中文日訳と日文中訳

A. 中訳日

三个代表	三つの代表(だいひょう)(名)
广大、广泛	広範(こうはん)(形動)
治理、平息	治める(おさめる)(他一)
裁员	リストラ(自サ)
代缴	代納(だいのう)(名・他サ)
曼谷	バンコク(名)
变动、变化	変動(へんどう)(名・自サ)
目前、眼下	目下(もっか)(名・副)
适应、顺应	即応(そくおう)(名・自サ)
怎样的、任何	いかなる(連体)
煽动	扇動(せんどう)(名・他サ)
颠覆、倾覆	転覆(てんぷく)(名・自他サ)
窃取、偷盗	窃取(せっしゅ)(名・他サ)
讴歌、提倡	謳う(うたう)(他五)
前后、相继	相前後(あいぜんご)する(自サ)
惊讶、厉害	すさまじい(凄まじい)(形)
拉、拽、牵引	引っ張る(ひっぱる)(他五)
甚至于	甚だしい(はなはだしい)(形)
比较地、意外地	割合に(わりあいに)(副)

B. 日訳中

加担(かたん)(名・自サ)	支持、袒护
一貫(いっかん)(名・自他サ)	贯彻、一贯
左派(さは)(名)	左派
統合(とうごう)(名・他サ)	合并、统一、综合

合併(がっぺい)(名・自他サ)	合并、归并
先行き(さきゆき)(名)	将来、前途
こもる(篭る)(自五)	闭门不出、隐藏
不登校(ふとうこう)(名・自サ)	不去上学
中腹(ちゅうふく)(名)	半山腰
ネオン(名)	霓虹灯
河原(かわら)(名)	河滩
ウォーキング(名)	步行
ジョギング(名)	跑步
ボウリング(名)	保龄球
目安(めやす)(名)	大致的标准
中指(なかゆび)(名)	中指
薬指(くすりゆび)(名)	无名指
きつめ(名・形動)	紧、有点拘束
緩め(ゆるめ)(他一)	松、缓和
ピーク(名)	高峰
トラブル(名)	纠纷、纷争
一安心(ひとあんしん)(名・自サ)	暂且放心
アンバランス(名)	不平衡
シンクタンク(名)	智囊团、专家集团
中絶(ちゅうぜつ)(名・自他サ)	中止、妊娠中止的省略
使い勝手(つかいがって)(名)	物品好用与否
ポンド(名)	英镑
後援会(こうえんかい)(名)	后援团
志(こころざし)(名)	志愿、志向
立候補(りっこうほ)(名・自サ)	成为候选人、参选
見込み(みこみ)(名)	预计、估计
後継(こうけい)(名・自サ)	后继
レース(名)	比赛

過熱(かねつ)(名・自他サ)	过热
盆明け(ぼんあけ)(名)	盂兰盆节过后
万全(ばんぜん)(名・形動)	万无一失
期す(きす)(他五)	决心、确信
チャレンジ(名)	挑战
精力的(せいりょくてき)(形動)	精力充沛的、精力饱满的
皮切り(かわきり)(名)	初次、开端、第一次
臨む(のぞむ)(自五)	面临、濒临

セクション2　文章の中文日訳と日文中訳

A. 中訳日

缺少、缺乏	欠如(けつじょ)(名・自サ)
总共	トータル(名・他サ)
影响	インパクト(名)
块	ブロック(名)
管辖	管轄(かんかつ)(名・他サ)
空间	スペース(名)
联合、合作	連携(れんけい)(名・自サ)
轻视	軽んじる(かろんじる)(他一)
编入、排进	組み入れる(くみいれる)(自一)
高科技	ハイテク(名)
迈出	踏み出す(ふみだす)(他五)
空间站	スペースステーション(名)
置身于	さらす(他五)
团队	チームワーク(名)

B. 日訳中

弔う(とむらう)(他五)	吊丧、吊慰
空爆(くうばく)(名・他サ)	空袭
死没者(しぼつしゃ)(名)	死难者

洗浄(せんじょう)(名・他サ)	洗净、去污
コンクリート(名)	混凝土
刀(かたな)(名)	刀剑的总称
突き立てる(つきたてる)(他一)	叉起、插上、刺透
顧みる(かえりみる)(他一)	回顾、担心
悲願(ひがん)(名)	宏愿、悲愿
台座(だいざ)(名)	底座
亀裂(きれつ)(名)	龟裂、皲裂
老朽(ろうきゅう)(名・自サ)	老朽、陈旧、不顶用

第十三课　思维方式的切换与正确表达

　　与笔译一样,口译的过程就是思维方式不断转换的过程。
　　口译活动中,很多场合口译工作者一个人要承担双向口译,既口译汉语又口译日语。这要求译员要有相当敏捷的头脑,思想高度集中,思维不停地在两种语言之间切换,表达也要随时跟上。
　　无论口译与笔译,凡是翻译在某种程度上就是一种创新。这种创新具体而言就是一种再表达。因为汉语与日语是两种不同的语系,语法规则上有很大的差异,在遣词造句上也有很大不同。
　　我们的汉语运用能力和作为第二语言学习的日语运用能力之间毕竟是有差距的。这种差距因人而异,或多或少都会影响到口译能力。口译活动中,很多场合需要口译工作者既口译汉语又口译日语。很多人认为把日语口译成汉语要比把汉语口译成日语来得容易,这话不无一定道理,但实际上并非如此。
　　汉语是第一语言的学习者往往会受到日语表达的干扰,钻进了日语世界而出不来,以至于一时间张口结舌,对转换成汉语茫然不知所措。归根到底,是因为思维切换跟不上,按照日语的思维来组织母语,自然会产生病句。反之也一样,按照中文遣词造句的习惯,生硬照搬,译出来的日语不地道、不符合日语的表达习惯,充满着汉语腔。在口译考试时,也常有这样的情况发生。事实上,日译汉的成绩并非就比汉译日好,这也说明了一些问题。
　　而要把汉语口译成日语,难度当然也很大。在理解上,对汉语话语的问题要比日语的小得多,毕竟是母语。总而言之,语言水平到位与否是口译活动的最大课题和挑战。
　　为解决学生汉译日的日语表达能力问题,追求日语表达的地

道、自然性,在教学中我们有很多事要做。要抓住理解和表达两个环节,从词语和句子两个层次进行翻译知识和技能的讲解;对汉语和日语的异同进行必要的对比,以促进对原文的理解和译文表达能力的提高;在表达方面注重介绍在不同情况下进行灵活处理的一些原则和做法,通过讲解范文等形式,引导学生注意汉日两种语言的不同思维模式和表达法等,这些都是重要的教学内容。例如:

1) 日语里被动句用得很多,而汉语里则很少用。在汉语里,语义上是被动关系的,在语法上却并不采用被动式,仍然采用主动式。"自本声明<u>公布</u>之日起,中华人民共和国和日本国之间迄今为<u>止</u>的不正常状态宣告结束"。划线部分的主动态在日语里则要以「日本国と中華人民共和国との間のこれまでの不正常な状態は、この共同声明が発出される日に修了する」的被动态表达。

2) 日语动词有自发态形式,汉语动词则没有。如果是日译汉的话,看到日语的自发态,学生还可能想到汉语的"总(觉得)"、"不由地"等相应的表达,而是汉译日的话,日语动词的自发态形式往往会忽略使用。"当鉴真想到今后到日本之后自己所从事的工作时,他的心就象火焰般地燃烧,双目失明的眼睛就像是熠熠生辉似的。"应译成:

「これから日本へ行って自分のする仕事を考えるとき、鑑真の心は、ほのおのように燃え、光を失った目は、明るくかがやくように思われるのでした。」但是,如果按照汉语表达习惯译的话,就不会用上自发态了。

3) 敬语在现代汉语里用得很少,而日语则很普遍。如果汉译日不用敬语的话,日语就会别扭。汉语的"老师<u>你也去</u>吗?"在日语里,一般应该用"先生もいかれますか/先生もいらっしゃるでしょうか。"等敬语表达形式。

4) 日语的授受关系表达很普遍,一件事多从自己受益的角度来表达。比如,汉语说:"<u>让</u>每人出 10 元钱,买了祝贺花束给她。"用的是使役态。这种场合,日语则不用使役态,而是用表示自己受到益处

的授受关系「～てもらう」等句型,「みんなに10元ずつ出してもらって、お祝いの花束を買った」。

5) 汉语的表达很直截了当,可是在日语里即便明明是断言的事态,习惯上还是用"ようだ""～だろう""～ではない(だろう)か"等委婉的表达形式。

6) 音译的问题。"祝你新年快乐。圣诞快乐"这个句子里的"快乐"在"新年快乐"里是"あけましておめでとうございます";而"圣诞快乐"不是"クリスマスおめでとうございます",而是采用音译表达为"メリークリスマス"。

7) 选用词语的思维方式和思路。有这样一个句子:"当他听到优胜者名单里竟有自己的名字时,不由地瞪大眼睛,大吃一惊。"范例是"優勝者名簿に自分の名前も入っていると聞いて、彼は目を丸くしてびっくりした。"很多同学想不到汉语的"有"所对应的日语,除了"ある"之外,有时需要用"入る"来表示。这里的"入る"远比一个单纯表示存在概念的"ある"来得传神,给译准了,自然就地道了,在翻译手笔上起到画龙点睛的作用。

总而言之,日语为母语的日本人对事物的认知、语言表达的思维方式与母语为汉语的中国人之间的异同往往是我们中国学生日语译文不地道、不自然的原因所在。因此,汉译日的教学中,对诸如上述日语特点进行强调,以及为此进行相关练习是行之有效的方法。因为它解决实际问题,使学生感触颇深,从而加深记忆。多从这个角度去务实地教学,将大大有助于增强学生的日语表达能力,从而提高他们的汉译日水平。

練習

セクション1　文と小段落の中文日訳と日文中訳

A. 中訳日

　1. 受身文

　(1) 正如俗话所说:"以心传心",如果满腹"不称心",别人也会

这样看待你。别人是照出自己的一面镜子,你对镜子笑,镜子定会还你温和的笑脸。

(2) 面洽和谈判是凭真功夫决定胜负的,来不得半点马虎和依赖。但年轻的时候由于不够成熟和经验肤浅,不懂的地方和漏听的话在所难免,如果任其自流的话,后果则往往不堪设想。

(3) 雅典奥运会上获得6枚金牌的迈克尔·菲尔普斯表示,"在祖国人民都能观战的时间播放游泳比赛真是太好了。条件都是一样的,如果说有选手早上没法游的话,索性就不要参赛好了"。

(4) 日本希望会后公布的共同声明能反映报告书的内容,为实现这一构想打下基础。

2. 自発態
(1) 只有当我们抱着这种态度运用语言的时候,才能亲身感受到那一句句朴素的语言中所蕴藏着的巨大意义。美的语言、正确的语言也只有在这时才能成为我们切身的东西。

(2) 她说:安吉利科画的"圣母领根"棒极了。对此我也有同感,我很想冬天再去旅游一次。

(3) 有个染织家叫志村富古美,家住京都嵯峨。他在工作的地方给我看了件非常漂亮的和服,和服用染成樱花色的线织成。那粉红色淡淡的,然而却蕴藏着火一般的炽烈。既艳丽又沉稳。我深深地被她的美艳吸引住了。

(4) 四五天前,我家的院子里开了三朵红色的山茶花,我从茶室望去,单眺望还不够,便自言自语道:"啊,山茶花开啦。"只有这样把话说出口,山茶花开了这件事才成为一种切实的感受传入胸中。但

是,这还不够,我又叫来了女儿,听她赞叹"真的,太美了",这更进一步使我<u>感受</u>到开花之乐趣。

3. 敬語
(1) 胡适之先生告诉过我们:"有什么话,说什么话;话怎么说,就怎么说。"

(2) 希望<u>像回</u>到自己家里一样,<u>过得轻松愉快</u>,<u>不要拘束</u>。

(3) 我已经将我们国家有关这方面的法律交给了王翻译,让他翻译成日语。一旦翻译完毕就会马<u>上送给您</u>,以供<u>参考</u>。

(4) 希<u>望您退休之后</u>,到处走走看看,多找点儿乐。

4. 授受関係
(1) 想<u>让</u>大家喜欢你的最佳方法,当然就是多拥有一些令人喜欢的特质了!除了我们曾经提到过的那些令人喜欢的特质,如亲切、大方、诚恳、讲信用、有责任感……之外,你也可以多观察在班上受欢迎的几位同学,是什么原因使他们那么受欢迎。多培养令人喜欢的特点,相信你很快也会成为大家喜欢的人。

(2) 希望金山农民画今后不会过多地受到市场导向的影响,继续保持它的纯真与朴实,实现健康而有序的发展。

(3) 2001年在<u>上海召开</u>的 APEC 会议<u>上</u>,中国东道主<u>请</u>前来参加会议的领导人穿的服装就是唐装。

(4) 你懂日语,能够理解我们的想法,脑子又灵活,所以我想<u>让你学习</u>管理。最近让你广泛涉猎各项事务,就是因为想<u>让你</u>对各方面都加以<u>体验</u>。

5. 婉曲的な表現

（1）这下可把我这位同学家折腾苦了,您想,那会儿一个普通老百姓家里哪敢要轿车呀,别说老百姓了,就是一个百十来号人的单位也未准有辆轿车。

（2）目前市场上的茶类软饮料只有乌龙茶、红茶、绿茶这3种。以绿茶为例,瓶装软饮料和现泡的茶的味道、口感、茶香一样吗?

（3）陶影独自坐汽车时经常不买票。为什么一定要买票呢? 即便她不坐车,车也要一站站开,也不能因此就不需要司机和售票员,也不会少烧汽油。

（4）当然,目前在中国社工刚刚起步,人手不足,力有不逮,但相信今后社工的队伍会壮大起来。

6. 音訳

（1）对跨国公司而言,合资只是进入中国的捷径。现在中国加入了世贸组织,这意味着他们提供了更便捷的投资通道,一批跨国公司开始拆掉这座"桥"。从2002年至今,松下、宝洁、西门子等公司陆续将他们在中国的合资公司转为独资。

（2）联合国反恐委员会(CTC)的活动,是所有联合国成员共同关心的大事。从这个意义来说,今天,关心此事的非安理会成员国家也能够得到发言的机会,对此我表示高度赞赏。

（3）中国对台湾拥有主权,在《开罗宣言》和《波茨坦公告》中已经有明确的规定,也为国际社会所认可。台湾当局的某些人假借民主,搞旨在"台独"的公投,实际上是破坏世界公认的一个中国的原则,也威胁台海地区的稳定。

(4) 在由妻子提出离婚要求的家庭中,多数男性属于"公司人"。这些男性为了养家糊口拼命加班,为接待客人经常工作到很晚,为了工作放弃休息陪客人打<u>高尔夫球</u>。但是,对他们的妻子来说,这些做法都不过是负面的因素而已。

7. 言葉選定に関する発想と考えの流れ

(1) 20世纪的科学技术是人们追求"富裕"、"便利"的产物,它使现代人们的生活越来越舒适。然而,<u>作为其代价</u>,地球环境因公害和污染而严重恶化,并危害着人类和平的社会。为拯救地球,为创造真正富裕、和平的现代生活,新的科学技术在不断<u>问世</u>。

(2) 为什么日本的卡通片会如此<u>繁花盛开</u>？同时,为什么今天日本的卡通片会如此<u>吸引人</u>？<u>在回答这个问题时</u>,我们不能忽视的是为卡通片提供原作的漫画作品的普及。卡通是一种易为众人接受并与其他国家的作品格式有着互置性的表现形式,也许可以认为,日本的漫画故事或是漫画故事人物就是通过卡通这一形式得到广泛流传的。

(3) 在日本公司中,要想真正地从竞争中获胜,就必须很好地<u>处理个人的能力与协作精神之间的关系</u>。

(4) 中国团体观光游客大多选择东京大阪游。在东京一定要逛逛台场和秋叶原,在大阪<u>一定要参观</u>与中国有缘的唐招提寺。

B. 日訳中

1. 受身文

(1) 鍵がかかっていなければ、空いていると<u>見なされます</u>。

(2) 京都は794年から1868年まで日本の首都でした。第二次大戦でもアメリカ軍の空襲を免れましたので、古い神社仏閣が<u>保存</u>

され、町も古い姿を残しています。

（3）株式市場を流通する証券には、現在はたくさん種類があります。その多くは、アメリカの市場で発達して日本に採り入れられたものです。新聞に出ている証券や債券の名前には、アメリカでの名称の翻訳と考えてもよいものがあります。

（4）小泉純一郎首相は二十八日午前、首相の靖国神社参拝を批判してきた加藤紘一元自民党幹事長の実家や事務所が放火とみられる火災で全焼したことに関連し「暴力で言論を封じることは、決して許されることではない。厳に注意しなければならない」と述べました。

2. 自発態
（1）中国で平均気温は、2020年から2030年までの間に、摂氏で1.7度、2050年までには2.2度上昇し、温暖化の度合いは南から北へ向かうにつれて強まるものと思われます。

（2）日がたつにつれて、昔の思いはかえってますます鮮明になってくるように思われます。

（3）多忙な人向けのデリバリーサービスなども、ここ数年の大きな傾向です。これらのサービスは、まさに、多忙な顧客のための「顧客代理店」を志向しているように見受けられます。

（4）読者の皆さんも、自分のこどもだったころを思い出していただくと、先輩や教師、タレントなど、あるいは親戚の誰かなどを同一視の対象として選び、一生懸命になったことを思い出されるに違いありません。

3．敬語

（1）もうひとつ、私が皆さんに<u>お話しし</u>ておきたいのは、子供の時に自分で勉強を伸ばしてゆく、ひろげて行きもするということを、どのようにやるかです。そして、それを大人になっての、働きながら生きる勉強にどうつないでゆくか、ということです。今日は、皆さんのお父さんやお母さんたちにも来て<u>いただいて</u>いますから、これは父母の方たちにも聞い<u>ていただき</u>たいとねがって、私のやってきたことを<u>お話しします</u>。

（2）現在牧野さんは複写機の営業を担当しています。会社の「看板」を背負っているという緊張感の中、北京の街を走り回る毎日です。「複写機は高性能化が進んでおり、勉強の連続。お客様に<u>満足いただける</u>提案ができるよう頑張って行きたいです」と牧野さんが言いました。

（3）松本部長は「牧野さんは期待通りの活躍ぶり。JACにはまた新しい人材の紹介を<u>お願いしています</u>」と語っています。

（4）宇宙開発に活用されている日本の技術を紹介するに当たり、日本人初の宇宙飛行士であり、現在日本科学未来館の館長を務める毛利衛さんにお話を<u>伺いました</u>。

4．授受関係

（1）「実は、私の祖父はかつてJNTO（国際観光振興機構）の理事をつとめ、外国の方々を日本に招致する仕事をしていたんです。また、私の父は今、ある大学で学生たちに観光原理の講義をしています。今回、私が観光広報大使に選ばれたことは、そういう背景とは何の関係もないですが、とても不思議な縁を感じています。父も同じ思いなのか、大変<u>喜んでくれました</u>。」と木村佳乃が言いました。

第十三課

（2）既に皆に分かっていただいたように、品質は工場にとって一番大事なものです。しかし、その品質がどんな時にわかるのかというのを考えたことがありますか。

（3）沢木委員長は「中国なので、どれだけ思うような調査ができるか分からないが、多くの人に現地を見てもらったほうがいい」と一丸となって必勝プランを練り上げるつもりです。

（4）入浴や飲食では、民族と国情の違いからマナーが異なることはままあります。日本のマナーやルールを説明して理解してもらうことが重要であります。

5．婉曲的な表現
（1）原野を、がっしりとした背の高い男がひとり、黙々と歩いています。足もとの砂利が静けさのなかでザクザクと音をたてます。晩方にしか吹かないあのうすら寒い風が、もう吹いてきたようです。男は歩き疲れてはいますが、汗はかいていません。

（2）全体では東京都が過半数の28票に届くのではないかという声が多いです。

（3）そして、「今後数十年で状況は悪化していきます。氷の溶解で上昇する川の水位は、経済や環境問題に大きな打撃を与えることはなるだろう」とも予測しています。

（4）学習の機会を積極的に設けることはよいことです。しかし、この制度には重い課題も多く、何よりも大事にしなければならないのは子供の意思ではないでしょうか。

6. 音訳

（1）「急成長期」に入った中国アニメ産業ブームに「見掛け倒し」の一面があるという声も上がってきました。米国や日本などと比べると、国産アニメの最も大きな弱点はオリジナル作品の不足、独自のブラントやキャラクターがないことです。そのため、競争力が弱く、視聴率も低いのが国産アニメ産業の実態です。中国青年報の調査によると、人気キャラクターの中心は日本作品が78％程度を占めており、米国作品が10％、中国作品が9％になっています。また、中国全土と主要都市における日本キャラクターの認知度に関するアンケート調査では、トップになった「クレヨンしんちゃん」の認知度は77％で、「ちびまる子ちゃん」と「ドラエもん」がそれに続いています。それらに匹敵できるような「メード・イン・チャイナ」の中国キャラクターが見当たりません。このほか、総合的な産業チェーン、創造的人材と文化的内容などの不足問題を抱えています。アメリカ、日本などの外国アニメ制作会社も中国市場に大きな関心を示しています。中国市場のシェアを狙って、アニメ、マンガ、映画などの分野への進出を加速しています。

（2）村山首相は来日中のガリ国連事務総長に、日本の常任理事国入りの意思を伝えました。

（3）太平洋を取り巻くように、南北アメリカ大陸の太平洋岸に沿って北上し、アラスカ、日本列島、フィリピン諸島を経てニュージーランドに達する帯のような地域は、環太平洋地震帯と呼ばれています。ここでは、震源の深さが50〜60キロメートルより浅い地震が頻発します。

（4）10月4日午後10時23分ごろ、北海道を中心に東北、関東などにかけて強い地震がありました。震源は根室半島の東方約150

第十三课

キロ、北緯43.4度、東経147.9度で、深さ40～50キロ、推定<u>マグニチュード</u>7.9でした。

7. 言葉選定に関する発想と考えの流れ

(1) ケータイ電話の機能がますます広がってきました。通話やメール、デジタルカメラの機能のほか、最近は映画やバスのチケットとして使ったり、コインロッカーの鍵になったりすることもできます。便利になったものの、その分、紛失や盗難の危険性も高まっています。電話機を忘れたり、紛失をしたりすると、本人確認や切符の買い直しなどの手間がかかり、<u>トラブルにもつながり</u>かねません。

(2) 遺伝子は、生物すべての細胞の中に<u>入っています</u>。

(3) 第二次世界大戦後、経済の発展に伴い人びとの生活の中で森林を意識する機会が急激に減少し、森林は遠くから眺める存在となっていました。しかし、社会が成熟化するにつれて、生活に<u>ゆとりと潤い</u>を求めるようになると、人びとは再び森林に触れ合おうとするようになっています。

(4)「金は三欠くにたまる」、この諺は、金をためようと思ったら、義理を欠き、人情を欠き、交際を欠かなければならないということを言っています。<u>収入が限られている</u>サラリーマンが金をためるには、この「三欠く」に徹底しなくてはならないでしょう。そうしなければ、五十になっても自分の家を持つことはできないでしょう。しかし、そうまでして金をためることがいいことかどうか。たまってもよし、たまらなくてもよし、という気持ちで生活できたら、<u>これに越したことはない</u>でしょう。

セクション2　文章の中文日訳と日文中訳

A. 中訳日

　　以前网上流传着这样一则故事：一留美计算机博士求职屡屡不成，便收起学位证书，以高中毕业生的身份被一家公司录为程序输入员。他<u>扎实工作</u>，时有创见，<u>令老板惊叹</u>，受到重用。当时人们对此一笑了之。而今，这样的事发生在现实生活中也不新鲜了。高学历人才消费虚热开始降温，许多博士生都在感叹工作难找。

　　今年28岁的李杨是在读博士，一提起找工作她就<u>很郁闷</u>。她说："马上就要毕业了，可是现在工作的事<u>一点眉目都没有</u>。我是学历史的，对口的工作本来就不多。虽然今年招聘会上的单位来了不少，但是实在没有什么合适的。简历投了一圈<u>也没有什么回应</u>。很多单位<u>一看</u>我的学历就委婉地拒绝了我，说他们不需要博士生。"

B. 日訳中

　　太郎と私が広島に住んでいた頃、一匹の猫を飼っていました。毛並みは大白にはかなわなかったものの、その賢さは<u>花子をはるかに上回って</u>いました。その猫は、私の親戚が街なかからもらってきたオスの子猫で、生まれてからようやく一ヶ月、<u>乳離れしたばかり</u>でした。母親は白くて長い毛をした<u>純粋なペルシャ猫</u>なのに、どういうわけか、この子猫の毛も黒白混りでした。背中には三つの黒くて丸い模様があり、一本の黒い尻尾と四本の黒い手足をもっていました。顔には二つのおそろいの黒い半円模様があって、それはまるでおしゃれな人がかける大きな黒いサングラスの<u>よう</u>で、大きくて顔半分を覆うほどでしたが、この子猫は耳までも黒いのでした。子猫は丸顔で、灰色がかった青い眼をしており、その眼差の美しさは花子に<u>負けず劣らず</u>でありました。その猫はふいに人にもらわれて街を出て来たものだから、ひたすらニャーニャーと鳴いてばかりいました。私にはそれが不憫でならず、まる一日子猫を懐に抱いていました。だから、この猫は<u>私に最もなついて</u>

第十三課

いました。
　私たちの家にいた田中おばさんは猫好きでした。彼女曰く、「息をしているものなら私は何でも好きなのだ」と。子猫が来ても、私にはただ抱いていることしかできなかったのに対し、子猫の餌を与えていたのは彼女でした。そして「幸子」という名も、彼女がつけたものでした。その日の夕方、彼女は私に言った。「私はもう、この子に大便をさせましたよ。おしっこも私がこれからさせますから。ちゃんとしつけてしまえば、今後、部屋を汚すなんてことはありませんからね。」田中おばさんがどのように子猫に「させた」のか、そしてそれをどのようにしつけたのか、私は知りませんが、「幸子」はその後、部屋を汚したことはありませんでした。ただ一度さえもです。

単語リスト

セクション1　文と小段落の中文日訳と日文中訳

A. 中訳日

面洽	面談(めんだん)(名)
放任	放つ(はなつ)(他五)
主权	主権(しゅけん)(名)
民主	民主(みんしゅ)(名)
破坏	打ち壊す(ぶちこわす)(他五)

B. 日訳中

株式(かぶしき)(名)	股票
債券(さいけん)(名)	债券
マグニチュード(名)	震级
多忙(たぼう)(形動)	忙碌
招致(しょうち)(名・他サ)	招揽,招引
義理(ぎり)(名)	人情、情义
総勢(そうぜい)(名)	全体、全部
派遣(はけん)(名・他サ)	派遣
金メダル(名)	金牌
母国(ぼこく)(名)	祖国
観戦(かんせん)(名・自サ)	观战
道筋(みちすじ)(名)	线路、道理
放火(ほうか)(名・自サ)	纵火
全焼(ぜんしょう)(名・自サ)	烧光
封じる(ふうじる)(他一)	加封、封闭、禁止
度合い(どあい)(名)	程度
惰性(だせい)(名)	惰性
けちくさい(形)	小气

第十三课

重んじる(おもんじる)(他一)	重视
素朴(そぼく)(名・形動)	朴实
ホスト国(名)	东道国
根付く(ねづく)(自五)	扎根
必勝(ひっしょう)(名)	必胜
練り上げる(ねりあげる)(他一)	推敲
入浴(にゅうよく)(名・自サ)	沐浴、洗澡
出回る(でまわる)(自五)	上市
ソフトドリンク(名)	软饮料
ウーロン茶(名)	乌龙茶
紅茶(こうちゃ)(名)	红茶
緑茶(りょくちゃ)(名)	绿茶
ガソリン(名)	汽油
過半数(かはんすう)(名)	过半数
注力(ちゅうりょく)(自サ)	致力
見掛け倒し(みかけだおし)(名)	徒有其表
オリジナル(名・形動)	原创
産業(さんぎょう)チェーン(名)	产业链
コインロッカー(名)	投币式存放柜
紛失(ふんしつ)(名・自他サ)	遗失
遺伝子(いでんし)(名)	基因
細胞(さいぼう)(名)	细胞

セクション2　文章の中文日訳と日文中訳

A. 中訳日

网络	インターネット(名)
博士	博士(はかせ)(名)
取得者、获得者	取得者(しゅとくしゃ)(名)
学位	学位(がくい)(名)
隐藏、收起	しまい込む(他五)

程序	プログラム(名)
输入	入力(にゅうりょく)(自サ)
扎实、坚实、可靠	堅実(けんじつ)(名・形動)
独创	独創(どくそう)(名・他サ)
提出、提案	打ち出す(うちだす)(他五)
惊叹	驚嘆(きょうたん)(名・自サ)
付之一笑	一笑(いっしょう)に付(ふ)す(連語)
新鲜、新颖	目新しい(めあたらしい)(形)
兴奋不安	浮つく(うわつく)(自五)
降温、势力衰弱	下火(したび)(名)
感叹	嘆く(なげく)(自他五)
在学	在学(ざいがく)(名・自サ)
郁闷、闷闷不乐	ふさぎ込む(自五)
眉目、线索、头绪	糸口(いとぐち)(名)
招聘会	求人(きゅうじん)説明会(名)
从头到尾、全部	一通り(ひととおり)(名・副)

B. 日訳中

やんわり(副)	委婉的、温和的
毛並み(けなみ)(名)	皮毛、毛色
賢さ(かしこさ)(名)	智力、聪明
上回る(うわまわる)(自五)	超过、超出
おす(名)	公的
乳離れ(ちちばなれ)(名・自サ)	断奶
純粋(じゅんすい)(名・形動)	纯正的、彻底的
尻尾(しっぽ)(名)	尾巴
サングラス(名)	太阳镜
目差(まなざし)(名)	眼光、目光
負(ま)けず劣(おと)らず(連語)	不分优劣、不相上下

第十三课

ひたすら(副)	一个劲儿地、一味地
不憫(ふびん)(名・形動)	怜悯、可怜
なつく(懐く)(自五)	亲近、熟识
曰く(いわく)(他五)	曰、说
おしっこ(名・自サ)	小便、尿尿(幼儿用语)

第十四课　直译和意译

　　谈翻译,谈日语表达的自然,必然涉及直译和意译的手法问题。而这之前,首先要解决的问题是何谓直译？目前上外汉译日课程使用的教材(吴大纲编著)认为,直译是指原意不漏地用另外一种语言表达出来。它不允许句义上的增添或删除。有必要声明的是直译绝不等同于表达层面(包括单词层面、语序、语法、句型等)上的机械对应。如把直译理解成表达层面水准的对应的话,未免太狭隘、太肤浅了。《新编汉日翻译教程》(高宁　杜勤　编著)对直译的概念是：所谓直译,是既保持原文内容,又保持原文形式的翻译方法。直译的方法还应该适用于下面一种情况：即使始发语与归宿语之间拥有相同的表现形式来体现同样的内容,但是为了慎重地再现原文的表达形式,并且增添译文的趣味性,把原文的表现形式直接翻译出来,而不套用归宿语中现成的表达形式。但是这种直译必须满足一个前提,这就是原文的表达形式归宿语的读者能够接受,并产生同样的表达效果。例：有这样一个翻译练习句

　　"对日本朋友的热烈欢迎和盛情款待,表示衷心的感谢。"

　　译例是这样的：

　　「日本の皆さまの熱烈な歓迎と心のこもったおもてなしに対して、衷心より感謝の意を表したいと思います。」

　　划线部分的"表示衷心的感谢",就运用了单词层面的机械对应的手法,带有严重的翻译腔,不符合日语的表达习惯。

　　另一种译法是"心よりお礼を申し上げます"。不得不承认这第二种译法也是直译。它没有在单词等层面上做机械对译,却也实实在在地、符合日语表达习惯地把原义给译了出来,显得自然、贴切。

意译主要有两个特征,一是更重视把握原文细微的语感、语义。它的功夫主要体现在对原文的精确理解上,追求的是抽象的逻辑思辨。其他技巧的特点则主要体现在表达上,体现在译文的处理技巧上。二是作为具体的文字处理方法,它又不同于加译、简译、变译等,完全是意译,不强调译文与原文之间的具体形态变化,一般也不从某个具体的、特定的角度,诸如增词、减词、句式句型变化、正反表达、思维习惯等去考察研究。

上外目前使用的教材(同上)认为意译是指把原文意思大致译出来。它可以忽略原文的有些意思,而对主要内容做大致的归纳。这好像更应称为简译。

中文里有句成语说:"智者千虑必有一失",意指聪明的人多次谋划,也会有失误的时候,比喻能人也会犯错误之意。显然,如果把这句成语照字面意思译成"賢い人で、いくら頭を絞って企画しても誤ることがある。"的话,虽然也达意了,却失去了原来作为成语的比喻性,不再形象生动了。在没有相应的成语、非解释性地意译不可的话,只得为之。而这个成语日语里正好有「猿も木から落ちる」、「弘法にも筆の誤り」的熟语对应。尽管它们与汉语在遣词造句上大相径庭,但表达的效果是一样的。这就是意译。例如:

祥子是乡下人,口齿没城里人那么灵便;设若口齿灵便是出于天才,它天生来的不愿多说话,所以也不愿学城里人的贫嘴恶舌。

直译例和意译例分别是:

直译:祥子は田舎もので、町の人間みたいにぺらぺらしゃべる舌を持ち合わせていなかった。ぺらぺらしゃべるということは先天的なものだとしたら、彼は生まれつき口が重いほうだったので、町の人間の薄っぺらなおしゃべりなどを真似しようとも思わなかった。

意译:祥子は田舎もので、都会人のように口上手ではなかった。おまけに生来無口ときているからいっそう始末が悪い。(摘自吴大纲　上外中译日教材)

在这里,直译忠实原文,句义不漏,表达也比较准确到位。但是,

意訳有值得商榷之处。因为只译得了一个大概。它显然漏译了划线部分"设若口齿灵便是出于天才,它天生来的不愿多说话,所以也不愿学城里人的贫嘴恶舌",取而代之的是将"所以也不愿学城里人的贫嘴恶舌"一句概要地译成"いっそう始末が悪い",意思就变成了"事情就更不好办了",与原文大相径庭。

　　如果简译就是意译的话,那么,它只适用于电影字幕、故事梗概一类的场合。在我看来,无论直译还是意译,归根结底,关键是译文表达要自然。邓小平说:"不管白猫黑猫,只要逮住老鼠就是好猫",讲究的是实际效果,翻译也同样道理。不管怎么译,只要符合日本人的表达习惯,自然就是好译文。

練習

セクション1　文と小段落の中文日訳と日文中訳

A．中訳日

　　(1) 上海有关水产专家分析,最近,蟹家族中其他产地的"<u>新贵</u>"<u>异军突起</u>,已足以同阳澄湖蟹<u>分庭抗礼</u>。这位做了20年大闸蟹生意的摊主坦言,目前市场上太湖和洪泽湖大闸蟹的品质与阳澄湖蟹相比,不仅毫不逊色,且更优于阳澄湖蟹。

　　(2) 41岁的"<u>海归</u>"吴鹰成为内地富豪中纳税最多的企业家,其领导的UT斯达康去年纳税总额高达1.5亿美元。

　　(3) 我每天吃着乡亲们自己也<u>舍不得吃</u>的东西,说着一<u>些</u><u>言不由衷</u>的话,天天喝得大醉回来,心里很<u>过意不去</u>。

　　(4) 我们小镇那里的人,很容易把我们这些在外面的人作为一<u>个人物</u>。只要你走出了那块土地,他们就认为你<u>与众不同</u>。

　　(5) 爸爸的脸<u>整天阴沉沉</u>的,没有一丝笑容。家里<u>乱糟糟</u>的,他

也无心整理。

(6) 从一线品牌的经营领域来看,恒隆广场作为一线品牌经营的新贵,堪称南京西路沿线最引人注目的高级商场。极富个性的时尚产品、悠久的品牌文化构成了一线品牌<u>独一无二的地位</u>。这里的每一件商品都<u>凝聚</u>着设计师和能工巧匠的<u>创意和心血</u>,不少已经被奉为国际时尚界的经典之作。

(7) 恒隆的经营方针是,<u>买断</u>一线品牌的商品,通过支付一定金额的管理费,把专卖店的管理权交还给品牌商。这样一来,专卖店的营业利润和店铺租金就理所当然地<u>被恒隆集团收入囊中</u>。然而,能在这里消费的顾客毕竟是<u>极少数</u>,恒隆把"盈利"这颗沉甸甸的<u>筹码押在了未知的明天</u>。

(8) 做好事本身并不怎么难,问题是想做得好,周围的环境又不具备这样的条件,受到<u>冷嘲热讽</u>后感到难为情,于是想做而做不了,或是中途而废。

(9) 时代发展至今,人们<u>无止境</u>地追求多快好省,稍有怠慢就有可能考试不及格、被裁员、被劲敌追赶上,落后于时代,简直就是<u>你死我活</u>。

(10) <u>站得高一点来看</u>,中日关系在未来历史上存在多种选择的可能。

B. 日訳中

(1) 世の中は十人十色ですし、価値観もそれぞれ違うし、自分のやっていることに人が気にくわないことがあっても<u>当たり前</u>です。いちいち人のいうことを気にすると、きりはないし、そしてまたとてもやっていけないと思います。なにごとも<u>マイペースでいった</u>

ほうがいいのではないでしょうか。

（2）私は、食べ物の好き嫌いが激しいように、性格もはっきりしていて、なにごとも白黒させなくては気がすまないタイプなのです。それでというか、考え方や意見の一致した人、ひいては価値観の同じ人のことなら、とことん気に入り、親しくなれるのですが、逆に考え方や意見の合わない人のことは、どうしても気持ちの上では距離をおいてしまいます。

（3）大きな魚は小さな魚を食べ、小さな魚は小エビを食べます。あらゆる動植物はその他の生物から養分を吸収しているし、また他の生物の養分となっています。若し全ての産業を食物連鎖として繋げて、一つの生態系を築きあげることができたら、そして他の産業の廃棄物が自分の原料となり、自分の廃棄物が別の産業の原料になったとしたら、廃棄物の問題は殆ど解決できるでしょう。

（4）私はなぜか、こうすればよかった！と思うことはあまりなく、こうしなくてよかった！と思うことのほうが多いです。仕事が不出来でくよくよしていても、それはほんのいっときで、でもまあボツにならなくてよかった！と思うほうであります。

（5）大学の知的財産を地域住民・企業などに還元し、社会に貢献するために、より高度な研究体制と期待に沿う成果が上げられる大学院が必要です。一つの大学院研究科が看護学専攻及び栄養科学専門によって組織されるのは、わが国において本研究科が初めてです。類似した領域の他大学院には見られないユニークな高度専門職業人の育成が期待できます。

（6）満員電車のシルバーシートには、若い男女が座っています。男は大またを広げて漫画を読んでいるか、目を閉じてヘッドホ

ン・ステレオに聴きいっているふりをしています。女はきまって古典的なたぬき寝入りであります。どいつもこいつも卑しい顔をしています。

（7）「国境にとらわれず、新しい情報や技術で世界に貢献する人間の育成」、「地球と人をいたわる人間の育成」、「広く地球的な視野で世界の先端教育機関と競いあえる情報拠点の確立」を教育目標とし、その目標を達成するために、次の教育方針を掲げています。

（8）1学年定員240名の学生数に対して全学で約80名の専任教員がいます。これは本学が目指す対話型の教育を実現するものです。学生は自分の考えや疑問を自由に教員にぶつけながら学べます。

（9）木の葉がはらはらと舞い散る11月。冷たい木枯らしや、街路樹の落ち葉をぬらす時雨が、近づいてくる長い冬の気配を感じさせます。そうした去りゆく秋を惜しむかのように、行楽地は人でにぎわいます。また、3日の文化の日にちなみ、日本の全国各地で展覧会や音楽会が開かれ、多くの人が会場を訪れます。

（10）経済産業省はこの夏「第一回ヤキュリティー甲子園」を開きます。ハッカー顔負けのコンピューター知識や技術を持った若者を発掘し、優秀な開発者に育てるのが目的であります。全国の高校生、専門学校生の20チームがお互いのサーバーに侵入する腕前を競い合います。優勝チームのメンバーは米国留学資格を得ます。政府が学費や滞在費など負担します。このほか、上位入賞者は国内の大学への入学推薦を受けます。

セクション2　文章の中文日訳と日文中訳

A. 中訳日

　　做买卖的讲究<u>和气生财</u>。我作为一个消费者就专挑说话和气的地方去买,就说买豆腐吧,我家斜对门一家大商店就有豆腐卖,可那儿的售货员总是<u>爱理不理的</u>,要不就一口一个"老头"。<u>就冲这个,我转移了</u>,在农贸市场,有位卖豆腐的胖姑娘,浙江人,说话特别和气。每当我走近她的摊位时,她先来个"大爷您来啦!",跟着又是一个"大爷您要几块?",等她把豆腐装进塑料袋,放到我手上时,又是一个"大爷,您走好。"

　　买一块豆腐享受三个"大爷",<u>我还怎么好意思不在那儿买呢?</u>所以我是<u>宁愿绕道而至</u>。即使说这儿的豆腐比别处贵一点儿,我也认了。三个"大爷",再贵也值。这就算是和气生财的一例吧。但愿商业工作者都和气点儿,这和气一定会提高您的经济效益,不信您试试,当然嘴甜还得<u>货真价实</u>呀。

B. 日訳中

　　<u>赤外線レーザー</u>で投影した鍵盤を奏でる「バーチャルピアノ」を、電子メディア企画制作会社「デジタル情報開発」(山形市)が開発しました。平面があれば演奏できる手軽さ<u>を売りに</u>、年内発売を目指しています。

　　本体の機器は高さ約十センチ、幅約三センチ、奥行き約二センチ、重さ約百グラムとポケットサイズで携帯電話より<u>小型軽量で</u><u>す</u>。机上などに置き、レーザー光線で二オクターブ計二十五本の赤色の鍵盤を映し出します。さらに赤外線センサーで指の動きを感知し、内蔵スピーカーから音を出す仕組みです。<u>市販の電子ピ</u><u>アノ並みの音源を使い</u>、<u>指の動く速さ</u>を感じ取って音の強弱を表現します。

　　ピアノのほかに<u>パイプオルガン</u>など三種類の音色が楽しめます。同じ技術を使い、四つの輪をたたいて音を出すパーカッション

も同時発売します。

　作詞家でもある同社の佐藤順英(さとう・じゅんえい)社長(53)が「ピアノの鍵盤を携帯したい」と発案しました。赤外線で指の動きを検知して入力するパソコン用のバーチャルキーボードの技術を応用しました。定価は一万五千円程度で三万台生産する予定です。

　　佐藤社長は「楽器の音合わせや、旅先で演奏を楽しんでほしい」と話しています。

単語リスト

セクション1　文と小段落の中文日訳と日文中訳

A. 中訳日

参与、从事	携わる（たずさわる）（自五）
纳税	納税（のうぜい）（名・自サ）
难过的、难受的	心苦しい（こころぐるしい）（形）
凌乱、散乱	散らかる（ちらかる）（自五）
一眼	一目（ひとめ）（名）
突出的微妙的味道	一味（ひとあじ）（名）
加入、添加	盛り込む（もりこむ）（他五）
收购、收买	買収（ばいしゅう）（名・他サ）
精通、通晓事理的人	達者（たっしゃ）（名・形動）
怂恿、煽动	煽て（おだて）（名）
哄骗、诓骗	すかす（賺す）（他五）
花言巧语	口車（くちぐるま）（名）

B. 日訳中

連鎖（れんさ）（名）	锁链、链条
繋げる（つなげる）（他一）	栓、系、套
くよくよ（副・自サ）	闷闷不乐、想不开
一時（いっとき）（名）	一时、一会
没（ぼつ）（名）	沉没、没收
知的財産権（ちてきざいさんけん）（名）	知识产权
シルバーシート（名）	老弱病残专座
大また（おおまた）（名）	张开双腿
ヘッドホン（名）	耳机
たぬき寝入り（ねいり）（名・自サ）	装睡、假睡

卑しい(いやしい)(形)	下贱、下流、卑微的
決まり文句(もんく)	套话
はらはら(副)	静静地落下
舞い散る(まいちる)(自サ)	飞舞
木枯らし(こがらし)(名)	刺骨寒风
濡らす(ぬらす)(他五)	润湿、沾湿
時雨(しぐれ)(名)	晚秋小雨
行楽地(こうらくち)(名)	游览地、旅游地
去り行く(さりゆく)(自サ)	逝去
ハッカー(名)	黑客
顔負け(かおまけ)(名・自サ)	自愧不如、害臊
発掘(はっくつ)(名・他サ)	发掘
サーバー(名)	服务器
腕前(うでまえ)(名)	才能、才干、本事

セクション2　文章の中文日訳と日文中訳

A. 中訳日

斜对面	斜め(ななめ)(名・形動)
爱理不理、态度冷淡	そっけない(形)
不然的话、否则	さもなくば(連語)
女性胖乎乎逗人喜爱的样子	ぽっちゃり(副・自サ)
需要	入り用(いりよう)(形動)
塑料袋	ビニール袋(ぶうろ)(名)
绕道、间接	遠(とお)まわし(名・形動)
值得	値(あたい)する(自サ)

B. 日訳中

レーザー(名)	激光
鍵盤(けんばん)(名)	键盘
奏でる(かなでる)(他一)	弹奏

バーチャル(名)	虚拟
手軽さ(てがるさ)(名)	简易、轻便
センサー(名)	传感器、感应器
強弱(きょうじゃく)(名)	强弱
パイプオルガン(名)	管风琴
パーカッション(名)	打击乐器
キーボード(名)	键盘、键盘乐器

第十五课 加强母语的表达修养

　　思维依靠语言来表达，语言是思维的工具，是思维的载体。长期从事外语教学，无论是教师还是学生，其思维模式很容易受所学语言的影响，以至于语言表达也跟着外语模式走，不符合中文的表达习惯。这一点在日译汉时尤其突出。所以，要特别提倡口译者重视并加强母语的表达修养。要做到"进得去，出得来"，就是要能够深入外语原文，准确理解，又要在译文的表达上摆脱它的影响，不机械地一一对应地生搬硬译，符合母语的表达习惯。

　　翻译的第一步是对原文的正确读解，而读解的关键则是对内容的把握。这个工作必须具体地落实到每一个句子的遣词造句上。无论是日译汉还是汉译日，都需要对原文进行正确的读解。从总体上看，外语专业的学生相对而言都往往容易将精力只投在外语的学习上，其他领域的知识，无论是科技、经贸、金融、工商、还是文学、社会、地理、文化等方面的知识则相对比较欠缺。一般来说，对原文内容的理解程度越高，就越容易翻译。若对原文内容缺乏必要的了解的话，正确读解就是一件困难的事。这时，借助语法手段。这里所说的语法手段主要是指句子结构（指句型以及句子成分之间的意义关系等的把握）将有助于对句子的正确读解。有一种倾向，轻视根据语法对句子进行读解。似乎一说语法就认为是死板的、不够灵活、不够文化品位的、属于低层次的，甚至是落后的。在我们重新重视翻译教学的今天，纠正这种错误观点显然是必要的。不少学生经常不能正确地理解母语汉语的句子。或许可能是因为题材内容不熟悉的缘故，或许可能是因为句子逻辑复杂的缘故，常常会被汉语表层所迷惑。于是，不得要领地乱翻一通，结果译出来的句子与母语汉语相距甚远。

其实,应先找出汉语最基本的句子结构,再找出主谓宾成分,然后再看各个修饰成分。只要把握住这些,翻译就会变得容易起来。这样的翻译法是最基础的,也是最有效的。掌握了这种方法,就能举一反三,达到事半功倍的效果。从事翻译教学的教师要清醒地认识到这种从语法句型把握句义的教学法之重要性,并积极贯彻到教学实践中去。诸如此类的问题,在翻译教学中教师应反复强调,多加引导,并辅之以大量的练习,从而训练学生日语式的思维方式。

練習

セクション1　文と小段落の中文日訳と日文中訳

A. 中訳日

（1）这里的小娃娃都<u>很艰苦</u>,爱劳动,带弟弟妹妹玩。我常看见他们挑着筐,拿着锹,<u>跑很远的路去挑黑土</u>,黑土晒干了可以烧炕。

（2）石像的整个姿态应该怎样,面目应该怎样,小到一个手指头应该怎样,<u>细到</u>一根头发应该怎样,他都<u>想好了</u>。

（3）那是一个<u>落着小雪</u>的日子,店堂里比平时更寂静,到我进入店堂的法文部时,大衣上已是一层白了,学生帽檐上还滴着<u>化雪的水珠</u>。

（4）希望本无所谓有,无所谓无的。这<u>正如</u>地上的路。其实地上本没有路,走的人多了,也便成了路。

（5）爷爷的话<u>方言味儿很浓</u>,一开始听不懂,听惯后觉得<u>有节奏感</u>,很好听。

（6）世上不光是有人怕黄牌,还有人<u>忌讳</u>这个"黄"字。做生意一说是"黄"了,那就<u>是把本钱赔光了</u>,关门了。

(7) "黑"和"亮"成对比的,一件事情没有成功,自然也就是不见光明,说"黑"了,非常形象,人们也好理解。

(8) 我们偶然来到世界上,又偶然地结束生命。生命本身就是一个偶然,这样偶然的死亡可能正是必然的所在。

(9) 当然她很有眼色,遇上认真负责的售票员,她早早就买票。只有对那些吊儿郎当的,她才小小地惩罚他们,也为自己节约一点钱。
陶影是一家工厂食堂的炊事员,在白案上,专做烤烙活,烘制螺旋形沾满芝麻酱的小火烧。

(10) 黄昏在不觉之间降临了。
原野上,一个结实的高个汉子在闷头走着,他脚下的砂石在寂静中咔嚓咔嚓地滚响。仿佛只有傍晚时才有的那种阴凉的风已经吹来了,他走得很累,但却没有出汗。已经退化的旱季草原上丘陵起伏,裸露着赤褐的石脉,远远望去像炭火一样使人发热。但是这会儿,无论是这红褐的丘陵,还是周围光秃秃的草滩,都已经被徐徐降下的暮色冷却着。震耳欲聋的噪声也仿佛冷却了。但是,没有了那种一直在耳边锐声鸣着的噪响,人就像抽了柴的火焰一样,不知不觉地泄掉了力气。

B. 日訳中

(1) 昨年から、注文を受けた分だけを製作する方式で販売を受け付けたところ、注文が殺到しました。写真を撮ること、カメラを扱うことの楽しさにこだわった作りが、「全自動カメラ」に不満を抱いていた人々に支持されたのです。

(2) 県立長崎シーボルト大学は、近代日本を拓いたシーボルトの鳴滝塾精神を受け継ぎ、国公立大学では初のカタカナを冠した

大学として、平成11年4月に開学いたしました。それはまた、同12年3月に閉学した県立女子短期大学の伝統を継承するものでもあります。長崎県は歴史的にも、地理的にも、世界やアジアに開かれた表玄関であります。近代日本黎明の地にふさわしい大学づくりを進めてまいります。

（3）2004年に韓国と中国、昨年は米ラスベガスで行った海外公演は、外国から招待を受けて開催されました。海外巡業は現地の興行主が主催します。力士が取組を披露して相撲普及を図ったり、友好親善に一役買うという目的は同じです。

（4）人の往来については、最近の日韓関係改善を反映して、旅行者の数こそ激増しましたが、韓国人に対するビザの発給が厳しく制限されるなど、寒い状態が続いています。金の往来も上述したとおりです。これでは日韓経済関係が「近くて遠い」のも無理はありません。

（5）安倍晋三官房長官は二十八日午前の記者会見で、中国が東シナ海の日中中間線付近の中国側で新たな採掘関連施設を建設していることについて、中国側に懸念を伝えたことを明らかにしました。
　同施設は六月に中国側の「平湖」ガス田付近で海上保安庁が確認しました。安倍氏は「開発の既成事実を積み重ねていることに強い関心と懸念を有している」と述べた上で、「対話を通じた迅速な解決」を目指す考えを強調しました。

（6）歩く、座る、立ち上がるなど、私たちは日常生活の全ての場面で筋肉を使っています。筋肉の維持には、多少の負荷をかけてトレーニングすることが必要です。今傾斜を利用した健康運動が関心を呼んでいます。ゆるやかな傾斜でも運動量は平地の2、3倍

第十五課

になります。心肺機能を高めるなどウォーキングの効果に加え、少ない時間で筋力をアップできます。持久力や平衡感覚も向上します。

（7）今の子供たちは体格はよくても、我慢強さが足りないということになります。調査を指導した教授の話では子供の運動能力は、競争心、積極性、我慢強さなど、精神的な要素との関係が深いといいます。これは小さい子供の場合の調査ですが、こうした子供たちが成長したら、これからの社会では体が大きくて精神的に強くない大人が増えることになります。

（8）アメリカで見た展覧会に感動したというと、大規模な展示ではなく、また前衛的な新しい芸術家ではなく、だれもがよく知っているゴッホの展示でした。作品紹介のテープを聞くと、流れてくるのは喧しい芸術議論ではなく、絵の時代に合わせて弟のテオとの間に交わされた書簡の内容でありました。こういった展覧会が表現しているのは芸術作品のみならず、人生そのものだと劉さんは話しました。

（9）こういった問題は、国際的にも数限りなく起こっています。そこで国際正義の維持のため、1989年に国連環境計画がバーゼルで条約を通過させました。このバーゼル条約には、すでに121カ国が署名しています。条約の主な内容というと、有害廃棄物の定義とその国際的な処理の規定が主であり、また廃棄物発生源が第一の責任を負うとしています。また、工業化の進んだ先進諸国は有害廃棄物を開発途上国に輸出してはならないと定めています。

（10）社長との話し合いでは、公私混同は極力さけるべきです。どうしてもわたくしごとの会話を望む場合は、事前に了解をとり公的なものと区別して話し合うといいです。

セクション2　文章の中文日訳と日文中訳

A.　中訳日

　　<u>气愤、失望和凄凉，</u>使三太太不能不再掘那墙角上的新洞了。一动手，那大的两匹便先窜出洞外面。三太太以为他们搬了家了，很高兴。然而仍然掘，待见底，那里面也铺着草叶和兔毛，而上面却睡着七个很小的兔，遍身肉红色，细看时，眼睛全都没有开。

　　一切都明白了，三太太先前的预料果不然。三太太为预防危险起见，便将七个小的都装在木箱中，搬进自己的房里，又将大的也捺进箱里面，勒令去哺乳。

　　三太太从此<u>不但深恨黑猫，而且颇不以大兔为然了</u>。据说当初那两个被害之先，死掉的该还有，因为他们生一回，决不至于只两个，<u>但为了哺乳不均，不能争食的就先死了</u>。这大概也不错的，现在七个之中，就有两个很瘦弱。所以三太太一有闲空，便捉住母兔，将小兔一个一个轮流地摆在肚子上来喝奶，不准有多有少。

　　母亲对我说，那样麻烦的养兔法，历来连听也未曾听到过，恐怕是可以收入《无双谱》的。

　　白兔的家族更繁荣；大家也又都高兴了。

　　但自此以后，我总觉得凄凉。夜半灯下坐着想，那两条小性命，竟是神不知鬼不觉地早在不知什么时候丧失了，生物史上不着一丝痕迹，并S也不叫一声。我于是记起旧事来，先前我住在会馆里，清早起身，只见大槐树下一片散乱的鸽子毛，这明明是<u>膏于鹰吻</u>的了，上午长班来一打扫，便什么都不见，谁知道曾有一个生命断送在这里呢？我又曾路过西四牌楼，看见<u>一只小狗被马车轧得快死</u>，待回来时，什么也不见了，搬掉了罢，<u>过往行人憧憧地走着</u>，谁知道曾有一个生命断送在这里呢？夏夜，窗外面，常听到苍蝇的悠长的吱吱的叫声，这一定是给蝇虎咬住了，然而我向来<u>无所容心于其间</u>，而别人且听不到……。

B.　日訳中

　　出島オランダ商館の医師として1823年に来日したドイツ人、フ

第十五课

ィリップ・フランツ・フォン・シーボルト。彼の来日の目的は、医師としてだけでなく、自然調査官として貿易相手としての日本の状況を詳しく調査することでした。鎖国のただ中で新たな貿易品開発のために、日本の国情、地理、風俗、産物などを詳しく調べる必要があったのです。長崎で名医としての名声を得たシーボルトは1824年、長崎郊外の鳴滝に民家を買い求め、病人の治療、全国から集まった門弟への医学教育、そして門弟達の協力のもとで日本研究を行いました。ここが鳴滝塾です。このような性格から、鳴滝塾は、医学にとどまらず、蘭学全般について学ぶ日本各地から集まった優秀な若者たちの拠点になっていきました。高野長英や二宮敬作、美馬順三、高良斎をはじめとする優秀なシーボルト門弟達が、後にヨーロッパの知識と学問を広め、日本の開国、近代化への大きな原動力になったと言っても過言ではないでしょう。シーボルトが鳴滝塾を開いてから175年後の1999年、県立長崎シーボルト大学は開学しました。このキャンパスに集まる若者たちが、鳴滝塾に学んだ先人たちのように、新しい時代を開いてゆくことを期待しています。

単語リスト

セクション1　文と小段落の中文日訳と日文中訳

A. 中訳日

饱尝艰辛的人	苦労人(くろうにん)(名)
筐	かご(名)
挑、扛、担	担ぐ(かつぐ)(他五)
路程、行程	道のり(みちのり)(名)
火炕、土炕	オンドル(名)
深思熟虑	熟考(じゅっこう)(名・他サ)
寂静下来、静悄悄	静まり返る(しずまりかえる)(自五)
帽檐	つば(名)
水珠	滴(てき)(名詞)
乡音、口音	なまり(名)
忌讳、讨厌	忌み嫌う(いみきらう)(他五)
关门、停业	店をたたむ(連語)
找到、找出、发现	見出す(みだす)(他五)
偶然	たまたま(副)
小麦粉	小麦粉(こむぎこ)(名)
熬制、使凝固	練る(ねる)(自他五)
芝麻	ゴマ(名)
结实	がっしり(副・自サ)
砂石	砂利(ざり)(名)
沙沙(声)	ざくざく(副)
微弱	薄ら(うすら)(接頭)
起伏	起伏(きふく)(名・自さ)
红褐色	赤褐色(せきかっしょく)(名)
岩脉、岩墙	岩脈(がんみゃく)(名)
露出	露出(ろしゅつ)(名・自他サ)

第十五课

炭火	炭火（すみび）（名）
暮色	暮色（ぼしょく）（名）
冷却、使冷静	冷やす（ひやす）（他五）
震耳欲聋、刺破	劈く（つんざく）（自五）
抽、拔	引き抜く（ひきぬく）（他五）
火焰	炎（ほのお）（名）

B. 日訳中

殺到（さっとう）（名・自サ）	蜂拥而至
拘る（こだわる）（自五）	拘泥、牵住
受け継ぐ（うけつぐ）（自五）	继承
表玄関（おもてげんかん）（名）	门户
黎明（れいめい）（名）	黎明
興行（こうぎょう）（名・他サ）	上演、上映
一役買う（ひとやくかう）（自五）	主动承担部分任务
迅速（じんそく）（形動）	迅速
筋肉（きんにく）（名）	肌肉
負荷（ふか）（名）	负荷
トレーニング（名・自サ）	锻炼
傾斜（けいしゃ）（名・自サ）	倾斜
緩やか（ゆるやか）（形動）	平缓、缓和
心肺（しんぱい）（名）	心肺
ウォーキング（名）	行走
筋力（きんりょく）（名）	体力、肌肉的力量
持久力（じきゅうりょく）（名）	持久力
平衡（へいこう）（名）	平衡
向上（こうじょう）（名・自サ）	提高
我慢強さ（がまんづよさ）（名）	忍耐力
前衛的（ぜんえいてき）（形動）	前卫的
ゴッホ	梵高

喧しい(やかましい)(形)　　吵闹的、喧闹的、喧嚣
交す(かわす)(他五)　　　　交換、交替
書簡(しょかん)(名)　　　　书信

セクション2　文章の中文日訳と日文中訳

A. 中訳日

气愤	怒り(いかり)(名)
失望	失望(しつぼう)(名)
凄凉	寂寥(せきりょう)(名・形動)
窜出	飛び出す(とびだす)(自五)
红色	紅色(べにいろ)(名)
捺进	押し込む(おしこむ)(自他五)
勒令、强迫	むりやり(副詞)
哺乳、喂奶	授乳(じゅにゅう)(名・自サ)
错过、失掉机会	はぐれる(自一)
痕迹	痕跡(こんせき)(名)
散乱、凌乱	散らばる(ちらばる)(自五)
膏于鹰吻	餌食(えじき)になる
断送、绝命	絶つ(たつ)(他五)
憧憧地走着、川流不息、不停顿	ひっきりなし(形動)
蝇虎	ハエトリグモ(名)
无所容心于其间、不感兴趣	無関心(むかんしん)(名・形動)

B. 日訳中

オランダ(名)	荷兰
鎖国(さこく)(名・自サ)	锁国
ただなか(名)	正中间、正当中
買いもとめる(かいもとめる)(他一)	购买

門弟（もんてい）（名）	弟子
拠点（きょてん）（名）	据点
過言（かごん）（名）	言之过分
キャンパス（名）	校园

第十六课 视 译

视译,顾名思义就是看着文稿做口译。从某种程度上说,视译比口译要容易一些。首先,它不要求瞬间翻译,它的时间较之口译要充裕,可以有一段思考的时间,并且有相对充足的时间做笔记和记号,找出重点,帮助整理思路,便于组织语言,考虑所要表述的措词。这是视译较之听译而言相对容易的方面。

但另一方面,因为视译的文稿其长度往往要比口译的句子或段落篇章长,它常常必须是一个段落一个段落的,而不是以一个句子一个句子为单位进行的。从这个意义上说,它又是难的。因此,视译比口译更需要对文稿在心态以及框架构思上有整体的把握。这种整体的把握主要是指对语篇的主旨把握,段落乃至语句之间意义关系等的把握。

練習

セクション1　文章と小段落の中文日訳と日文中訳

A. 中訳日

（1）"读万卷书,行万里路",固然可以充实学问增广见闻,但主要的还是有赖于思想的启发。否则纵然腹笥便便,搜章摘句,也不过是<u>饾饤之学</u>,不见得就能做到"文如春华,思若涌泉"的地步。

（2）事实上,私人轿车的增多也的确是衡量一个城市现代化水平的标准。问题是我们应该如何根据国情、市情、家情看待这件事。人们头脑发热的时候,往往会忽略它的后果。私人轿车的增多

必然会带来交通紧张、空气污染、能源失控这三大难题。这些后顾之忧是发达国家走了多少年弯路总结出的教训。

（3）经过一年多的发展，华尔街英语在上海不断增加授课点，成功地进入了中国的英语培训市场，为中国带来了英语教学的新观念。但是在外资英语培训机构中，华尔街英语进入上海市场并不算早。早在两年前，世界最大的私立教育机构英孚就已经将上海作为其进入中国的据点。

（4）日本陶瓷历史悠久。最早可以追溯到公元前一万多年的地盘式素烧陶器。在5世纪的古坟时代，技术精湛的陶瓷作品从朝鲜半岛被带到了日本，中国陶瓷也在8世纪的奈良时代进入日本。朝鲜和中国的技术对日本陶瓷产生了极大的影响。

（5）美美的经营方针是出租柜面的同时，还积极地致力于品牌管理，这是其一大特点。对于这些看中"面子"的顶级品牌来说，店员就是面最为鲜亮的镜子。因此，美美十分注重店员培训，从规范品牌名字的念法到接待顾客，对店员开展了内容多样的培训。

（6）1926年，在当时法租界最主要的大道——霞飞路（即现在著名的淮海中路）旁，一座令人自豪的，馥郁着巴黎气息的"法国俱乐部"诞生了。在20年代，这个花园作为供人打网球和室外保龄球的运动场使用。
　　最初，俱乐部屋顶上曾有两个圆拱顶的亭子，但在1949年因建筑物下沉，为减轻建筑重量而被拆除。现在花园里的亭子是于50年代仿造的。

（7）目前，市场上的茶类软饮料只有乌龙茶、红茶、绿茶3种。以绿茶为例，其瓶装茶饮料和现泡的喝的味道、口感、茶香一样吗？茶叶是纯天然的，泡茶喝可以将营养成分充分吸收，而茶饮料的营养

成分低于现泡茶,而且添加了很多其他的物质,饮用的是<u>死水</u>,因此,从营养角度来讲,当然是泡茶喝更好。

专家指出,天然茶中<u>特别值得一提</u>的是有机茶。现在市场上有不少宣称销售的是有机茶。那么,怎样的茶才能称得上是有机茶呢?在远离污染源的产地,按照有机农业生产体系和方法生产出原料,在加工、包装、保管及储运过程中不受任何化学物质污染,并经<u>有机茶认证机构</u>审查认定的茶叶,才可称为有机茶。

有机茶最大的特点是还需经<u>第三方认证</u>。挑选有机茶,应要求对方出示有机茶的加工证、销售证、茶园证,并<u>且</u><u>代销</u>也需要认证,缺少一样都不行。

(8) 本书始终<u>围绕</u>着照片进行编撰的。由于受照片搜集的限制,使得本书不可能成为一部关于老北京人<u>生存状态</u>的百科全书式的著述。再者,那时的照片多为外国摄影家所拍,他们的文化关注、他们的观察视角,决定了他们更留意的是中国传统中所固有的那些东西。实际上他们所拍摄的老北京人的生存状态,有些在当时即已露出<u>行将消逝的端倪</u>。而唯其如此,这些镜头才<u>弥足珍贵</u>。

当有一天,古老的北京终于消逝殆尽时,人们恐怕只有对着这些照片,方能切实地感受东方古都那特有的风韵了。<u>很显然</u>,面对满目的高楼和川流不息的车流,<u>你怎么也无法想见老北京人曾拥有过的</u>那份古朴和悠闲,更无从去体味那些走街串巷的小贩们那五花八门、<u>穿云裂帛般</u>的声声吆喝了……

(9) 1978年以后,好书<u>猛出</u>,那些过去光听说过的,在别人家书柜里<u>羡慕得心发颤</u>的书,横倒眼皮底下来了。我们像刚从山里续出来,饿昏了,见到狍子肉和盐,抓一把吞进去,不管是有价值的还是莫名其妙的,全买。买书<u>处于癫狂状态</u>,必要生活费用之外的开销全免了。有时一天两趟书店。每进一本书就能高兴好几天,<u>心里踏实</u>,像发了财或文章将发表,反正是一种好事<u>在即</u>的感觉。如果几天不买书,生活就<u>不对头</u>了。买来书,一本一本包上皮儿,放进书柜,就像领

个孩子进门,咯咯的笑声由远及近,让人心都融化了。这些漂亮的、充满集团力量的书的画廊啊,靠近它,五指轻拂书脊,神思飞远。

(10) 日本经济遇到了空前的萧条。由于与泡沫经济的崩溃同时发生,所以又被称为"复合萧条"。金融机关因无节制地增加贷款而承接了大量做抵押的土地和建筑物。由于地价的下跌,就是将其卖掉也收不回借出去的钱,现状就是这样。这称为金融机关的坏账。这次政府的经济对策由于也包括解救这种金融机关的对策,所以存在不少问题。

B. 日訳中

(1) 英国の旅客機同時テロ計画の発覚を受け、欧州の旅行者に航空機に対する警戒感が広がったことなどから、英国と大陸を結ぶ国際高速列車ユーロスターは十、十一の両日、ほぼ満席となりました。

運行会社によると、パリーロンドン間、ブリュッセルーロンドン間の列車に二日間で計一万五千人の追加予約がありました。週末にかけても予約が殺到し、残りの座席はわずかといいます。

(2) 国家間の紛争は、武力を用いず条約、慣習などの諸ルールにしたがって、話し合いで解決するべきであるし、またそれが可能であり、かつ他の選択肢はないのが実情であります。国家以外の集団・個人の犯罪行為、違法行為、テロ行為には、警察力、軍事力を共同で使用することがあり得ます。これらの措置をとる過程において生じうる紛争については、安全保障協力関連法廷を設け、協調的安全保障実行上の合意事項を軸とする国際的取り決めに基づいて処理します。この過程において不必要な軍備を縮小する過程を進行すべきであることは言うまでもありません。

(3) 日本は水の輸入大国であります。ミネラルウォーターとい

った水そのものだけではなく、たくさんの水を使ってつくられる工業製品や農産物を輸入することによって各国の水を輸入しているとも考えられます。水資源に比較的に恵まれた日本では、日常生活の中で水に不自由を感じることは少ないが、世界の水問題は私の問題でもあります。一人ひとりのちょっとした心がけが大きな節水につながります。

　（4）横綱朝青龍や大関白鵬は初めての台湾訪問をしました。普段から歴史に高い関心を抱く朝青龍は「まずは故宮博物院に行きたい。台湾は日本、韓国などといろんなものがミックスしたところなのかな」と興味を抱きます。白鵬も「楽しみ。歴史を感じさせる大きなお寺がいっぱいある感じがするよね」と笑みを浮かべました。
　一方で人気者の高見盛は「食べること」一辺倒。「自分は大好きな辛いマーボー豆腐が食べたいっす。紹興酒は苦手なんだけど…」と今から待ち遠しい様子。"裸の親善大使"たちが、真夏の台湾を沸かせそうです。

　（5）地域統合は単なる「陣取り合戦」ではありません。今後の国際経済分野では、投資、競争政策、環境問題、電子商取引、金融市場の統合などの領域で、各国経済に大きな影響を与えるルール・メイキングが進むと予想されますが、NAFTA（北米自由貿易協定）やEU統合の動きを見ていると、それを地域から始めて世界（WTOなど）へつなげる流れが明らかです。地域統合は大国が自国の国益に有利なルールを国際社会に広めるための競争でもあるのです。

　（6）政権構想は「日本の底力―活力と安心への挑戦」と題し、政策決定で政府と党の意思疎通を円滑化するため「政府の司令塔の強化」を明記しました。内閣官房や内閣府を統合し政府の総合戦略組織を設置、副大臣と党政務調査会の各部会長を兼任させます。

第十六课

教育基本法改正などにより、幼稚園と保育園を一元化し義務教育とする構想も提示しました。安定的な経済成長に向け政策減税を実施する一方で「必要に応じ増税を求めていく」と、消費税率の将来的な引き上げにも言及しました。

（7）主催者によると、現役を引退した中田選手は約十五分間、ファンとやりとりし「みんなに（これから）何をやったらいいか聞きたいと思ってます」、「出会ったら声を掛けてください」と語り掛け、涙ぐむ人もいました。
　店内に、最後の試合となったブラジル戦のユニホームとスパイクを展示されていました。外壁には「ヒデのおかげでサッカーが好きになった」など約八千件のメッセージが書き込まれた旗も掲げられました。
　横浜市のアルバイト太田健（おおた・けん）さん（25）は「人生は旅だというヒデの言葉を信じ、自分自身も頑張りたい」と話しました。
　カフェはW杯の全六十四試合を中継しました。四月のオープンから延べ十六万八千人が訪れました。

（8）仕事中に同僚との私用会話は厳禁です。相手が一生懸命に仕事をしているときに話しかけるのはやめましょう。冗談や世間話もいいですが、それは時間外にやるべきものです。当人に悪気がなくとも、あたりかまわず気軽に話しかけるのは、相手にとっては迷惑千万で、悪いマナーの典型といえます。

（9）手書きで速く書こうとするとなお汚なくなります。間違えた場合に、ボールペンや万年筆の字は消えないので、黒く塗りつぶしたりしてみにくくなります。一方、パソコンはキーボードにさえ慣れれば、どんどん書けます。仕上がり具合を気にせず、頭に浮かんだことを片っぱしから入力していきます。その後、キー操作

だけで訂正、削除、挿入、移動などを行っていけば文章ができるのです。パソコンの機能はすばらしいのですが、漢字を選ぶのは人間です。漢字変換ミスによる同訓異字や同音異義語の誤りとか、笑うに笑えないような当て字が出現します。重要項目が文章から抜け落ちたり、旧年の年月日を使ったりするようなミスも起こるので注意しましょう。

　（10）門司税関伊万里税関支署(佐賀県伊万里市)は二十九日までに、伊万里市の伊万里港に入港した韓国の船会社の貨物船から、バッグや衣類などの<u>偽ブランド品計約七万点を押収</u>しました。関税法違反(禁制品の輸入未遂)容疑で犯行グループや<u>密輸ルート</u>の特定を急いでいます。
　和歌山県でも同様の偽ブランド品が大量に押収されているといい、門司税関は関連を捜査しています。
　調べでは、偽ブランド品が見つかったのは中国・アモイや韓国釜山を経由し、昨年十一月十七日に伊万里港に着いた船のコンテナ。<u>搬出入口付近</u>にだけポーチなどの正規の品物が積まれ、<u>奥の方</u>から輸入申請のない偽ブランド品が見つかったといいます。

セクション2　文章の中文日訳と日文中訳

A. 中訳日

　兰芝堂在我幼小的观念中，是个<u>深院大宅</u>，有好几个院落，有好多好多间房间，我和弟弟们在这些房间中捉迷藏，常常躲得连父母都找不到我们。祖父对我们这三个孙儿，真是爱极了。麒麟从小就有个"大头"，我和弟弟常常拍着手笑他：
　　"<u>大头大头，下雨不愁，人家有伞，我有大头！</u>"
　祖父却欣赏麒麟的方头大耳，认为<u>将来必有后福</u>。小弟巧三<u>非常机灵</u>，嘴巴又十分会说话。我们初抵家乡，和祖父一起住进新屋。祖父买了各种糖果饼干给我们吃，又怕我们吃多了，就把饼干盒糖果

第十六课

盒都放在高高的架子上，让我们拿不到。有天，祖父一进房，就发现我那小弟已从厨房偷了很多白糖吃，<u>白糖沾了满脸，像长了白胡子一样</u>，而他还不满足，正爬上高椅子，在那儿钩饼干筒。祖父一见，不禁大惊，生怕他摔了，<u>忍不住大喝了一声</u>。据说，我那小弟回头一看，<u>竟面不红，气不喘地说</u>：

"爷爷，我爬上来拿饼干，要给爷爷吃呀！"

祖父这一听，<u>心花怒放</u>，本就疼小弟，这一来更宠爱无比。

B. 日訳中

インフルエンザは毎年のように発生し、アメリカでは高齢者を中心に約3万6000人が命を落としています。しかし、これだけ頻繁に流行している<u>からこそ</u>、普通のインフルエンザウイルスに対してなら、私たちは大なり小なり抵抗力を備えています。

ところが1997年5月、危険なH5N1型の鳥インフルエンザが人間を襲いました。東アジアで8年ほど潜伏し、<u>1億4000万羽の鳥（感染拡大を防ぐために処分された鳥を含む）と68人の命を奪った</u>鳥インフルエンザH5N1型は、2005年になって感染範囲を拡大しています。まずは北のモンゴルやシベリアへ、そこから西へウクライナ、クロアチア、トルコにまで広がりました。

数え切れないほどの細胞分裂と突然変異を経て、H5N1型は<u>驚異の殺人ウイルス</u>となりました。今のところ、ニワトリから人への感染しか確認されていないが、もしも人から人へ感染するようになれば、世界中に蔓延しかねません。誰も免疫を持っていないし、<u>在来のワクチン</u>も効果がありません。しかも、なぜか致死性が非常に高い。感染した人のほぼ半数が死亡しているのです。WHO(世界保健機関)の推定によると、最悪の場合は死者が740万人にものぼる恐れがあります。

一般のインフルエンザウイルスは、<u>上気道</u>の細胞を破壊します。これで各種の病原体が侵入しやすくなり、もともと<u>体力の弱い患者（高齢者や幼児など）</u>はウイルス性肺炎などを併発して死にいた

ります。しかし、H5N1型には相手を直接的に殺せるパワーがあります。スペイン風邪のウイルスは肺の深い部分にある細胞組織を破壊し、激しい免疫反応を引き起こして肺の大出血を招きました。H5N1型も同じようなタイプと考えられており、そうであれば若くて元気な人も油断できません。

　H5N1型ウイルスの人から人への明らかな感染例が確認された場合、WHOの計画では現地をただちに封鎖・隔離することになっています。人や物の出入りを全面的に禁止し、学校や商店は閉鎖されます。集会も禁止されます。勿論隔離措置を決定するのは政府だが、住民の積極的な協力も欠かせません。

　抗ウイルス薬も、感染拡大を防ぐ上では重要な武器となります。現在のところ、効果が確認されているのは経口薬タミフルと、吸入投与が一般的なリレンザです。どちらも体内でのウイルス増殖を阻止する働きを持ち、ごく早い段階で投与すれば、病状が軽くてすむとされます。もし健康な人たちに「予防のリング」をはめさせれば、鳥インフルエンザの大流行を未然に防げるかもしれません。

　WHOは各国政府に、人口の一割分の抗ウイルス薬を備蓄するよう勧告しています。一方、多くの人々は個人でタミフルの「買いだめ」に走っています。個人での備蓄は、違法ではないが、限られた薬を政府と奪い合うことになりかねないし、むやみに服用すれば耐性ウイルスの拡大に拍車がかかりかねません。

　しかし、すでにタミフルの効かないウイルスが出現しているとの報告もあります。現在流行しているウイルスは、鳥を介してのみ人間に感染します。本当に怖いのは、突然変異が起きて人から人へ感染するようになった時です。ウイルスの抗原自体も変化しており、現在製造中のワクチンでは、効果が期待できなくなる恐れもあります。依然として強い病原体を持つ新型ウイルスの出現が心配されています。

　こうなると、ウイルスの突然変異という自然のパワーと、その脅威に対抗する人間のパワーの勝負です。

第十六課

単語リスト

セクション1　文と小段落の中文日訳と日文中訳

A.　中訳日

万卷	万巻(ばんかん)(名)
万里、一万里	万里(ばんり)(名)
见闻、经验	見聞(けんぶん)(名・他サ)
启发	啓発(けいはつ)(名・他サ)
腹中、心中	腹中(ふくちゅう)(名)
外表、外观	見かけ(みかけ)(名)
泉水	泉(いずみ)(名)
境地、处境	境地(きょうち)(名)
事情、事态	事柄(ことがら)(名)
高的、高涨的	ハイ(形)
往往、时常	往々(おうおう)(副)
疏忽、懒惰	怠り(おこたり)(名)
能源	エネルギー(名)
控制、操纵、驾驭	制御(せいぎょ)(名・他サ)
难题	難問(なんもん)(名)
后顾之忧	後顧の憂え(こうこのうれえ)(連語)
绕远路、绕道	回り道(まわりみち)(名)
教训	教訓(きょうくん)(名)
华尔街	ウォールストリート(名)
地盘	地盤(じばん)(名)
入伙、参加、加入	仲間入り(なかまいり)(名・自サ)
绳纹、绳子结的花纹	縄文(じょうもん)(名)
古坟	古墳(こふん)(名)
出租	レンタル(他サ)
接客、接待客人	接客(せっきゃく)(名・自サ)

主要	メイン（名）
大道、街道	ストリート（名）
得意洋洋	誇らしい（ほこらしい）（形）
香味、香气	香り（かおり）（名）
漂浮、洋溢	漂う（ただよう）（自五）
屋外、室外	屋外（おくがい）（名）
保龄球	ボーリング（名）
圆形屋顶的亭子	あずまや（名）
沉降、下沉	沈下（ちんか）（名・自サ）
减轻	軽減（けいげん）（名・自サ）
上市	出回る（でまわる）（自五）
软饮料	ソフトドリンク（名）
口感	口あたり（くちあたり）（名）
余下、留下	余す（あます）（他五）
劣、次、不如	劣る（おとる）（自五）
密封、封严	密封（みっぷう）（名・他サ）
特别	とりわけ（副）
言及、说及	言及（げんきゅう）（名・自サ）
打……旗号，以……为名	銘打つ（めいうつ）（自五）
制约、限制	制約（せいやく）（名・他サ）
百科全书	百科全書（ひゃっかぜんしょ）（名）
书籍、书	書物（しょもつ）（名）
先兆、预兆、苗头	兆し（きざし）（名）
情趣、情形	趣（おもむき）（名）
真实的、现实的	リアル（形動）
远望、展望	見渡す（みわたす）（他五）
间隔、空隙	絶え間（たえま）（名）
轻松愉快、悠然自得	のびやか（形動）
更加	まして（連語）
到处、全都	くまなく（副）

小商贩	物売り（ものうり）（名）
响彻四方、众所周知	響き渡る（ひびきわたる）（自五）
叫卖	呼び売り（よびうり）（名）
全、具备、无遗漏的	つぶさに（副）
好书	良書（りょうしょ）（名）
突然大量增加貌	どっと（副）
好似、恰似	あたかも（副）
头晕眼花、失去理智	眩む（くらむ）（自五）
张开手大把抓	わしづかみ（名）
咽下	のみくだす（他五）
本性、本来面目	得体（えたい）（名）
搜购、抢购	買いあさる（かいあさる）（他五）
花费、开销	出費（しゅっぴ）（名・自サ）
削减、压缩	切り詰める（きりつめる）（他一）
逼近	迫る（せまる）（自他五）
合时、吻合	しっくり（副・自サ）
封面、封皮	カバー（名）
哈哈大笑	けらけら（副）
陶醉、心醉	とろける（自一）
威仪、庄严的形象	威容（いよう）（名）
画廊	ギャラリー（名）
轻轻的	そっと（副）
应有的状态、理想的状态	あり方（ありかた）（名）
阳台、露台	テラス（名）
萧条	不況（ふきょう）（名）
贷款	貸しはけ（かしっけ）（名）
解救	救う（すくう）（他五）

B. 日訳中

軸（じく）（名）	轴、中心

取り決め(とりきめ)(名)	约定、规定
ミネラルウォーター(名)	矿泉水
節水(せっすい)(名・自サ)	节水
ミックス(名・他サ)	融合、掺和
一辺倒(いっぺんとう)(名)	一边倒
待ち遠しい(まちどおしい)(形)	迫不及待、盼望已久
親善(しんぜん)(名)	友好、亲善
真夏(まなつ)(名)	盛夏、仲夏
沸かす(わかす)(他五)	使……沸腾
陣取り(じんとり)(名)	抢地盘
ルール・メイキング(名)	制定规则
疎通(そつう)(名・自サ)	疏通
兼任(けんにん)(名・他サ)	兼任
現役(げんえき)(名)	现役、在职
引退(いんたい)(名・自サ)	引退
涙ぐむ(なみだぐむ)(自五)	含泪
ユニホーム(名)	球衣；制服
スパイク(名)	球鞋
延べ(のべ)(名)	总计
シフト(名)	变位
押収(おうしゅう)(名・他サ)	扣押
密輸(みつゆ)(名・他サ)	走私
ルート(名)	路径
コンテナ(名)	集装箱
ポーチ(名)	化妆小包
正規(せいき)(名)	正规、正式

セクション2　文章の中文日訳と日文中訳

A. 中訳日

幼小　　　　　　　　　　　幼い(おさない)(形)

深院大宅、宅第	邸宅（ていたく）（名）
捉迷藏	かくれんぼう（名）
有棱角的	角張る（かどばる）（自五）
机灵	機転（きてん）がきく（連語）
精通、能人	達者（たっしゃ）（名・形動）
饼干	ビスケット（名）
沾、粘	こびりつく（自五）
钩、挂	引っ掛ける（ひっかける）（他一）
不由得	思わず（副）
使（声音等）激烈起来	はずませる（他一）

B. 日訳中

インフルエンザ（名）	流感
命を落とす（連語）	丧命、丢命
頻繁（ひんぱん）（名・形動）	频繁
ウイルス（名）	病毒
大なり小なり（だいなりしょうなり）（連語）	或多或少、不管大小
抵抗力（ていこうりょく）（名）	抵抗力
備える（そなえる）（他一）	具备
鳥インフルエンザ（名）	禽流感
潜伏（せんぷく）（名・自サ）	潜伏
モンゴル（名）	蒙古
シベリア（名）	西伯利亚
ウクライナ（名）	乌克兰
クロアチア（名）	克罗地亚
トルコ（名）	土耳其
殺人（さつじん）（自サ）	杀人
蔓延（まんえん）（自サ）	蔓延
免疫（めんえき）（名）	免疫
在来（ざいらい）（名）	以往的、原有的

ワクチン(名)	疫苗
最悪(さいあく)(名・形動)	最糟、最差、最坏
上気道(じょうきどう)(名)	上呼吸道
病原体(びょうげんたい)(名)	病原体
肺炎(はいえん)(名)	肺炎
併発(へいはつ)(名・自他サ)	并发、同时发生
出血(しゅっけつ)(名・自サ)	出血
招く(まねく)(他五)	招致、惹来
直ちに(ただちに)(副)	立刻、立即、马上
封鎖(ふうさ)(名・他サ)	封锁
隔離(かくり)(名・他サ)	隔离
経口薬(けいこうやく)(名)	口服药
投与(とうよ)(名・他サ)	投给、让人服药
増殖(ぞうしょく)(名・自他サ)	增值
阻止(そし)(名・他サ)	阻止
未然(みぜん)(副)	未然
備蓄(びちく)(名・他サ)	储备
むやみ(形動)	胡乱、轻率
拍車(はくしゃ)をかける(連語)	推动、促进
介する(かいする)(他サ)	通过、介于……之间
勝負(しょうぶ)(名・自サ)	较量、胜负

参考译文

第一课　忠实起点语言

セクション1　文と小段落の中文日訳と日文中訳

A．中訳日

(1) 国の安全を守る責任をしっかり果たすことは「1国2制度」「社会主義と資本主義の併存」、「港人治港」「香港人が香港を治める」を成功させる礎であります。

(2) ここが浅草寺の雷門、浅草の象徴です。ここから数百メートルほど歩くと、浅草寺の本堂に着きます。雷門から本堂前までの数百メートルの通りには、小さなお店がたくさんあってこの通りは「仲見世」と呼ばれています。

(3) 中国の経済成長を脅威と受け止めるのではなく、中日経済交流を深めるプラスの要素と認識することがグローバリゼーションに当てはまる思考です。

(4) ある一部の企業では、個人株が国家株や法人株より優先され、元金と金利および配当金の三つを保障する株式制度を試行しています。わが国の株式には、税引き前に支払う金利と税引き後の純益から出る配当が与えられています。その金利は銀行の預金金利よりも高いのが普通です。

(5) 日本の企業は会社に対する社員の忠誠心を維持するために、経済的な見返りを与えるだけでなく、社員の連帯感を高めることにも努めています。新入社員には、毎年しっかりと計画された新人教育を実施しています。

(6) ここ数年辞書の世界では書き言葉あるいは話し言葉の中で実際存在する文句を用例として使用することを提唱し、辞書を編纂する人が自分で勝手に作った文は奨励していません。したがって、たくさんの言葉の中から比較、選択した引用例文のデータベースを作る必要があります。

(7) 李子雲がかけて来た長距離電話を受けた後、私はすぐに便せんを広げ

彼らに手紙を書こうとしましたが、まずどのように書き始めればよいかわからず、その後は半分書いては丸め、また書くということを何度も行いました。ついに一通を書き上げ、封筒に入れ、ちゃんと切手を貼りましたが、結局のところ出しませんでした。

（8）信用というのは信用を与える人が信用を受ける人の償還承諾を信用した上で、後者が現金を支払わなくても、商品、サービスと貨幣を獲得する能力であります。

（9）乗用車については、北京人はそれをあまりに重視しすぎであります。車の趣味は現代人のファッションだという見方があります。実際には、7、80年前、旧き北京の人びとはもう車の趣味を始めていました。だが、当時車の趣味人はおもに大邸宅のお坊ちゃんたちでした。

（10）1994年、虹橋開発区に位置する友誼商城が上海で初めて一流ブランドの販売を始めました。上海の現代ファッション情報発信地の一つとして、虹橋友誼商城が一流ブランドの発展を見守ってきました。「大衆の中にブランド品を定着させる」という理念を提唱してきた友誼商城は長年「ブランド、市場、そして消費者を育成する」ことをテーマに取り組み、利益を上げるまでに成長しました。

B. 日訳中

（1）而JOC干部方面则认为,要从各国候选城市中脱颖而出,出于国际知名度和财政能力等方面的考虑,因此多数观点认为将会有相当多的委员推选首都东京。

（2）雅典奥运会前,(日本田联)曾提前一年派团实地考察,当时主要考察马拉松比赛路线。而此次,将首次有科学委员会成员随行,收集当地气候条件等数据。

（3）对于好莱坞的全球化趋势是这样分析的。好莱坞为了分散市场风险,不断开拓美国本土以外的地区。其动态之一就是引进香港的电影人士、引进价格便宜但技术精湛的新西兰以及澳大利亚的电影技术、引进一向为人称道的英国演员。

（4）进入90年代,日本经济低迷,美国以信息技术为基础推进结构转换,在日益提高国际竞争力的过程中成功实现日美(贸易)逆转,并且积极采纳日本模式经营的优点,作为概念使其复活,并以此作为加强竞争力的基础。

(5) 在信息社会的发展过程中,伴随着各国IT革命的发展,凭借产业的高科技化、产业化,新发明得以急速发展,但是却不能满足与之相应的人才需求,面对人才的不足,人才培养成为<u>当务之急</u>,而原来的教育体系以及教育内容却无法与之相适应。

(6) 此次展示的是<u>偶人制作大师</u>安本龟八(1826～1900年,<u>熊本县人</u>)在1890年完成的作品。为了不被对手摔出场外,<u>相扑大力士眼睛涨得通红</u>,手腕<u>青筋暴起</u>,极具魄力。该偶人曾在东京浅草寺展示,被美国收藏家购买后赠与底特律美术研究所。去年,熊本市现代美术馆将其购回。

(7) 法国7月下旬<u>连续高温</u>,但进入8月之后逐渐转凉。当天巴黎为多云天气,虽算不上是个"很适合泼水的日子",但经过参加者用长柄勺子洒过水后,周围原本25度的气温的确下降了2度左右。

此次活动的参加者之一、瑜伽教师姜留克·班盖雷(音译,44岁)表示:"<u>不能适逢酷暑之日泼水有点遗憾</u>,但从泼水活动学到了很多,如不浪费水的观念等。"

(8) 北京奥运游泳比赛的传统赛程可能发生变化。通常游泳比赛是上午举行预选,下午举行半决赛和决赛。但<u>拥有北京奥运美国地区转播权</u>的美国NBC广播电台日前提出意见,希望配合美国的收视黄金时段,将决赛安排在上午举行。20日闭幕的泛太平洋游泳锦标赛上,<u>选手们纷纷对两年后赛程更改表达了不安和不满</u>。

(9) 自16世纪至第二次世界大战,德法之间发生战争多达27次,<u>这样的夙敌能够取得和解,可谓具有划时代意义</u>,以此舒曼计划<u>为蓝本</u>,1952年7月成立了欧洲地区内第一个以联合为目标的机构——欧洲煤炭钢铁共同体。

(10) 日本和中国之间存在着棘手的历史问题,但德法两国从16世纪直至第二次世界大战经历的战争多达27次。另一方面,<u>日中交往历史有2000年之久</u>,虽然有过"不幸的时期",但在绝大部分的时间里还是保持友好的关系。互为夙敌的德国和法国能够实现"和解",那么日中两国没有不能够实现和解的理由。

セクション2　文章の中文日訳と日文中訳

A. 中訳日

文章を書くことを学び始めたときには、<u>題目をひとめ見ても、すぐには何も思い浮かばず、頭をかいて思い悩んでみても</u>、どのように書き始めたらよ

いのかわからなくなってしまうものです。「人生のこの世におけるや……」とか、「歴史の巨大な歯車が……」と始めたとしても、いずれにしても文章の構想はなかなか出てはこず、そこから先を続け難いです。たとえ無い知恵をふり絞ってそこからなんとかつけたし敷衍して一篇の文章に仕上げてみても、自分自身でもその内容が貧しくおもしろくも何ともないことは自覚しているのであります。胡適之先生は我々に、こう述べられたことがあります。「話したい内容があるなら、それを話しなさい。表現したいように表現しなさい。」と。我々は心中、密かにこう思わずにはいられませんでした。「もともと語れるような話はないのだ。私に何を話せと言うのだ?」次のように考える人もいます。そうなってしまうのは、腹中の本箱があまり貧弱で知識が乏しいせいなのだから、治療のための処方箋は多くの書を読むことだと。「万巻の書を読み、万里の道を行く」ことによって、もちろん学問を充実させ見聞を広めることができます。しかし、大事なことはやはり思想に基いた啓発を有することであります。さもなければ、たとえ腹中の本箱がパンパンにふくれていて、そこから文章につかう文や語句を捜し求めてきたとしても、みかけだけの飾り物の学問に過ぎず、「文章は春の花のように美しく、思いは湧き出ずる泉のように豊か」といった境地には到達し得ないでしょう。想像が不充分で、次から次へと思いつくということがなく、分析は精密でなく、表現力は豊かではありません。これが文章がうまくまとまらなくなってしまうことの主な原因であります。

B. 日訳中

"由于地球变暖速度加快,包括喜马拉雅山脉在内的西藏高原的冰川以每年 10~15 米的速度快速地融化。过去 40 多年里冰川体积减少了 6 600 立方公里。其中大部分是在上世纪 80 年代中期开始融化的。"

世界自然保护基金(WWF)位于中国、印度、尼泊尔的各事务所公布的有关冰川融解的共同报告书的内容令人震惊。并且他们还预测"今后十几年里这一状况将继续恶化。由于冰川融解而上升的河流水位可能会给经济和环境问题带来巨大的冲击。"

被称为"世界屋脊"的青藏高原的平均海拔超过 4 000 米。从山上滚落下来的雪积在山谷里,被挤压后形成了冰川。这样的冰川在世界上多集中于这一地区,占到世界淡水的 7 成左右。体积 10 万 5 000 立方公里,其中喜马拉雅山脉

的冰川总量最大,有3万5 000立方公里。这些冰川群是横穿中国大陆的长江和黄河、东南亚最长的湄公河、流经印度及巴基斯坦的恒河及印度河等亚洲8大河流的源流。另外,由于冰川的融解,预测在这些流域会发生大范围的洪水,在流域有可能发生地面下滑和土壤侵蚀并导致数亿人的用水不足。

最近中国的科学家们也同样发表了关于喜马拉雅冰川融化引发亚洲水资源严重不足的报告书,表现出强烈的危机感。科学家们发现两年里冰川的融化海拔上升了竟约50米,并以平时2倍以上的速度推进。听说2002年发现的巨大冰壁也已经消失。该报告书中还指出"在接下来的100年里气温会上升1.4～5.8摄氏度,由于海平面上升,全世界的低地将会陷入被水淹没的危机"这一全球性的灾害。

一方面要防止洪水,而另一方面在降雪量少的年份夏季发生干旱的时候,冰川可以补充水源,这是亚洲人民生活及农业、产业发展不可缺少的因素。现今由于地球变暖的影响,这一地区的水资源平衡正受到侵蚀。

第二课　正确听解

セクション1　文と小段落の中文日訳と日文中訳

A. 中訳日

(1) 当時、私の英語の基礎はたいしてよくはありませんでしたが、このように直接、原書を読んで、はじめてその美しさを理解し、はじめて世界文学の宝庫がこのように魅力にあふれていることを知って驚きました。

(2) 東アジアで事実上の経済統合が進む中、日本は周辺諸国から競争を挑まれるという未知の経験に遭遇しています。そこにはアジアとのかかわりの中でメリットの汲み上げ方がいろいろあると思われるのですが、日本はこれまでアジアを軽く見てきた惰性があって、その汲み上げ方に思いが至りません。少なくとも本腰を入れていない面が多々あります。

発想を改めて手を付けるかどうかは我々の選択次第ですが、手を付けない場合には、それによって生ずる将来の生活水準の低下という結果もまた、我々自身が引き受けなければなりません。

(3) 外商投資企業と外国企業が中国で適用する税種は、企業所得税、増値税、消費税、営業税、土地増値税、印紙税、資源税、屠殺税、都市不動産税、車両船舶鑑札税などあります。輸出入貨物については、税関の関税条例の規定に

基づいて関税と輸入環節税を納入します。中国の域内で働く外国籍の人員は、個人所得税を納入しなければなりません。

（4）おじいさんは一方の手でコップを持ってコーヒーを飲み、もう一方の手で新聞を持ち、見るともなく眺めています。一方、おばあさんは貴婦人のように優雅で、彼女は自然に両肘をテーブルにつき、両方の手で軽くコップを持ち、ゆっくり口もとに運んでいます。

（5）多くの国々は、安保理がもっと多くの国際安全保障の機能を果たすよう、大いに期待しています。それと同時に、一部の国は安保理改革の提言に関する報告書の提出に先立って、それぞれの立場を表明し、世論を形成することによって、これからの安保理改革における有利な立場を確保しようとしています。今、安保理改革の焦点はその拡大であります。つまり、安保理のメンバーを増やし、常任理事国の席を増加することであります。その次は拒否権の問題です。

（6）私たちの田舎の町の人は、私たちのような外に出ている者を、ひとかどの人物と思いやすいです。あなたが土地を出てしまえば、彼らはあなたが普通の人とは異なるのだと考えます。

（7）株式が価値法則に反したり、株価が暴騰暴落しないようにするため、株式市場へのマクロ規制を強化する必要があります。次に、行き過ぎた投機行為を防止し、株券が少数者の手に集中するのを防止し、少数の投機商が株式市場をあやつるのを防止する必要があります。

（8）金融政策は財政政策、産業政策と並ぶ重要なマクロ経済政策の一つで、物価の安定、国際収支の均衡、為替相場の安定、景気の安定などの目標を達成するために運営されています。

（9）小中学校では、「減負」が実施されることによって生まれた時間と空間を、学生の個性に合わせたさまざまな活動に生かすように、教師の一人一人が考えなければなりません。そして、父兄も子どものために、有益で実効性のある活動を営むよう手配すべきで、それによってより積極的で個性的な生徒が促されるでしょう。

（10）戦後、ドイツの賠償方法は日本政府に手本となるでしょう。ドイツ政府は、賠償は歴史認識にかかわり、国家の栄誉にかかわり、国際法原則尊重の試練であり、戦後ドイツが国際社会に新たに受け入れられる基本倫理の前提でもある、と認識されました。

B. 日訳中

(1) 与中国时差仅 1 小时、从变更赛程无益可得的日本队也显得很为难,该队女子自由泳选手柴田亚衣表示,"如果可以的话当然希望下午比赛"。可是在巨额的电视转播费面前,选手们的心声到底能传递多远呢?

(2) 广告发布者可在"YouTube"开设栏目,上传有创意的广告视频,广告的长度和形式均不受限制。网民可就广告发表评论并打分,发布者可以据此分析广告引起的反响。

(3) 当飞机以超音速飞行时,机身周围会产生冲击波,传至地面会变成爆炸般的巨响。由于这一原因,2003 年退出运营的协和式超音速客机在陆地上空飞行时不能进行超音速飞行。

(4) 日本田径联合会将启动瞄准 2008 年北京奥运会的"连续三届夺金计划"。利用 15 日起在北京举行的世界青年田径锦标赛的机会,在关东学生田联的协助下,日本田联将派遣由大学教练等组成的 11 人考察团赴京。

(5) 1989 年冷战格局崩溃以后,世界的政治格局多极化。正如最近中国加入 WTO 所显示,世界经济正在全球化。就像 IT 革命那样,世界正在急速一体化。

(6) 虽然我知道平面型音响的音质很好,但是要制造出超薄型扬声器,需要一种全新的思维方法。

(7) 从经济观点来看,一个国家的国际观光收入被认为是出口额,国际观光支出则是进口额,那么国际观光可以说是一种"看不见的贸易"。世界上很多国家中,国际观光是外汇收入的一个重要来源。据 WTO(即世界旅游组织)统计:1998 年,在世界上 83% 的国家,国际观光收入居出口商品的前 5 位,另外在至少 38% 的国家,居外汇收入的首位。

(8) 宇多田光的魅力在于她天生的演唱技能和甜美的歌喉,在于她率直表现十几岁少年心境的歌词,美国式的节律以及布鲁斯式的伤感曲调。这种魅力吸引了年轻一代。又因她是活跃在 60 年代的歌手藤圭子的女儿,所以也受到父辈们的关注。

(9) 在日本上厕所时习惯用敲门的方法来确认里边是否有人,然而在欧美却没有这种习惯。那么他们是怎样来确认的呢?他们转动几下厕所门的拉手。如果没锁上就认为里边没有人。要是谁进去后不锁门则是使用者的不对。因此,使用完后不把门完全关上是一种默认的规则。

(10) 拥有投票权的是 25 名日本奥委会(JOC)的干部和 30 名体育团体的代表，共计 55 人。据 JOC 和体育团体相关人士的意见分析，计划周密且设备<u>颇受赞誉</u>的福冈市更受体育团体的青睐，<u>似有超过东京之势</u>。

セクション2　文章の中文日訳と日文中訳

A. 中訳日

　かの有名な現代作家の郁達夫先生があるとき妻の王玉霞さんと映画を見ていました。調子に乗って靴を脱いで気持ちよく胡坐をかいていたら、靴の底に隠してあったお金がばれて、なぜお金を隠すのかと妻に問いただされる羽目になってしまいました。

　すると、郁達夫先生は慌てて次のように妻に弁明しました。社会人になりたてのごろは貧しくてお金のことでずいぶんと苦労させられましたから、名が少し売れてきてお金にも少し余裕が出てきた今、腹いせに自分を苦しめてきたこいつを踏んづけてやったのだという。

　その話を聞いた妻は困惑が一気に晴れて、夫と二人で感慨に浸っていました。

　どうだ。面白い人には問題解決の能力も高いでしょう。へそくりがばれても辻褄の合う言い訳をして追求を逃れられます。

　面白く生きることは、知識の多寡とは無関係で、どのぐらい稼げるかとも関係はありません。ユーモラスで前向きな生活態度だけがものを言います。

B. 日訳中

　　我大概不能算是爱猫的，因为我只爱个别的一两只，<u>而且只因为它不像一般的猫，而是似乎超出了猫类</u>。

　　从前我在长崎的家里养了许多猫。我喜欢一只叫"花子"的。它大概是波斯种，个儿比一般的猫大，浑身白毛，圆脸，一对蓝眼睛非常<u>妩媚灵秀，性情又很温和</u>。我常<u>胡想</u>，童话里美女变的猫，或者能变美女的猫，大概就像花子。花子如在户外玩够了想进屋来，就跳上我父亲书桌横侧的窗台，一只爪子软软的扶着玻璃，轻轻叫唤一声，看见父亲抬头看见它了，就跳下地，跑到门外蹲着静静等候。饭桌上尽管摆着它爱吃的鱼肉，<u>它决不善自取食</u>，只是忙忙地跳上桌上又跳下地，仰头等着。跳上桌上是说："我也要吃。"跳下地是说："我在这等着呢。"

第三课　脑　记

セクション1　文と小段落の中文日訳と日文中訳

A. 中訳日

(1) ネットモラルのポイントはユーザーのモラルにあります。人間がちゃんとしていて、判断力がまともなら、ものごとの是非を見極めることなど問題になりません。

(2) 彫刻家の考えでは、いいかげんに石像を彫るくらいなら彫らないほうがよく、彫るからにはその英雄を生きているかのように彫らねばなりません。

(3) 中国の低コスト、優れた素質の労働力という優位性が、世界各国の消費者に利益をもたらしています。中国製品は、質がよく、値段が安く、数量も多く、国際市場において長年割高であった大口商品の価格が、これによって下がってきています。

(4) 中国で経済が発達し、豊かであり、老人事業が比較的早くから始まっていた上海地区では、1998年末までに、全市であわせて高齢者施設が387箇所あり、ベッド数は1.6万余台であります。このベッド数は現高齢者人口の0.65％にすぎません。しかも、規模が小さいこと、ベッド数の少ないこと、設備が粗末であるという現状は、ずっと主催団体の頭を悩ませてきました。

(5) いま香港は中国だけでなく、アジアひいては世界の金融・貿易、情報・通信、運輸の三大センターになっています。香港の祖国復帰はこれからの香港経済に新たな活力を注ぎ込むことになります。

(6) 生活のリズムが速くなったため、人々は一目で分かるような簡潔な語釈を必要としています。簡潔というのはすなわち無駄な言葉がなく、誇張がなく、あってもなくてもいい決まり文句がないことであります。これはすでに辞書の世界では共通の認識でありますが、しかし、なかなかできるものではありません。

(7) エントランス近くにはウェイティングバーがあり、お食事前の食前酒を楽しむ事ができ、カウンターバックには視覚で楽しむことのできる約200本の日本酒とワインのセラーがあります。

(8) とりわけ、受験生(小学校から中学校へ、中学校から高校へ、さらに高校

から大学へ進学する児童や生徒)は、家に帰ってから深夜寝るまでに、食事の時間以外に、ほとんどの時間を毎日山のような宿題に費やしています。学生たちの自由時間はほぼ全部奪われてしまい、宿題のために悪戦苦闘を強いられています。

(9) 父は道端に座ったかと思うと、またポケットから何かを取り出して口に入れました。そのとき、娘はずっと父を見つめていましたが、父が再びポケットから取り出そうとすると、父の腕をぐいとつかみました。そして、両手で父の手の平を開いて見るや驚いて叫びました。

(10) 大学図書館はどんなによくても、書庫が教員に対してだけ開放されており、学生に対しては開放していません。しかし、この図書館は大衆に対して門戸を開いており、身分証明書さえあれば、書庫に入って自由に見て回ることができ、ほしい本は家に借りて帰って読み、期限内に返せばよいのであります。

B. 日訳中

(1) 为了培养个人的创造性，开设了丰富的课堂讨论课和实验实习科目。学生作为主体，自己思考、自己行动、自己验证，以此磨练每个人的创造性。

(2) 日本公民馆的工作涉及各个领域，有书法、茶道、健康以及体育、音乐等。据说平均每个公民馆约有38个俱乐部在开展活动。

(3) 2016年夏季奥运会的日本国内候选城市将在本月30日的选拔委员会上经投票决定，提名候选的城市是东京都和福冈市。也有委员至今未表态，因此，仍然具有很大的流动性，但在这场即将迎来大结局的选拔中，东京似乎占有优势。

(4) 小汽车的大型化会使其瞬间发动力增强，空调等性能好转，而且空间越大乘坐起来也会越舒服，但是很难说人体长得越庞大，其体能就越好。我希望有关部门采取行之有效的对策，使得现在的孩子长大后，或者就是10年后，大相扑赛事的选手们不再只是单单拥有一个庞大的躯体。

(5) 据说今年3月份发行的唱片集"First Love"销售总量约700万张，创造了日本音乐史上有史以来的最高销售量。唱片发行前，在全国各唱片经营店订购踊跃，生产供不应求，很多店相继出现发行当天即销售一空的情况。据说这张唱片截止到7月份的总销售量为795万张，这意味着日本国内约每15人中就有1人拥有这张唱片。

(6) 另一方面,因我所在的地方是大学的东方语言学系,教职员工和学生大都说着流畅的日语。他们说日语比我说英语说得好,而且为了练习总想用日语表达,因此我也就不知不觉地用日语说,为此我的英语会话能力没有长进。与此相比,经济系和哲学系的人不管喜欢与否都必须天天使用英语,因此,他们用一年时间就能说得很好。

　　(7) 虽然店铺数还很少,但以东京都内为中心,出现了提供商务服务的便利店。在被称为保险箱、邮箱、数字式便利店、商务信息便利店等店里,提供支持工作的各种服务。复印自不必说,除了把印刷材料装订成册的服务、输出数据等计算机服务之外,有的地方还承办翻译或印刷物设计。

　　(8) 我校引进各科目半年讲授完毕的1学年2学期制。4学分科目一般每周上一次课,要1年才能上完,而我校则是每周上2次课,半年就上完,这样可以在短期内集中学习。

　　(9) 以"探索引导21世纪新百年的架构与人才"为目标,致力于培育新时代的西博尔德,以"尊重人类、提高福祉,与国际协调"为理念,教授专门的学术,培养符合社会和时代要求的有用人才的同时,以为具有地区特色的学术研究的发展和文化的提高做贡献为目的。

　　(10) 位于丹麦的世界第一座"生态化产业园区",就是聚集了炼油厂、煤炭火力发电厂、制药化学工厂、硫酸制造厂以及水泥厂等几家公司。目的是为了节约成本,有效利用资源和能源,并以此改善生态环境系统。

セクション2　文章の中文日訳と日文中訳

A. 中訳日

　この辞典の出版は、新しい童謡の創作を存分に肯定し、その繁栄を促すものとなるでしょう。

　辞典として、検索に便利なように、内容と形式の両面から分類を行いました。それはきわめて必要性の高いものであるし、そもそも童謡自体が娯楽と教育とが融合しているものなのであります。童謡はその娯楽性によって「楽しさを極める」ものであり、もしそうでなければ、聞いて楽しくないばかりか、歌いにくいです。それは「謡(歌)」であっても「童(子供の)」ではなく、もはや童謡とはいえなくなってしまいます。教育性に対しては、広い理解を持たねばならず、薫陶や陶冶、知らず知らずのうちになされる感化など、子供に一定の影響を与えるものはすなわち教育なのであります。思想道徳の教育は

今日特別重要なものでありますが、例えば、労働をこよなく愛する教育や自立意識を育てる教育などは、ますます増加する一人っ子にとっては、絶対欠かすことのできない課目であります。礼節をわきまえ、衛生を重んじることは、一つの社会における文明の出発点であります。たとえ子供の笑顔を引き出すだけにすぎないとしても、楽観主義の養成の一助となります。もちろんこれらの全ては、幼児の生活を映し出す中から自然に表出されるべきであり、しかも、それは芸術的表現であって、その逆ではありません。

B. 日訳中

　　在中国古代，就已经有人用自我按摩的方法来保护视力了。现在，中国的中小学生天天做的"眼保健操"也是一种眼睛的自我保健按摩。

　　在做"眼保健操"时，可以坐着，也可以躺着，两只眼睛很自然地闭起来，然后按摩眼睛周围的穴位。穴位要按得准确，要轻轻地、慢慢地进行。这些穴位周围如果有酸和胀的感觉，就按摩对了。各种按摩手法各做20～30次，每天进行1～2遍。

　　按摩这些穴位可以促进眼部周围的血液循环，调节眼肌的功能，对眼睛有一定的保护作用，特别是对预防少年儿童的近视有很好的作用。在中国，眼保健操和早操一样，是少年儿童每天都要做的。已经成近视的人，坚持做眼保健操，也可以预防近视的加深。

第四课　笔　　记

セクション1　文と小段落の中文日訳と日文中訳

A. 中訳日

　(1) 東アジア諸国（地域も含め）は二重の追い越しをするべきだと思います。一つは未完成の近代化を実現し続けることで、もう一つは知識経済の競争に負けないようにすることです。

　(2) 言語は人類交流の道具です。お互いに相手の言語を学ぶということは、友好を表す喜ばしい現象であります。

　(3) このことを通して、中国の世界に向かう足取りが明らかに速まり、中国の国際的な地位が急速に高まっているということがわかります。

　(4) 1842年のアヘン戦争終結後、上海は全面的に開港され、外国文化がな

だれ込んで来ました。最初にイギリス人がイギリス租界を造り上げた後、フランス人によるフランス租界が築き上げられ、1900年にはフランス租界で生活するフランス人は600人余り、1920年代には3,500人に到達し、賑いました。

（5）全社会的に見れば、資金は不足どころか、過剰状態にあります。ある統計によりますと、1991年には、都市と農村の貯蓄額はなんと9,000億元あまりあり、タンス預金になっているものなどの手持ち現金は2,000億元以上あります。また、国庫券などの有価証券の保有額も2,000億元ぐらいありますから、個人金融資産の合計は1兆3,000億元もあります。

（6）1985年以来、中国ではすでに全国規模の暖冬に16回連続して見舞われており、降水量も20世紀50年代以降次第に減少し、華北地域では温暖化や干ばつが進む様相を呈しています。

（7）係りの人がいろいろしゃべっているでしょう。あれはお客さんを童話の世界に引き込むために、冗談ぽく脅かしたり笑わせたりして工夫しているんですよ。

（8）中国では75％の高齢者は農村で生活をしています。広大な農村での老人問題は依然として家庭に頼っています。家庭で高齢者を世話することは経済面で支えになるだけではなく、それが高齢者の心や精神の面にあらわれる影響も軽く考えてはいけません。

（9）改革開放以来、国を出た40万人の留学生のうち、14万人が陸続と帰国し、その数は年平均13％の勢いで増加しています。現在、中国には留学生帰国者のための創業パークが60カ所以上造られており、留学帰国者が起こした企業は4,000社に上り、生産総額は100億元を超えました。

（10）台湾の「日本大好き」現象は、メディアにあおられてさらに過熱しています。商品が日本からもたらされているだけではなく、これにつられて台湾本土で生産されるものにもまた「日本化」が広がっています。1998年以来流行している広告の日本化の風潮の中で、日本を印象づける広告が多くなっており、北海道の雪景色、楓の紅葉、日本の女子学生、日本語や日本のドラマの台詞が、消費者の目を引いています。突然「カワイー！」という声があちこちで巻き起こります。よく知られているように、「日本大好き」現象はあらゆるところで青少年たちのルックスに見られるようになり、西門町の街角はあたかも日本の新宿のようです。そして、旧世代の多くの人は、「今の若い者は頭

の中で何を考えているのか」、もはや分からなくなっています。

B. 日訳中

(1) 日本对实行夏时制有赞成和反对的两种意见。赞成的理由是,能节约能源,有利于保护地球环境,还能增加家庭之间、居住区之间的交流。反对的理由是,不适合日本的地理特点和风土,认为没有实行的必要等等。夏时制是在夏季一定的期间内,为了有效地利用日照时间,把时间拨快一个小时的制度。世界上有七十多个国家实行。

(2) 令我吃惊的是,被誉为"名著"或"古典"的文学的世界只是"少年"或"成年男性"大展身手的世界。并不是这些作品没有意思。但我感到它们描写的是某处遥远的世界,觉得似乎与我无关。

(3) 日本总务省 29 日公布的 7 月份完全失业率(季节调整值)为 4.1%,较上月改善了 0.1 个百分点。完全失业人数为 268 万,比去年同月减少了 21 万人。随着景气的缓慢回升,企业用人需求旺盛使就业人数有所增加。

按性别分,7 月份男性的失业率与 6 月持平,仍为 4.2%;女性则降低了 0.3 个百分点,为 3.9%。

(4) 铃木汽车公司 9 日宣布,将斥资 600 亿日元在日本静冈县牧之原市的相良工厂用地内建造年产 24 万辆小型车的专用工厂。工程将于今年秋季动工,并计划在 2008 年秋投产。

(5) 此次被修复的是日本国家级文物"鸟兽纹无袖战袍",长宽分别为 99 厘米和 59 厘米。战袍由使用了约 200 克黄金的丝线、绢丝等 20 多种颜色的材料编织而成,在表面华丽的织锦上绘有准备袭击牛羊的狮子等传统波斯风格的图案。

(6) 所谓信息能力是指自如地运用电脑,收集、活用信息的能力。为了掌握未来时代所要求的高端的信息能力,我们把基础性的信息处理课和实习课安排在第一学年第一学期,并定为全系必修课。

(7) 全校公共课由"英语""信息处理""健康与生活""国际理解与地区语言""人类的探求与表达""现代社会理解""科学技术与环境""职业与实践""综合科目"及"留学生科目"等 10 个领域构成,进行多科目授课。

(8) 由日本、韩国、朝鲜等国的市民团体参加的"要求清算日本历史的国际合作磋商会"近日在菲律宾首都马尼拉召开,并于 27 日通过一份声明,要求日本对殖民统治和日军伤害亚洲人民的行为进行道歉并立即作出赔偿,同时还

要求日本首相停止参拜靖国神社。此外,会议还决定将向9月18日开幕的联合国人权理事会递交一份呼吁文件,要求联合国敦促日本解决"随军慰安妇"问题。

(9) 由日中韩三国高中生参加的青少年交流运动会27日在韩国大邱进行了最后一天的比赛,日本队在各项比赛中均与中国队对阵。

(10) 中国团体观光游客大多选择东京大阪游。在东京一定要逛逛台场和秋叶原,在关西一定要参观与中国有着渊源的唐招提寺。据上海的旅行社介绍,除东京迪斯尼乐园和大阪USJ很有人气以外,希望去伊豆、箱根、九州等温泉区以及去北海道看雪景的人也有不少。

セクション2　文章の中文日訳と日文中訳

A.　中訳日

　　陰で劉を苦しめているのは副局長の李です。もともと、李は老局長が病気で亡くなった後は、上層部が当然彼を局長に昇進させるものと思っていたのに、思いがけないことに劉が転勤してきて、彼の出世の道を阻んでしまったのです。それで、李はむかっ腹をたてて、劉の行く手に障害を設けるのでした。李はこの職場で管理職として長く、組織や人事も担当してきていました。各課の責任者はその多くが李が取り立てたものだったから、当然李の言うことを聞き、李について陰で劉を苦しめるのでした。その結果、この劉局長は仕事に出かけるのに車一台呼んでも来ないありさまでした。厳冬師走に、劉の家の窓ガラスが路上でサッカーをしていた子供の蹴ったボールで2枚割れてしまい、寒風が雪を混じえて中に吹く込んで来た時にも、職場の事務室はあくまで頑なに一週間延び延びにしてからやっと新しいガラスを入れ、李の一家は老いも若きもみな凍えて風邪を引いてしまいました。また、劉は紅茶が好きで、事務室に彼のために買ってくれるよう言いつけても、事務室の答えはそのような支出は認められないということでした。だが、劉は李の事務室には碧螺春、鉄観音があるのを目にしており、その上ネスカフェまでも事務室は彼には買ってあげているのです。劉は怒って事務室主任の目の前でカップを叩き付けて割ってしまいました。

B.　日訳中

　　12日获悉,据共同社日前对100家主要企业负责人实施的问卷调查显示,

超过9成的大企业认为2006财年下半年(今年10月至明年3月)日本经济将继续保持景气,另有超过6成的企业预计日本央行最迟会在06财年之内再次加息。此外,有超过8成的企业认为,最令其感到担忧的是油价飙升和美国经济减速。3成的企业则认为,目前的景气扩大局面仅能维持到"年内"。这一结果表明,尽管企业经营者均感到当前经济发展势头强劲,但对于前景则普遍持谨慎态度。

关于当前经济景气现状,有6家企业认为"扩大势头强劲",认为"缓慢恢复"的则有88家。而预测06财年下半年景气状况将"扩大"和"恢复"的企业则分别为4家和87家,共计91家企业认为日本经济将保持景气。

日本央行已于7月解除了零利率,但对于下次升息时机,有1家企业认为会在"8月至9月",有26家企业判断会在"10月至12月",而预测会在"2007年1月至3月"的则有37家,这表明总共有64家企业预计最迟会在06财年内再次升息。

另一方面,有21家公司预测景气扩大的局面将持续到"07财年上半年",有18家公司预测"07财年下半年",另有24家公司预测"08财年以后",这表明共有63家公司认为至少将持续到07财年上半年。但也有31家公司认为仅能持续到"06财年年内",双方的意见存在明显分歧。

关于06财年下半年对景气造成不利影响的主要因素(可多选),有86家企业认为是"原油、原材料价格飙升",其次有81家企业认为是"美国经济的减速"、"北朝鲜等地缘政治学风险",也很引人注目。

而关于同一时期对景气有利的主要因素(可多选),大部分企业则认为是"民间设备投资扩大",其次有52家企业认为是"个人消费的真正恢复",受内需主导作用影响。

该调查以钢铁、电机、汽车、流通、金融等行业排名前100家企业为对象,于7月下旬至8月实施。

第五课　缩　　写

セクション1　文と小段落の中文日訳と日文中訳

A.　中訳日

(1) 東アジアでは、すでにASEAN、APEC、Ten Plus One、Ten Plus Threeなど地域レベルの経済合作組織が出てきました。

(2) 2001年上海で開催されたAPEC首脳会議で、ホスト国中国が会議に出席した首脳たちに着てもらったのがこの「唐装」、チャイナ服であります。

(3) 短期的にみれば、経済成長や雇用に一定の影響を与えますが、全体では弊害より利益が大きいです。

(4) 最近、安保理の仕組みに問題があるとの声もあります。2005年9月21日に開会された国連総会において、安保理改革問題は重要な討論テーマになりました。ここ数年来、国際情勢の発展に伴って、人類社会は様々なグローバル問題に直面しています。

(5) 航空会社では操縦技術を評価するときに、飛行時間数という尺度を使いますが、車の場合も同じです。たくさんの練習をして、たくさんの経験をつまなければならないことは、車にも飛行機にも共通します。

(6) いくら有能なんでも、すべてを一人だけではとうていうまくやっていけません。なにかのことで誰かにきっとお世話にならなければなりません。そういうときありがたい、感謝の気持を抱くことが大事ではないでしょうか。お世話になりっぱなしで、感謝の意を全然抱かない者は嫌われてしまいます。

(7) 世界銀行の1994年の分析報告は、アメリカの消費者が、中国以外の国から同じ商品を輸入するなら、毎年支出を140億ドル増やす必要があると指摘しています。今日のように、中米貿易が倍規模で拡大しているもとでは、アメリカの消費者が節約できる支出はもっと多いです。ほかの国・地域の消費者についても同じことが言えます。

(8) 戦後日本は平和開発の道を守り、重要な進歩を遂げました。日本の小泉首相は今年の8月15日に次のように表明しています：日本は再度戦わない誓言を守るとともに、近隣諸国との友好関係をいっそう発展させ、国際社会の一員として世界の永遠な平和を確立し、人間が精神的に充実する生活を送れるという社会を実現するためには、全力をあげて努力しようとします。

(9) 温暖化による平均気温の変化は、猛暑や暖冬など、年ごとに暑かったり寒かったりする変動ほど明らかではありません。地球全体の平均気温の変化が100年間で約1〜3.5度前後と推定され、長期にわたって非常にゆっくり変化するものです。過去100年間に地球全体の平均気温は0.3〜0.6度と急激に上昇しており、現在のペースで温室効果ガスが増え続けると、2100年には

平均気温が約2度上昇すると予測されています。このため、毎年の平均気温をグラフに書けば、短い周期で変動する折れ線になり、それが長期的に上昇傾向を示すということになります。

（10）バイオテクノロジーとは、生物技術という言葉通り、生物の持っている機能を上手に利用する技術です。遺伝子組み換え技術も広い意味でその中の一つです。

遺伝子は、生物すべての細胞の中に入っています。例えば、人の体は60兆個を超える細胞からできていますが、その細胞の一つ一つの核の中に染色体が存在しています。この染色体に親から子へと受け継がれていく遺伝をつかさどるDNAという物質が含まれているのです。DNAの中で、遺伝のための役割を実際に果たしているものだけを遺伝子と呼んでいます。このように、DNAは「命の設計図」として働きます。生物によって、細胞の数や遺伝子の量、並び方こそ違いますが、DNAの構造や遺伝情報の暗号化と解読の仕組みなどは、地球上に住むすべての生物に共通しています。

B. 日訳中

（1）日本相扑协会理事长北之湖(原横纲北之湖)透露,十多年前台湾就已发出邀请,并表示他将倾全力使此次巡演获得成功。他说:"一直以来,台湾都很了解日本。为了报答长期以来等候我们的台湾观众,力士们将在相扑赛场上毫无保留地一展所长。"

（2）据说在去年的某个场合,中国的朱镕基总理曾说过:"日本的经济实力不能光看 GDP(国内生产总值),而应该看(包括海外红利,利息收益在内的) GNP(国民生产总值)。"这一观点可以说是一针见血。

（3）该产品尺寸为3×2×10厘米,重量约为 100 克,比手机更袖珍更轻巧,可放入口袋。

（4）会长铃木修在记者招待会上强调,"相比(在轻型车方面领头羊的)美誉,公司更追求销售额及利润。"

（5）水分在体重中所占的比例,女性要比男性低。这是由于女性含水较少的脂肪偏多。刚出生不久的婴儿,其体重的四分之三是水分,随着年龄的增长水分逐渐减少。

（6）据说与 15 年前的成绩相比,男孩下降了约一半,女孩下降至 6 成左右。

（7）以有约九百年历史的常滑烧而著名的爱知县常滑市每年夏天都邀请来

自海外的陶艺家,开展以陶瓷为主题的、有特色的国际交流。题为"常滑国际陶瓷营 IWCAT"的研究会始于 1985 年。

(8) JOC 评选委员会将于 17 日汇总一份评估报告。据悉,从对两个城市进行的当地调查结果来看,东京的印象分较高。而体育团体单独汇总的报告打分结果,认为福冈较好的有 14 个团体,倾向于东京的团体则为 12 个。

(9) 奥运强化训练委员长泽木启祐表示:"与其向大会组委会咨询,还不如近距离直接考察来得更有效。雅典奥运前的那次考察是主观调查,这次则希望能带回一些更为客观的数据。"考察团将体验 8 月警戒中的北京可能出现的酷暑天气,并测定相关数据。如果可能,考察团还计划测量马拉松比赛路线的地面硬度,这关系到日本女子马拉松选手能否实现三连冠。

(10) 小泉在官邸前回答媒体提问时表示,"决不能封锁言论自由。必须让国民普遍知晓。有必要提醒各方对言论自由的重要性引起重视。"

セクション2　文章の中文日訳と日文中訳

A. 中訳日

　大学一年生の時、学校では運動会が開かれましたが、彼女たちの学部からは水泳種目にエントリーする者がいませんでした。どこから聞きつけたのか知りませんが、伊文が以前中学高校時代に学校の水泳チームのメンバーだったことを知り、級長は彼女をひっぱり出しにきました。伊文は最初、あまり乗り気ではありませんでした。中学高校ではまだどうにかごまかせたものの、大学では人材がひしめきあっています。成績をあげられなければ自分の面子がつぶれるだけでなく、学部の恥をさらすことにもなると彼女は思ったのであります。しかし、級長は口が達者で、彼の「おだてたりすかしたりの口車」に耐え切れるものではありません。伊文をあっさりとくどき落としてしまいました。競技の結果というと、学部に準優勝をもたらしました。それ以来、級長はこのひかえめな上海出身の女学生に注意を向け始めるようになりました。図書館や学生食堂、あるいは書籍スタンドで彼女に出くわすと、いつも積極的に彼女のところへやってきて挨拶するようになりました。級長は河北省の廊坊出身でした。廊坊は北京からそうとおくなくて、したがって、級長は北方人の風格を十分にもっていて、身体ががっしりとして大きく、そのうえ、北方人の豪快でさっぱりとしたところをそなえていて、上海出身の一部の男子学生たちのようにねちねちとしたところがありませんでした。級長は

非常に有能で、学生間や学部内、そして、学生自治会の事務や関係をうまく処理していました。やがて徐々に伊文のほうでも、自分が無意識のうちにしきりと級長のことを気にしているのを感じていました。

B. 日訳中

广场上人很多,多数人在放风筝,我也买来一只很普通的风筝,加入到放风筝的人群。

风筝还没起飞,妻和儿子早已神采飞扬,儿子望着满天的风筝,急得直跺脚,我赶紧系好风筝,拉紧线,怎奈风筝就是赖着不动,急得我满头大汗。

还是妻子聪明,将两端的竹条向外一拉,风筝真的飞起来了,儿子高兴得直跳:"看,还是妈妈聪明。"

妻子得意地将风筝越放越高,全然不顾儿子的抗议,最后儿子使出了杀手锏,坐在地上哭了起来,妻子这才意犹未尽地将风筝线交给儿子。

许久没见妻子玩得这般忘乎所以,竟然将她视为生命的宝贝儿子给抛到了脑后,脸上露出灿烂的笑容,一如春天般美丽。

第六课　把握语句的意义结构

セクション1　文と小段落の中文日訳と日文中訳

A. 中訳日

(1) 床前月光を見る,
　　疑ふらくはこれ地上の霜かと。
　　頭を挙げて山月を望み,
　　頭を低れば故郷を思ふ。

(2) 同時に、政府から民間まで伝統的な物事に対する考え方とやり方を変える苦痛を耐えなければなりません。したがって、詐欺や借金を踏み倒すことなどのような信用を失う行為が頻繁に起きています。

(3) 信用を失うと、取引のチェーンが切られ、市場経済が動けなくなってしまいます。だから、普遍的な信用を守る行為は取引ができ、経済が回転できる前提であり、あらゆる企業が社会に立脚する必要条件でもあります。

(4) お歳暮やお中元は日ごろお世話になったんへの感謝や、何かのことで手数をかけた人へのお詫びといった気持ちの現われですから、私は必要だと

思います。相手を思う気持ちはあくまでもお歳暮やお中元に託しているだけのことですから、堅苦しくさえ思わなければ、負担にはならないはずです。

（5）これらは皆アジア太平洋地域経済勃興の豊富な物質的基礎になっています。しかし、資源上の優勢はただ経済発展の根拠であり、経済を本当に発展させるには、うまく資源を利用し、その効力を発揮させなければならず、これは人の主動性と積極性と創造性に頼らなければなりません。

（6）ある人が言うには、今後長い間、もしかすると、私たちはもう二度と五星紅旗がW杯の競技場で翻るのを目にすることはないかもしれない、中国がホストカントリーになる以外には、そう、それ以外は。しかし、ホスト役を務めるのもけっして容易ではありません。ホストはおいしい料理を出さなくてはならないのです。そうでなければ、ただ恥をさらすことにしかならないでしょう。

（7）小泉首相は今年8月15日に以下のように述べています。第二次世界大戦で、日本は多くの国々、特にアジア諸国の人々に巨大な損失と苦痛を与えました。彼は日本の国民を代表して深刻な反省を表し、また犠牲した人々に哀悼の意を謹んで表しました。しかし、この話をした小泉さんは繰り返して靖国神社を参拝しましたが、これはアジア諸国の人々の感情を傷つけたのみならず、中国と日本が軍事的安全の分野で予定する重要な交流が見送りになりました。これは、安全の分野における相互信頼関係は正しい歴史観に基づかなければ、つくることが困難的であることを表しています。

（8）怒った時は、とかく理性を失いやすく、人を傷つけるようなことを言って、家族や友人との間の感情を損ねてしまいます。さらには、健康を損ねてしまうことさえありえます。だから、もしも怒らないですむのなら、怒らないにこしたことはありません。でも、もしも本当にキミを怒らせるようなことがあったときには、それを心に押し込めてしまわずに、落ち着いておだやかにそれを話し、キミの感じていることを表現してみてごらん。ひょっとしたら、そうするほうがかえってストレスが軽くなり、キミも楽しい気分になれるかもしれませんね。

（9）豆腐は親指大の大きさの小さな角切りにし、牛肉は切り刻んでこまかくミンチにします。にんにくの芽は短い長さのぶっきりにします。菜種油を熱した鍋に入れて熱くなったら、牛肉のミンチを入れて炒めます。更に豆板醤を入れさっと5～6回炒めまぜ、すぐとうがらし粉を入れて1～2回鉄べらで

すばやく炒めまぜます。続いてすぐ温湯を半カップほど加え、豆腐をあけ入れ、豆豉を加え、濃醤油を上からかけます。そっとへらで返し、グツグツ沸いてきたら、弱火に変え、続けて約15分煮ます。

(10) 日本のバンダイナムコはこのほど、上海市公安局黄浦支局に対し、金色の限定版「ユニコーンガンダム」と「法律執行・権利保護先鋒、知的財産権の護衛」を讃える横額を贈呈し、警察職員が違法者を逮捕したことに感謝しました。ネットユーザーらは、「これらの外国企業は、『郷に入れば郷に従う』をかなり理解している」と感嘆のコメントを寄せています。これは、おそらく小さな事だが、背後にあるシグナルは極めて重要なことです。つまり、中国はさらに開放規模を拡大しており、ビジネスを取り巻く環境もますます良くなっていることを示唆しています。

B. 日訳中

(1) 利率是由资金的供求关系确定的。但利率上下波动,会影响资金的供求,使景气等经济活动发生变化。中央银行的金融政策就是通过这种利率的作用来稳定物价和景气的。

(2) 目前,在东亚,无论主观意愿如何,事实上的经济融合正在进行中。随之带来了制造业转移到国外的弊端,同时,从同一种变化中也必然会产生一定的好处。如何吸纳这些好处正成为今天日本面临的重要课题。

因此,努力提高制造业的竞争力固然重要,但同时更应该把视野扩大到更加综合的国际收支的金融操作上,并致力于作好以下几项工作。

(3) 的确,后来发展的各国可从先发展的各国吸取失败的教训,仅这点就在系统开发上占优势,但是经济上最重要的事情就是是否有效地实现了适合本国的工业开发以及担当人才的开发,而且在有限的财政和资源分配中,是否得以平衡发展,这些都是课题。

(4) 各式各样的体育事业正在蓬勃发展。说到体育,人们既可以通过亲自参与,也可以通过观看别人运动从中取得乐趣。无论怎样,普遍受到大众欢迎的运动项目应该要数棒球和足球。但是大相扑的赛事也是长盛不衰。特别是它具有作为一种"可观赏运动"的魅力,相扑运动在女性当中颇受瞩目。虽然历史悠久,但它的规则简单易懂,再加上入场式等仪式因素、裁判的服饰、相扑选手艳丽的兜裆布等等这些奢华耀眼的一面,恐怕也是其备受欢迎的原因吧。

(5) 我在美国已经生活了两年多,而且这十年来一直翻译英文小说,自然有

一定的英语会话能力。但说老实话,我很不善于同一直说英语的人聊天。我日语也说得不太好,有时越说心情越沉重,而使用英语时也同样如此。所以,很少产生主动说英语的愿望。无须赘言,我这种人的英语会话能力很难进步。

(6) 因为高度的经济增长而受国际关注的日本经济体系也规定了这样的学校教育。而且,作为雇用惯例,终身雇佣和以资历决定职位的制度占主导地位,因此,一生的命运受到毕业时就职决定的支配,这造成了影响学校教育整体的惯例。

(7) 由于汽油价格一路攀升,较为省油的小型车在全球市场上的需求不断增长。为了应对这一变化,铃木公司近25年来首次决定在日本国内新建汽车工厂。

在新厂投产之前,该公司计划06年度将国内工厂的轻型车产量减少3万辆,同时增产6万辆价格高于轻型车的出口用小型车,07年度将再减产3万辆轻型车,增产3万辆出口用小型车。

(8) 不用胶卷的数码相机(俗称数码机)热已持续了好几年。然而,掀起这股热潮的却是1995年出售的像素(将通过镜头的景象转变成电子数据的物质。数值越高,成像纹理越细)值为二十五万左右的机型。拍摄出来的照片之美,令使用普通胶卷相机拍摄的照片望尘莫及。总之,可以说它是为在个人电脑上运用画像数据的人而开发的一种机器。

(9) 提起过年你会联想到什么?如果是小孩儿,一定会异口同声地说"压岁钱"吧。令小孩儿兴奋的压岁钱对大人来说有时会成为一种烦恼。给多少?给到多大才好?现在经济不景气,不要把压岁钱看作是义务,跟孩子们一起重新讨论一下给的方法和使用方法,怎么样?

(10) 据路透社报道,哈塔米将于9月7日在华盛顿国家大教堂举行的题为"文明间的对话"集会上发表演说,但并未有会晤美政府要员的安排。此外,他已决定在访问华盛顿之前前往纽约,出席联合国的相关会议。

哈塔米作为伊朗改革派,历任两届伊朗总统,任期八年,于去年8月离任。本月27日,哈塔米为出席世界宗教者和平会议(WCRP)访问了日本京都市,并在记者招待会上呼吁所有国家和人民应携手推进"文明间的对话"。

セクション2　文章の中文日訳と日文中訳

A. 中訳日

　　ソーシャルワーカーは、先進国では千人に六人の割合でいるそうですが、上

海では今まで、浦東地区(テスティング地域)を除いては、正式のソーシャルワーカーはまだいません。いま、中国では、上海が先頭を切って、ソーシャルワーカーを誕生させようとしています。それは、中国初のプロフェッショナルなソーシャルワーカーです。

ソーシャルワーカーを誕生させることは、上海の「大民政」の体制における社会救済、コミュニティ建設、社会福祉、社会的人員配置及び民間組織管理等の仕事の中の最も重要な構成部分です。ソーシャルワーカーは、助けを求める相手と心の対話を通じ、人々を困難な状況から脱出させると同時に、政策的な事柄や専門知識に対するコンサルティングも行います。ソーシャルワーカーは人と人の間にある「ブリッジ」のようなものです。例えば、専門的視点から教師と学生、子供と親の関係を調節し、医師と患者の立場上の矛盾を緩和します。今では、ソーシャルワーカーという仕事のポイントは上海市政府の「政府が積極的に推進する、コミュニティが自主的に運営する、社会の各方面への参与」という総合的な考え方に基づいて展開されています。具体的には、主に毒性薬物の禁止、コミュニティ教育地域青少年の管理教育を突破口として、多様化される社会に対応する体制を形成し、各自がその仕事に携わり、総合的調整という新しい局面を創り出します。それによって犯罪を防止し、減少させていくことを共同で行っていきます。

現代社会にはソーシャルワーカーは欠かせません。これから日常生活の中の矛盾や対立を減らし、社会の平和を保つことは、ソーシャルワーカーが取り組んでいくことになります。ソーシャルワーカーは政府に替わって、青少年の教育に関わる仕事をします。また、お年寄りの世話をし、失業者の就職斡旋も行います。今後は、コミュニティにおける細かい仕事にも、ソーシャルワーカーの後姿を頻繁に見ることができるようになるでしょう。ソーシャルワーカーの組織は、地域の住民及びその家庭にさまざまなサービスを与える仕事を行います。外国の経験を見ますと、多くのサービスの内容は最初に住民側の求めに応じて行われたもので、その後、その内容が充実されたのち、政府がそれを政策として取り上げることになります。勿論、中国では、ソーシャルワーカーは始まろうとしたばかりで、人手不足や力の及ばない現状に置かれていますが、今後はますます大きくなっていくことだろうと信じています。

一方、ソーシャルワーカーはボランティアとは違って、どんな時でもどこでも人のために働くというわけではありません。つまり、今日は目の不自由な

人のお供をする、明日は孤独な高齢者に窓拭きのサービスを行うことではありません。理性化、組織化された専門職として人を助けていくことがソーシャルワーカーの仕事なのです。

マクロ的に見れば、今の世の中は商品が溢れる時代と言えます。つまり、人々は物質を求めることにすでに「飽和感」を持っています。人々はさらに高いレベルの満足を求めています。言うなれば、それは精神面におけるサービスを提供することだと言えます。例えば、<u>人間関係の整理</u>、<u>行動の指導</u>、<u>感情の交換</u>等ですが、政府は国民のすべてのことに責任を持ってやることはできません。片親の子供の教育問題、孤独老人の日常生活、身体障害者の社会活動…とにかく、<u>政府の力の及ばないところに</u>、<u>ソーシャルワーカーの専門的職能を生かすことができる場所があるのです</u>。

B. 日訳中

又是春天,窗子可以常开了。春天从窗外进来,人在屋子里坐不住,就从门里出去。不过屋子外的春天<u>太贱了</u>！到处是阳光,不像射破屋里阴深得那样明亮;到处是给太阳晒得懒洋洋的风,不像搅动屋里沉闷的那样有生气。<u>就是鸟语</u>,<u>也似乎琐碎而单薄</u>,<u>需要屋里的寂静来做衬托</u>。我们因此明白,春天是该<u>镶嵌在窗子里看的</u>,好比画配了框子。

<u>同时</u>,我们悟到,门和窗有不同的意义。当然,门是造了让人进出的。<u>但是</u>,窗子有时也可作为进出口用,譬如小偷或小说里私约的情人就喜欢爬窗子。所以窗子和门的根本分别,<u>绝不仅是有没有人进来出去</u>。若据赏春一事来看,我们不妨这样说;有了门,我们可以出去;有了窗,我们可以不必出去。

第七课　依　序　整　理

セクション1　文と小段落の中文日訳と日文中訳

A. 中訳日

(1) 少し高みから見ると、中日関係の未来には多くの選択肢が存在します。一番目は、日本が米国と同盟の関係を強め、<u>中国と対抗します</u>。二番目は、<u>つかず離れず、腹を探り合い、不意打ちを食らわします</u>。三番目は、<u>中日協力</u>、両国と東北および東南アジアの繁栄を共に促進します。二番目は実際には過渡的な状態で、一番目に行かなければ三番目に転じます。つまるところ、

中国にとってどれが有利かは、言うまでもありません。

（2）教育部の関係者は、「減負」作業は、以下のようにうまく取り扱わなければならないと指摘しています。

まずは、「減負」作業と教育管理の強化及び教育の質を高めることとの関係です。つまり、勉強におけるある程度の負担は、学生の成長と学力の発達との促進力を高めることであることから、「減負」作業の内容は、あくまでも学生の身心の発達や全人教育を妨げるようなものを減らすことであって、決して教育の質を落としてはならないのです。

次は、「減負」と試験の関係です。もちろん、受験制度を改革するにあたっては、試験の内容や方法を見直していかなければなりません、そのことは、「減負」の重要な課題の一つです。しかし、だからといって、「減負」は試験を取消すことではありません。「減負」は試験の回数を減らし、その代わり、試験の内容を充実していくものでなければならないのです。

最後は、「減負」作業と学生の根気強さ、刻苦勉励の精神を養うことの重要性を考えることです。「減負」は学生に、より多くの発達の思考の時間や空間を与え、創造性と実践力を培う機会を作り、それによって、学生の研究能力や探求の力を育てていくのが目的です。

（3）管理者の仕事は大きく分けて三つあります。一つ目は「企業全体若しくは統括する部門や部署の目標を明確に定めること」、二つ目は、「その目標に即して適切な実行方法を指示し、部下にやらせること」、そして三つ目は「その結果を適正に評価し、課題を明確にすること」です。英語で言えば「PLAN」、「DO」、「SEE」です。この三つが繰り返されて、徐々に高い目標を立て、実行していくことこそが企業成長につながるのです。

（4）最近、言語学習において「二つのブーム」があります。ひとつは中国人の英語学習ブームで、ひとつは外国人の中国語学習ブームです。

（5）日本の多くの企業で行なわれている長期的雇用慣行は次の2点に大きく関連しています。第一は、とくに大、中企業では、長期的な観点から従業員の育成を行なっていることです。第二は、全雇用期間を通じて、従業員の賃金カーブを設定していることです。その2点は年幼序列型の賃金体系を生む基盤となっています。

（6）第二次世界大戦後の日本経済の発展は、三つの段階に大きく区分することができます。第一は戦前水準への回復期、第二は高度成長期、そして第

三は安定成長期への移行期です。

（7）日本経済の基本的な課題を述べると、(1)発展途上国や未開発国の発展に技術や経済面で協力、支援し、(2)自国の市場を世界に開放することで、世界の平和と自由貿易体制の維持に貢献することに尽きます。

（8）セールスマンというのは、品物を売っただけでおしまいだというわけではありません。あらなければならないことは他に二つあります。一つは市場調査の結果、或いはセールスを通じて収集したデータから、消費者が要求している品質がどのようなものであるかをつかんで、設計や生産部門にフィードバックして、その要求に合う品質の品物を造ってもらうことです。もう一つは、販売した製品の使い方などについて、消費者に対して、十分な指導を行わなければなりません。

（9）日本国内の重要課題としては(1)産業、社会の構造的変革を調整して開放経済への基盤をつくること、(2)国内市場を拡大し輸出への依存度を減らすこと、(3)科学技術を振興させること、とくに世界に貢献する基礎技術こ開発することなどでしょう。

（10）従業員を評価するとき、次のようなことに注意したほうがいいです。① 技術力の評価を第一とする。② 全局的な意識があり、同僚たちと協調できること。③ 何でも見てやろう、やってみよう、というように、未知の分野に強い興味をいつも持っていること。④ あしぐら失敗しても、くよくよしない。部分的には分からない点が少しくらいあっても、ともかくやってみよう。不都合があったら、そのとき改めていこうという積極ゆ生を持つこと。⑤ 日ごろ、自己研修のために勉強する習慣を身に付けて、計画的に着々と実行すること。

B. 日訳中

（1）我的基调报告由三部分组成。第一部分，日中邦交正常化的意义是什么；第二部分，回顾正常化后30年的发展历程；第三部分，今后的日中关系应当如何，下面就这些内容进行论述。

（2）为防止在飞机内吸烟以及对机组乘务员使用暴力或进行性骚扰这种"飞机内不良行为"的发生，通过了一项航空法修正案。修正案把妨碍飞机安全飞行的恶劣行为视作"妨碍安全行为"，并列举了具体项目：① 在洗手间内吸烟，② 使用手机等其他电子通讯设备，③ 起降时不系安全带，④ 把手提行李放

在过道上,⑤起降时不把座椅和小桌子放回原处。

（3）关于日韩之间建立FTA的讨论正是在日韩关系得到进一步改善的背景下开始的。建立FTA的好处有以下几点。①将形成拥有1亿7千万人口的统一市场；②竞争的激化会促进经济效益的提升；③开放市场和努力调整国内制度将促进经济结构改革等。

（4）最近几年,东亚地区的多边合作,以及可称为亚洲地区主义发展的动向正活跃起来。这是出于所谓的经济合作和地区安全保障合作这两方面的发展进程。首先,经济合作走在了前面。1967年东盟的成立和1989年APEC(亚洲太平洋经济会议)的问世就是其典型。从这些组织参加成员国的增加、功能和作用扩大的过程可以看出,以经济合作和经济相互依赖为基础,今天,在这一地区,区域合作体系和机制已经发挥非常重要的作用。

（5）报纸报道说,现在是"日本的第三次门户开放"。第一次是黑色外国轮船的到来(1853年),第二次是第二次世界大战战败后美军对日本的占领,第三次就是这次的大米市场的部分对外开放。这虽然是报纸的夸张表达,但对日本的农民来说,似乎还嫌说的不够。对于已经习惯了政府过分保护的他们来说,与外国米在质量和价格上的较量,是相当严酷的,这一点恐怕是确定无疑的。

（6）关于农产品,丹尼斯会议主席的调整案严求满足以下三个方面：一、1986~1988年进口量不满国内消费量的3%；二、上述期间不给予出口补贴；三、采取有效的生产限制措施。如果能满足上述三个条件,允许从1995年起暂缓征收6年的关税。

（7）演说大纲还决定了以下内容：①在宪法规定的范围内积极进行联合国的维护和平工作；②在解决裁军、核武器不扩散、开发、人口、难民、人权、毒品、艾滋病等问题方面,积极作出贡献；③积极参与联合国的改革,要求削除联合国宪章中有关旧敌对国家条款的内容。

（8）从"とたん(に)"的成立条件来看,名词的语法化有四个特征。
首先是层状化。其次是分歧。第三个特征是特殊化。语法化的第四个特征就是"保存"。

（9）来看一下日语在表达、语法方面的主要特征。
第一、日语中关于物品交换的词语非常多。
第二、日本人区分事物。其区分方法很有特色。
第三、关于日语动词表达、自动词的表达很多。
表达的第四个特色就是避开明确表达。

第五就是日语表达没有逻辑性。
表达的第六个特色就是最重要的内容直到最后才出现。
(10) 中年人离婚有以下几个特点。
首先，夫妻间开始考虑离婚问题的是妻子一方。
特点之二，在由妻子提出离婚要求的家庭中，多数男性属于"公司人"。
现在，妻子在经济上无需依赖丈夫也好引起离婚，这也是中年人离婚的另一个特点。
最后一点，也是最重要的一点，那就是妻子的"人生价值"观。

セクション2　文章の中文日訳と日文中訳

A. 中訳日

ラジオ放送台詞

　ご来賓のみなさま、上海友誼商城へようこそいらっしゃいました。上海友誼商城は買い物、レジャー、飲食娯楽を一体とする総合的なファッションデパートです。私たちはお客様のみなさんに暖かいサービス、すばらしい商品と理想的なショッピング環境を提供いたします。存分に買い物を楽しむことができます。

　商城には七階の売り場が設けられ、各種類の商品を提供しています。男女のファッションブランド、工芸品など、取り扱い商品は10万余りに達しております。このほか、飲食施設、大型ゲームセンターなどをとりそろえております。

　一階は主に有名ブランドのプレゼント用品、化粧品、宝石類、金製品、ダイヤモンド、金ペン、時計、タバコ、お酒、栄養食品、デジタル家電などを展示しており、そのほか、オリンピック関係商品売り場、屈臣氏（ワトソンズ）、ケンタッキとパリ三城などの専門店コーナーも設けております。

　二階は主に紳士服、男性用の靴、皮製品、スポーツウェア、ジーンズ、シャツ売り場のほか、ソワカ菓子店などもございます。

　三階は主にレディースファッション、女性用の靴、高級下着、装飾品、カシミア製品、ハンドバッグ類などをそろえております。

　四階は主に玉器、象牙、彫刻品、扇子、刺繍、カーペット、西洋工芸品、工芸プレゼント用品などを展示しております。この階の輸出商品コーナーでは中国の特色ある旅行記念品、各種シルク製品などすばらしい商品を選ぶことが

できます。
　五階は主に工芸品、収蔵品、有名書家・画家の書画、焼き物、骨董品、明清家具、盧正浩茶館などがございます。
　六階はレストラン福記、「御花園」となっております。
　七階は大型ゲームセンターです。
　一階の売り場には特にVIP会員用の受付室、育児室が完備され、そこでゆっくりお休みになることができます。
　また、多種類の外貨の両替業務、英語・日本語・フランス語・イタリア語・スペイン語のショッピングガイドなども提供しております。また、郵送、海外宅配、服のオーダー・メード、オンラインショッピング、骨董品の鑑定、通信販売、印鑑の彫刻、駐車サービスなどもご提供しております。
　温かさと安らぎを提供する友誼商城。
　みなさま、上海友誼商店でごゆっくり買い物をお楽しみください！

B. 日訳中

　许多航天工作者认为，在载人航天的成功面前，应当看到我们在航天开发领域与发达国家存在的差距与不足。
　一方面，在载人航天领域，美国、俄罗斯领先多年，已经迈入航天飞机时代，正在进行星际探测。航天技术吸引了越来越多的国家、跨国公司和非政府组织参与，一些私人公司也在实施载人航天计划，并研制出了样机，计划在近年内将飞船送上太空。另一方面，世界科技发展突飞猛进，而我国科技水平尽管有所提高，但在一些核心技术上仍然受制于人，和印度、巴西等国一起被列入"科学边缘国家"，在"科学核心国"、"科学强国"、"科学大国"、"科学边缘国家"和"科学不发达国家"五个层次中位居第四。

第八课　疑問意識

セクション1　文と小段落の中文日訳と日文中訳

A. 中訳日

　（1）米政府は、ワシントンでの集会への参加を予定しているイランのハタミ前大統領に対し、査証（ビザ）を発給する方針を固めました。国務省当局者が二十八日、共同通信に明らかにしました。

訪問が実現すれば、一九七九年のイラン革命を機に両国が断交して以来、ワシントンを訪れる最高位のイラン人となります。イラン核問題をめぐり緊迫した状況が続く中、ハタミ氏の言動が注目されそうです。

（2）上海市対外経済貿易委員会（上海市外国投資委員会）が編集を負って、市発改委、市経済委員会、市科学技術委員会などの20余り関連委員（会）、局は編集に参与して、『2006上海外商投資環境白書』は正式に発表しました。中国共産党上海市委員会常務委員、上海市副市長周禹鵬は直接編纂することを指導して、そして、序文を書きました。

（3）1945年10月、国連が誕生しました。第二次世界大戦が終わって二ヵ月後です。「これからは平和な世の中にしよう」と、最初は51ヵ国が加盟しました。似た組織は戦争の前にもありました。第一次大戦後にできた「国際連盟」です。でも、米国は参加せず、第二次大戦も防げなかったため、反省のうえで作られたのが現在の国連です。加盟国は次第に増え、今では191ヵ国になりました。

（4）統計によると、什刹海の周りがいちばん賑わった折には、1日当たり平均して900人近くに達していましたが、放流活動が始まってからの数ヵ月は200人あまりに減ってきていました。そして、一昨日の活動の現場において、釣り人の姿が見たことも聞いたこともないことに消え失わせたのでした。放流活動に参加したことのある子はどの子も、昨日の現場の様子を目にして、「今やついに釣りをする人はいなくなったんだ。私たちの行動が勝ち取った成果だよ。」と、心より誇らしく感じない者はいませんでした。

（5）一般の学生は教員のように直接、書庫に入れませんでしたが、貸出しカードを出しさえすれば、職員が数分のうちに中から本を探してきてくれ、外の閲覧室で、たとえ授業の合間の一時間だけでもゆっくり読むことができます。

（6）「山里」が生まれ変わります。2006年5月より、装いも新たに「山里」がオープン致します。今まで以上にひとりひとりのお客様を大切に、山里が趣き豊かにリニューアルいたします。プライベートな空間を重視したホール席、それぞれに異なる日本の文化を表現した個室、安心感と落ち着いた高級感のある寿司カウンターを新設いたしました。

お客様の目的に合わせ、プライベート感あふれる空間で旬の素材と匠の技が織りなす会席料理の真髄をご堪能ください。

(7) 企業規模と致しましては、資本金113億9 800万円、社員数約1 500名、内、約100名は世界29ヵ国、地域の現在法人・支店・駐在員事務所に常駐しております。年間取り扱い高は7 000億円であります。

(8) この酷暑の時期、特におすすめするのはオランダと米国のブランドビールです。炎天下の夏にはこれらのビールが、新鮮感をもたらしてくれることでしょう。

(9) 寿司はさっぱりした味でも栄養豊富で、炎天下の夏にはぴったりです。又、手造りの食材と有機野菜を使用してヘルシーなサラダ巻きがお薦めです。

(10) 東京では、過去の100年間に平均気温が約3度上昇しました。これは、過去1万年間に見られた気温の上昇速度を上回る驚異的な数値です。

B. 日訳中

（1）现已宣布引退的日本世界杯国家队主力中田英寿4月在东京北青山开设的一家名为"nakata. net cafe"的咖啡馆于16日停业。当天营业结束后，该店举办了一个仅限150名中田官方网站会员参加的纪念活动，而中田本人也通过电话"远程参加"了活动。

（2）鉴真和尚与唐招提寺东山魁夷作品展17日在上海开幕。国宝"金龟舍利塔"及其内藏的舍利自从被鉴真带到日本以来，首次重返中国故土。日本画家东山魁夷花费11年制作的68面"唐招提寺御影堂障壁画"也将首次在中国展出。

（3）日本外相麻生太郎10日决定，将于本月21日正式宣布参加自民党总裁选举，并公布他的竞选纲领。据悉麻生的目标是建设一个"精简温和的政府"。

（4）一场名为"巴黎泼水行动"的活动16日在巴黎市中心的广场拉开帷幕，该活动旨在于向巴黎市民介绍日本等地的"泼水"习俗，从而对抗仲夏的酷暑以及全球气候变暖现象。

（5）据伊朗石油部经营的一家通讯社报道，负责开发伊朗阿扎德甘油田的伊石油开发技术公司总经理巴扎尔干27日就推迟开发一事，对在该工程上拥有权益的日本国际石油开发公司表示不信任。巴扎尔干表示，"如果在9月15日之前仍无法达成一致，那我们将尝试与中俄等国家进行共同开发。"

（6）据路透社等媒体报道，美国国防部长拉姆斯菲尔德27日在同出访阿拉斯加州的俄罗斯国防部长伊万诺夫会谈后举行了记者招待会。据拉姆斯菲尔

德透露,美国目前正在讨论一项计划,把一部分搭载核弹头的洲际弹道导弹(ICBM)换成常规武器弹头,使其成为常规武器以先发制人打击恐怖组织。

(7) 由日本政府与冲绳县、名护市等相关地方政府组成的普天间协商机构29日上午在首相官邸召开了首次会议,就驻日美军整编中的美军普天间机场(冲绳县宜野湾市)向施瓦布军营(名护市)沿岸地区迁移一事举行了协商。

(8) 据12日发行的德国《法兰克福汇报》报道,因小说《铁皮鼓》成名、并荣获诺贝尔文学奖的德国作家君特·格拉斯(78岁)在接受该报采访时透露自己曾加入纳粹党卫军(SS)的经历。

(9) 传说日本武将丰臣秀吉曾穿过的华丽战袍日前被修复一新,21日这件战袍在秀吉的正室宁宁修建的高台寺(位于京都市东山区)向媒体亮相。据悉这件无袖外罩以一块波斯制织锦为原料制作而成,距今约有400年历史。

(10) 美国宇航局(NASA)22日宣布,全新载人宇宙飞船被命名为"猎户座"(Orion)。这一命名源于人们熟悉的猎户座新飞船将接替于2010年退役的航天飞机。

NASA计划于2014年实现"猎户座"飞抵国际空间站(ISS),于2020年将最多4名宇航员送上月球。

考虑到飞船返回时进入大气层的安全性,"猎户座"采用了与二十世纪60～70年代成功登月的"阿波罗"号宇宙飞船相似的密封舱型,并将运用计算机和电子科技的最新技术进行操作。

"猎户座"直径约为5米,容积约是"阿波罗"号密封舱的2.5倍,一次可将6名宇航员送至国际空间站。

セクション2　文章の中文日訳と日文中訳

A. 中訳日

　　私が丸善を知ったのは、1934年ごろのことでした。当時私は北平で高校生でしたが、米国人の運営する教会学校にいたため、いささかな外国の文学書を渉猟することができるようになっていました。当時、北平の東安市場には幾軒か洋書の古本屋があり、私はしょっちゅう入れ浸っていましたが、そこで売っている外国書はすべて、日本の丸善から大量に仕入れた廉価本だったそうです。私の兄の賈芝とその学友の朱顔(錫侯)は中仏大学孔徳学院に在籍しており、その頃からもう東京の丸善とは通信販売で書籍を購入する関係ができていました。この書店の顧客サービスは本当にすばらしいことでした。

書店に手紙を書いて、自分の専門と好み(私の場合は哲学、社会科学ととりわけ文学方面のことである)を知らせさえすれば、先方は随時それにあわせて新刊情報を送ってくれるのであります。廉価本の売り出しがあれば、即座に書名リストを送ってくれ、これらの選択に任せたうえ、買おうとするのが新刊書か廉価書かに関らず、購入書名リストを返送しさえすれば、すぐさまその本を贈ってくるのであります。実物をざっと見て、買うと決めたら、それから本の代金を送金し、気に入らない場合は、一定期間内であれば返品ができ、しかも、送料はすべて書店持ちでありました。この書店はまるで、自分を信ずるがごとくその読者を信じていたのであります。丸善の扱う書籍の語種は、ロシア語と中国語を除いて、世界の各言語の出版物を取りそろえており、何でもあると言ってよかったのです。目録に入っていないような本は、丸善に代理購入を依頼すれば、早速出版地に買い入れを申し入れてくれ、期待を裏切ることはありませんでした。兄の賈芝、その学友にして後に私の友人ともなった朱顔、この二人の英語、仏語の蔵書はほとんどすべて、丸善の通信販売というルートを通じて買い集められたものでした。その後、私が来日し、ほどなく朱顔もフランスに行ってしまうと、兄のために丸善で本を買うことが私にとってほとんど日常茶飯事のこととなりました。

B. 日訳中

住友金属工业公司的全资子公司、日本高级陶瓷器制造商鸣海制陶公司(名古屋市)29日宣布，将与中国国际信托投资公司CITIC集团的投资基金"CITIC Capital Partners"合作，于下月实施管理层收购(MBO，指公司的经营者收购本公司从而成为公司所有者的一种行为)。

鸣海制陶计划从业务集中转向钢铁行业的住友金属集团中独立出来，并把事业转向发展势头良好的领域。公司计划进军玻璃食具生产领域，并在中国、印度等国开辟海外业务，力争在3至5年后成为上市公司。

"CITIC Capital Partners"与该公司管理层将持有对90%已发行的股票。其中，预计管理层将取得10%至15%的份额。收购价尚未对外公布。今后两年内住友金属将继续持有剩余的10%股份。

鸣海制陶公司2006年3月期的销售额约为110亿日元，经常性收益约为6.5亿日元。

参考译文

第九课　抓住语句之间的修饰关系

セクション1　文と小段落の中文日訳と日文中訳

A. 中訳日

（1）年齢的にいえば、日本の場合20歳、中国の場合18歳になったら成人いわゆる大人ということになりますが、成人を迎えたからといって、必ずしも成人に相応しいことをするとは言いきれません。年齢的に大人の仲間に入ったんでも、精神的には子供っぽかったり、考え方が幼稚だったり、自分のしたことに対して責任を持てなかったりする人も結構いますし、そんなんはとても真の意味での大人とは言えないでしょう。

（2）中国がWTOに加盟したことは、中国の金融業界にはかり知れない影響を与えます。金融業務の競争、金融業界の従業員の移動、金融業務市場の変化と金融商品などの開発という面だけでなく、中国全体の金融業界における金融運営システムへの改革と深化にも大きな影響があります。

（3）冷戦時代において、敵味方の「共通の安全保障」が生まれており、冷戦後には敵を想定しない協調的安全保障、或いは国連の集団安全保障を実現しようという努力が世界範囲で普遍的になってきているのです。この段階で、人類にとって安全保障上の脅威は、もはやこのような情況をはっきりと認識している責任ある国家ではなく、国家以外の「テロリスト」になってきています。「テロリスト」については、まだ世界中の責任ある人々に共通の「定義」が出来ているわけではないが、それによって生じる被害の大きさが認識されつつあります。

（4）秦大河は次のように述べています。この100年間で、地球の気候は、全地球的規模の温暖化を主要な特徴とする目覚しい変化をまさに経験しており、中国の気候の変化の動向は、全世界と大体において一致しています。

（5）101（号室の人）は訴状を起草し、裁判所に暖房供給会社を訴え、ボイラー室の騒音が大きすぎて住民の通常の生活に影響を及ぼしているので、損害を賠償し、ボイラーを改造して騒音を小さくするよう要求しました。

（6）1985年の5.19事件や、1989年の「黒い3分間」などは、その戦いを身をもって経験した選手や監督コーチたちにとって、また、中国サッカーとともに44年間、辛酸をなめ尽くしたサポーターたちにしてみれば、一つ一つの足跡

がすべて心にしっかりと刻まれ、いずれの挫折もがすべて成功に向けての必要な積み重ねであったのです。

（7）中国の科学者が先日次のように述べました。今後50年から100年の間に、中国の気候は温暖化が引き続き進み、華北と東北南部などの地域では、干ばつ傾向が続き、このことが自然生態系や社会経済に重大な影響を与えるものと予想されます。

（8）経済的に自立できないんは勿論真の意味での大人とは言いにくいですはど、仕事をもっていて、経済的に自立できても、精神的な面で大人のすべきこと、たとえばちゃんと税金を納めたり、自分のしたことに対して責任を負ったりしない人などは、やはり真の大人ではないでしょう。

（9）本格的なレッスンを受けた薛維迪（Wendy）は楽器も歌も堪能で、数々の有名歌手やミュージシャンと共演しています。毎週月曜日から土曜日21：00～23：45はスカイバーで、彼女のジャズミュージックに耳を傾けながらゆったりと時間を過ごしては、いかがでしょうか。

（10）オークラガーデンホテル上海が今年おすすめしているお昼のウエディングは、カップルにますます歓迎されています。スムーズな手配や夕方のウエディングと同様のサービス内容でお得な料金、今どきのカップルのご希望にピッタリです。海外帰国組の傅様と美しい新婦様は披露宴にガーデンを選択され、ファッショナブルなお昼のウエディングを挙げられました。

B. 日訳中

（1）格拉斯出生于当时的德国但泽市（现为波兰格但斯克）。此前他一直对外解释称，德国战败时他是一名国防军士兵，当时被美军俘虏。接受采访时格拉斯透露，为了"摆脱父母的束缚"，他在15岁时报名参加潜水艇部队但未被录取，直至17岁那年德国战败前才在德累斯顿加入了党卫军坦克部队。

（2）日本熊本市现代美术馆日前正在展示明治时期的相扑偶人（真人大小），生动地展现了顽强不屈的相扑力士们比赛的英姿。木制偶人由于使用了胡粉（贝壳磨碎后的粉末），因此，皮肤颇具质感，与真人十分相似。这些偶人盛行于江户末期至明治初期的民间演出场所，再现了一些史上著名事件和传说。

（3）16日晚在环绕日本京都市周围的群山上举行了"大字五山送神火"，这是给夏日的古都夜空增添亮色的传统节目。白天的闷热还未全部褪去，身着夏季和服的家人和游客便被这夜空中火光拼出的"大"字所陶醉。"送神火"是一

种传统活动,象征着送走在盂兰盆节期间迎来的先祖的灵魂,同时祈求无病消灾。

(4) 据17日出版的中国的《北京晨报》报道,在被指男女出生比例失衡的中国社会,2004年的出生人口男女比例为100名女婴对121名男婴。

(5) 精神紧张,通常是表示人际关系等方面的精神上处于紧张状态的学说,是一门研究分析因受伤、中毒、酷暑严寒、过度疲劳、生病等原因令身体感到危机时,大脑和肾上腺皮质发生联带作用,分泌出肾上腺皮质激素,克服危机过程的学说。

(6) 事实上,去年日本的国际收支已经出现一种新的迹象。即：由于原油价格的上涨,IT(信息技术)相关出口的急剧下降等原因,贸易收支大幅度减少,比前年降低32%。而另一方面,由于包括利息、红利等在内的所得收支增加了29%,两者相抵,基本持平。

(7) 猥亵行为、暴力事件等这些由教师引起的丑事在全国各地不断发生。有人指出这是教师的素质太差所致。在班级无法正常开展教学活动等问题堆积如山的情况下,作为确保能爱护孩子,且具有指导能力的教师的一种方法,东京都教育委员会决定亲自着手师资培训工作。表明从下年度起,以志愿当小学教师的大学四年级学生为对象,用一年的时间让他们参加教育实习。

(8) 听说投递邮包或挂号信时,发电子邮件通知出门在外的收件人,让他们去便利店领取的服务即将推出。此项服务的申请人得事先去便利店登记手机等电子邮件地址。需要收件人盖章的邮件将先被寄存在便利店的发送箱里,然后自动地用电子邮件通知收件人,收件人回家时只要去一下便利店就能随时领取。登记费每月一百日币,保管费一次一百日币。

(9) 如果在炎热的地方出汗过多或者腹泻的话,就会从体内失去大量的水分,出现神志不清或者抽筋等症状,甚至还可能危及生命。

(10) 现代社会越富裕,竞争也会跟着升级,每天都在担心不知哪天会被裁员、被解雇。所以人与人之间的关系搞得很紧张。这当然会引起精神紧张,一天也轻松不起来。

セクション2　文章の中文日訳と日文中訳

A.　中訳日

刑事が「午前中に、何人診察を?」と尋ね、華先生は、「半日に6人だけですな。」と答えました。

すると、刑事は言いました。「そいつはおかしい。午前中に計6人だけなの

に、覚えられないはずはない。それにこいつの人相なら、たとえ街でちらっと見ただけでも確実に一年は記憶に残るはずです。分かるようにいいましょう。こいつは先月、古着屋街で銃をもってある宝飾店を襲った、指名手配中の重要犯です。いわないのは、まさかこいつとつながりがあるんじゃないでしょうな。」

華先生、普段気性は穏やかでありますが、このことばを聞いたとたんかっとなり、バンッと机を叩きました。抜歯用の鉗子が、机の上でえらく高く跳ね上がりました。彼は言いました。

「わが華家三代、医を生業とし、病を治して人助けはしても、まだかつて良心にもとるようなことはしておらん。覚えておらんものは覚えておらんのです！こちらもはっきり言っておくが、もし人に危害を加えたというそいつがわしの目に入ったら、そちらから尋ねて来る必要はない。こちらから行く！」

刑事ふたりは歯医者が激怒して、白い歯をむきだし、歯茎まであらわにしているのを見て、これはうそではなさそうだと思いました。そして、しばらくためらった後、身を翻し帰っていきました。

B. 日訳中

　　17日根据日本警察厅的统计获悉，今年1～6月日本警方查获的网络犯罪案件为1 802起，较去年同期增长11.8％。上半年案件总数创下了自2000年该项统计有史以来的新高。特别是违反"禁止非法侵犯计算机法"的案件高达265起，大幅增长33.8％。另一方面，各地警方所受理的网络犯罪咨询案件数为30 565起，同比减少39.5％。警视厅认为有必要加强取缔，与网络业界进行合作，以努力防止此类案件的发生。

　　网络犯罪中最多的是利用互联网进行诈骗，同类案件共733起，同比增长9.1％，约占案件总数的40％，其中大部分犯罪行为都和网络拍卖有关。而在交友网站上以不满18岁的未成年人为对象进行儿童买春的案件总数为169起，同比增长18.2％。在网络拍卖中销售假冒名牌商品，违反"商标法"的案件总数达106起，同比增长112.0％。

　　在违反"禁止非法侵犯计算机法"的案件中，大部分犯罪分子都通过输入他人的ID及密码等识别符号侵入电脑进行犯罪，此外有1起案件涉及协助非法登录。受到警方取缔的总人数为63人，其中36人是10～20多岁的年轻人，而年

龄最小的只有14岁。

根据犯人获得识别符号的手段方式对案件进行分类后发现，有115起案件是由于<u>受害人</u>的设定和管理出现疏漏，导致罪犯从其ID就很容易推断出密码。此外，通过诱使他人登陆<u>假主页</u>骗取密码的案件总数也有102起。

第十课　掌握成语谚语等经典表达

セクション1　文と小段落の中文日訳と日文中訳

A. 中訳日

(1) 財をなすや自己の社会的責任を忘却し、<u>八方手を尽くして</u>脱税をしようとする金持ちがいます。

(2) ブルー、グリーン両陣営の戦いは実力が<u>伯仲</u>し、<u>五分五分</u>です。

(3) ある人は"経済のグローバル化は<u>諸刃の剣だ</u>"といった、というのは、経済のグローバル化は国々の経済にもっとひろびろした発展空間というチャンスを与えたと同時に、経済実力が割合低く、発展も割合遅かった後進の発展途上国に数々のチャレンジをも与えた、これは真面目に対応すべきであります。

(4) バリバリ仕事をする20代の社員より、古い知識の持ち合わせしかなく、会社内で<u>暇な時間をもてあましている</u>50代の社員が、高額の給料を手にします。

(5) 日本はこれまでアジアを軽く見てきた惰性があって、メリット汲み上げ方に<u>思いが至りません</u>。少なくとも<u>本腰を入れて</u>いない面が多々あります。<u>発想を改めて</u>手を付けるかどうかは我々の選択次第です。

(6) 動物が虐待されるのは見るに忍びないから、新しい医療技術も薬もいらない。病気になったらなったで、あえて運命には逆らわないというのであれば<u>話は別だ</u>が、そうでなければ、いくら残酷だからといって動物実験をやめることはできない。これは、<u>軽々しく反論できない</u>意見である。

(7) 大和路<u>屈指</u>の美しい仏、十一面観音は来るごとに少しずつちがった印象を与えてくれます。今度はなぜか指の美しさにひかれまてた。ふっくらと丸みをおびて、風のそよぎにもふと表情を変えてしまいそうな指先の繊細さに長いこと私は<u>みとれてしまいました</u>。

(8) 中国がWTOに加盟したことは、中国の金融業界には<u>かり知れない影響</u>を与えます。

(9) 今年の求人説明会に来ていた職場は少なくありませんでしたが、適当なところはどこもありませんでした。履歴書を一通りに提出してみたのですが、梨のつぶてです。

(10) 上海で働く外国人が増えるにつれ、さまざまな喫茶店やコーヒーショップのチェーン店も雨後の筍のように、次々と上海の街頭に現れました。

B. 日訳中

(1) 他是党内屈指可数的实权人物。

(2) 我小时候学习算是很用功的,但夏天常常和朋友去游泳池游泳,冬天溜冰,玩得很痛快,留下了很多美好的回忆。日语里有句谚语说,"要好好学习,好好玩。"当今的社会偏重学历,本来每天就是超负荷地在读书学习,休息天还要上补习学校,太残酷了。

(3) "秋高气爽"。10月的天空万里无云,街道两旁的树叶开始变色。这是山里果实成熟的季节,有柿子、葡萄、苹果、银杏、栗子、核桃、野木瓜等等。农家也结束了繁忙的收割,日本全国各地举行各种活动,感谢上苍赐予秋天的丰收。

(4) 日本没有像美国那样为了寻求哪怕待遇好一点的单位而换工作的风气。如果有人这么做的话,就会被指责为"轻浮"。

(5) 当列车从故乡的车站开出时,我透过车窗凝视着渐渐远去的、令我怀念的山峦和河流,心里感到非常痛苦。然而这一切仿佛就发生在昨天。

(6) 之后,日本也逐渐开始开发高品质的相机。不久,无论是在性能方面,还是在普及率方面都与欧美厂家并驾齐驱,之后更是略胜一筹。

(7) 到了我要去的餐馆一看,它也变成了与过去似是而非的高级餐馆。翻开菜单一看,令我怀念的家乡菜名的边上标着惊人的价格。

(8) 我喜欢"问是一时的羞耻,不问是一生的羞耻"这句话。与其封闭自我,听任无知,还不如在遇到自己解决不了的问题或有自己想要了解、想要学习的东西时,不怕难为情,大胆向人讨教,这是很需要勇气的,但决没有坏处。

(9) 在以红茶的传统引以为豪的英国正发生着巨变:以四家大型咖啡连锁店为首,十来家知名的咖啡专卖店先后开张,相互间展开了一场激烈的交锋。

(10) 我们的确生活在消费社会中,并且把我们生活中的大量时间花在消费上。但并不能因此就认为我们生命的全部就是消费。消费也不是我们的目的。作为消费者生活只是我们全部生活与人生的一部分而已。

セクション2　文章の中文日訳と日文中訳

A. 中訳日

　彼の働いているそのアウトレット式スーパーを出てきた時から、スムーズにいかなくなりました。そこは工貿団地と呼ばれ、土ぼこりが舞い上がり、タクシーさえもつかまりません。

　彼女が、どうやってここに仕事に来ているの？と聞きました。

　彼は答えました。バイクだよ。

　ここは商売がやりやすい？リストラされた工員ばかりがこのあたりに住んでいて、安いズボンも買ってはけないんだから、店はガラガラだよ。

　二人は土ぼこりの舞う日差しの中でしばらく待ちましたが、やはりタクシーは来ませんでした。彼がマイクロバスに乗ってはどうかと言うと、彼女はどちらでもと答えました。

　二人がマイクロバスに乗ると、席は一つしか空いていませんでした。窓側ではありましたが、あいにく車輪の真上で、彼女は腰掛けると苦しげに脚を曲げ、注意深くつま先を立て、淡い色のスラックスの裾が汚れるのを気にしていました。マイクロバスは荒っぽく停留所に止まりました。急にブレーキをかけたので、彼は彼女の「ベルサーチ」の革靴を、ぎゅっと踏みつけてしまいました。

B. 日訳中

　　感觉极好的文章少读，感觉不对的文章不读，这是我读书的基本原则。

　　感觉极好，为什么要少读呢？因为感觉极好是很不容易的事，一旦找到，就要细细体会，反复咀嚼，不容自我干扰。这就像我看电影，突然遇上一部好片，看完后绝对不会紧接着看另外一部，而会一个人走在江边，走在小路，沉思很久。我即便知道其他几部片子并不比这一部差，也不舍得一块儿奢侈地吞食。交朋友也是这样，天下值得交往的好人多得很，岂能都成为往来熟络的密友？推心置腹的有几个，也就够了。到处拍着肩膀搂脖子，累死累活，结果一个也没有深交，一个也对不起。阅读和交友差不多，贪心不得。

　　感觉不对的文章不读。这一点听起来不难理解，事实上不易做到，因为我们在阅读时常常处于一种失落自我的被动态势，很少打开感觉选择的雷达。其实，即便是公认的世界名著，年轻时老师都是说必须熟读，只能遵循，到了中年

发觉与自己的感觉系统不对位就有权力拒读。人家好端端一本书,你也是好端端一个人,没有缘分就应该轻松的擦肩而过。如果明明别扭还要使劲儿缠在一起难受半天,多不好。

第十一课　掌握关键词和关键句

セクション1　文と小段落の中文日訳と日文中訳

A. 中訳日

（1）中国は各国とともに、国際反テロ活動における協力を強化していきたいです。

（2）毎晩、町内活動室では、女性部員たちが汗を流してヒップホップダンスの練習をしています。

（3）あなたたちヘッドハンティングをする人たちは、電話一本だけでらくらく大金を稼ぐのかと言われていますが。

（4）息子はアメリカで車を2台買いましたが、頭金なし、一銭も払わずその車を運転して帰ってきましたよ。

（5）これら年収が四五十万といった外資に勤めるホワイトカラーたちは、kを「千元」の代わりにして、給料計算の単位とするのが慣わしです。

（6）先日行われた第1回世界中国語ポップスランキング表彰式は、ファンたちに深い印象を残しました。

（7）ネットカフェの多くはきれいで雰囲気もよく、冬は暖房、夏はクーラーが効いていて、カフェ入り浸り族たちに愛されています。

（8）中国は2010年上海万国博覧会の開催権をみごとに勝ち取りました。

（9）日本では、75歳以上のドライバーによる致命的な交通事故の割合は2008年の時点では8.7％だったが、2018年には14.8％に上りました。世界の中でも高齢化が深刻な国の一つとして、日本はとても敏感な社会問題に直面しています。つまり、どうやって高齢化が進む中で、交通事故の発生率を下げるかという問題です。

（10）ディズニーランドが童話の世界だとすると、ディズニーシーは冒険の世界です。向こうには小さな子がたくさんいて、赤ちゃんまでいましたが、こちらは年齢層が高いですね。ディズニーランドに来たら行列は覚悟してくださいね。それがここの最大かつ唯一の欠点なんです。

B. 日訳中

（1）结果日本队在男子手球比赛中以31比23获胜，橄榄球以48比24大获全胜，软式网球男女比赛也均力克中国。但在足球比赛中，日本队以2比3惜败，在乒乓、篮球、排球、网球、羽毛球的男女比赛中均不敌中国选手。

（2）要问男人和女人谁会说谎，人们一定会说是女人会说谎。为什么女人擅长说谎呢？这是因为她们不忘记说谎的内容。说谎不能说过就算，还要注意善后处理。

（3）东京都的一家昆虫专卖店售出一只标价为1 000万日元的大桑形甲，其体长为80毫米。买主是一位昆虫迷的公司经理。海外的通讯社把这一消息作为"事件"进行报道。

（4）8月22日，使用全球定位系统的部分汽车导向系统运行异常。由于这是因日期数据的运行错误而引起的，因此，用户纷纷向各生产厂商进行询问。

（5）百分之百的论资排辈，只按工作年数、年龄的体制不好。年轻人再怎么努力，再有成绩，工资上也得不到反映。

（6）美国的热门视频共享网站"YouTube"22日开始提供一项全新服务，网民可在该网站上浏览电视上看不到的"网络专享广告"。该网站期待用户的增加能提高广告收入。

（7）21世纪人与人之间的交流以及礼节将会变得越发重要。它要求我们不能像以前那样只重视形式，而是必须具备尊重他人价值观的灵活态度。

（8）据此，可以说欧洲在这半个世纪里，在欧洲联合的"深化"和"扩展"这两个方面都取得了稳步进展，但之所以能够取得这样的进展，是因为存在着以下几个引人注目的因素。

（9）关于披露这段经历的理由，格拉斯称"当时并不感到羞耻，但(这段经历)后来成为我人生的重负。现在是我必须将其公诸于众的时候了"，他表示将在9月出版的自传中记录这段经历。

（10）关于"谢绝外国人入内"的纠纷常在各地发生。有不少餐饮店挂着"谢绝外国人入内"的牌子。还有许多公寓拒绝外国人居住。我们特意请他们来留学，但是在找住房时就遇到困难的话，给他们留下的第一印象就不好。

セクション2　文章の中文日訳と日文中訳

A. 中訳日

人民元為替改革全体の目標は、市場の需要と供給に基づいた管理変動相場制を確立し、人民元相場の合理的で均衡の取れた水準で安定を維持すること

にあります。また、主動性、コントロール性、漸進性——の原則を守らねばなりません。主動性とは中国の必要性に応じて改革のやり方、内容、時期を決めることを指します。コントロール性とはレート変動はマクロ的な管理の上から統制可能であることが必要で、金融市場や経済に大きな波が現れてはなりません。漸進性とは市場の変化や各方面の受け入れ能力を考慮し、段取りよく改革を進めなければなりません。

B. 日訳中

在非洲南部的马拉维共和国，由一名日本年轻人演唱的艾滋病励志歌曲在当地颇受青睐。以音乐为媒介，艾滋病的危害性逐渐被当地人所认识。

该歌曲名为《NDIMAKUKONDA》，在当地契瓦族语中的意思是"爱"。这首歌的演唱者名叫山田耕平（26岁），此人在今年3月之前作为日本国际合作机构（JICA）的青年海外合作队员派往当地。

据JICA称，马拉维的艾滋病感染率约为14％，导致每年约有8.7万人死亡。山田曾目睹当地的艾滋病患者接连死去而颇受震撼。据称那时几乎每天都会有葬礼，死者中也有自己认识的人。

当了解到当地接受艾滋病检查的年轻人寥寥无几的现状后，山田心中不禁闪过一个念头："马拉维是个热爱歌舞的国家。能不能借助音乐的力量来改变人们的意识呢？"山田由此萌生了借助歌声传递信息的想法。

山田写了一首关于恋人间感情纠葛的歌，故事中的男方在艾滋病检查中呈阳性。随后，他又拜托当地的一名音乐家朋友把歌词翻为契瓦语并配上音乐。这首节奏欢快的歌曲从去年夏天起被当地电视台、电台反复播放，甚至还荣获马拉维的最受欢迎歌曲奖。

日本将于本月30日发行该歌曲的CD，而销售额的一部分将被用于资助马拉维当地民众接受艾滋病检查。山田表示，"那里的人没有接受艾滋病检查的习惯，这一点和日本一样。如果这首歌能让人们更多地关注艾滋病，我会感到非常高兴"。

第十二课　掌握背景知识

セクション1　文と小段落の中文日訳と日文中訳

A. 中訳日

（1）「三つの代表」というのは中国共産党が中国の先進的な生産力の発展要

求、中国の先進的な文化の前進方向、中国のもっとも広範な人民の根本的利益の3つを代表するという思想であり、江沢民が提出したものであります。

（2）朱総理は、政府活動報告の中で再就職について、リストラされた従業員に対しては、再就職サービスセンターの設置を通して基本生活を保障するだけでなく、社会保険料を代納してやることで、再就職の実現を促すと述べました。

（3）昨年秋、バンコクで開かれたアジア太平洋経済協力会議首脳会議に出席した胡錦濤主席は、中国は市場供給を基礎にした、単一の管理された変動相場制をとっており、これは目下の中国の経済発展段階、金融の監督管理水準、企業の受容能力に即応するものであると述べました。

（4）『基本法』第23条は香港特別行政区はいかなる反逆、国家分裂、反乱扇動、中央人民政府転覆、国家機密窃取も禁止する法律を自ら制定しなければならないと謳っています。

（5）1998年以来、国有企業をリストラされた従業員は2 700万人余りに達し、そのうちの90％以上が再就職サービスセンターに入り、相前後して1 800万人余りがいろんなチャンネルや方式を通じて再就職を果たしました。

（6）温家宝総理はSARS対策本部に対して、予防治療に努め、正確なデータをすぐに公表し、農村の感染拡大防止に力を入れ、北京の感染防止を最重点に置くなどの指示を出しました。

（7）中国は2008年までに有人宇宙船および船外活動技術を実現しているが、加えて大型ロケットの開発、宇宙船同士のランデブー・ドッキング技術、物質の循環を伴う長期運用可能な生命維持システム、そして物資の補給船といった技術の習得が不可欠である。天宮では小規模の試験機を通じてこれらの技術を1つずつ蓄積していくものと見られている。

（8）中国の発展はそのスピードにおいても、又規模においてもすさまじい状況であります。中国は「大国」として、世界の政治及び経済を引っ張っていく能力を持っています。

（9）経済グローバル化の大局面の下では一つの区域、甚だしき至っては一つの大国の経済情勢は非常にほかの地域、或いは国家に影響を及ぼしやすいです。アジア太平洋地域は今に至るまで割合に強い経済活力を保っているとはいえ、1997年金融危機も異なった程度でアジア太平洋地域の一部の国々に

打撃を与えました。

B. 日訳中

（1）格拉斯被誉为提倡反战的左派文坛代表,他一向强调纳粹的历史责任、谴责小市民袒护纳粹,在战后61年时披露这段经历,或将引发国内外的讨论。

（2）日本三大银行合并的消息震惊了世界。欢迎的呼声很高,但也有人担心其未来。

（3）埼玉县某市的教育委员会从四月起实施一项新制度。该制度的内容是派老师去那些遭到欺负或身体弱的学生家里进行个别辅导。这些学生虽然有学习愿望,但常呆在家里不愿去上学。

（4）双方应互相信任,尽快与对方磋商,把因此而使对方遭受的不利影响减少到最低限度,并尽早恢复履约。

（5）晚上8点,东山如意岳半山腰上冉冉浮现出一个巨大的"大"字,"大"字的一横长达160米,火焰燃烧了将近1小时。当天京都市内最高气温达35度。市内建筑的霓虹灯全部关闭,流经市中心的鸭川河河滩上聚集了众多游客,人们争相用手机自带的摄像头拍下这美妙的景象。

（6）由于成人跟儿童在进行步行或跑步时的步速差距悬殊,所以一家人不能在一起进行。正逐渐成为家庭运动的保龄球好像能全家一起享受。打好保龄球的第一步是从选球开始。作为大致的标准,球重选体重的十分之一左右的,中指和无名指的指孔要选紧点儿的,拇指的要选松点儿的。先抽出拇指,然后把球抛出去就行了。

（7）随着一年一度的暑假来临,日本成田机场12日迎来了出国游高峰。据航空公司透露,尽管英国发生了炸机未遂事件,但这大致上没有影响到乘客的出行计划。登机大厅依旧和往年一样人潮汹涌,举家出游或情侣结伴而行的情况随处可见。

据成田国际机场公司估计,当天约有52 400名旅客出境。预计回国高峰将在20日到来,可达58 600人。

尽管开往美国的班机加强了安检措施,禁止乘客携带饮料等液体登机,但令各家航空公司感到宽心的是乘客均表示配合,并未因此引发矛盾。全家五口前往巴黎旅行的东京都町田市的主妇松冈明子(60岁)说道:"严格的检查和安保反而让人放心。这样的事件刚发生不久,不太可能立即再有恐怖事件了吧"。

(8) 对中国"双循环战略"的关注越来越高涨。所谓"双循环"是指"国内循环"与"国际循环"这两个循环。这种提法最初是在今年5月14日召开的中国共产党政治局常务委员会会议上采用的。会议提出"充分发挥我国超大规模市场优势和内需潜力，构建国内国际双循环相互促进的新发展格局"。

(9) 事实上，日元作为结算货币其使用上的便利性在过去20年里几乎没有得到改善。将来，即使日元圈可以形成，也是需要相当长的时间。从历史上看，美国占据世界的中心位置是在20世纪20年代，但美元作为国际货币取代英镑是在20世纪50年代。就是说，以美国的经济实力，美元要取得国际货币的地位也花了20~30年的时间。从这个意义上讲，很自然的结论是，在政策上形成日元圈是不可能的。

(10) 日本官房长官安倍晋三12日上午在其家乡山口县下关市出席了由其后援会组织的集会。安倍在集会上表明了参选意向，称他将"坚定志向全力以赴"。9月1日他将在东京正式召开记者招待会，公布以修宪为核心内容的竞选纲领。

此次自民党总裁选举呈现出官房长官安倍晋三、财务相谷垣祯一和外相麻生太郎三方争霸之势，随着安倍的正式参选，首相接班人之争也将愈演愈烈。尽管如此，安倍已在自民党内部获得大部分人支持。安倍阵营将在盂兰盆节过后正式开始为选举造势，以确保来自党内各派和地方党员的选票。

自7月下旬起，安倍已在岩手、京都、大阪等地参加了多场"再挑战支援政策"对话集会，对其试图通过援助再就业、消除社会贫富差距的政策思路大加宣传。今后他还将参加本月22日在横滨举行的自民党北、南关东地区大会等一系列选区会议，并同其他候选人展开论战。

セクション2　文章の中文日訳と日文中訳

A. 中訳日

「中国と先進国との距離は、主に科学技術に関する想像力の欠如とトータル資金投入の不足、さらにインパクトのある世界レベルの科学者のも極めて少ないことにある」と指摘されています。中国科学院の専門家の一人は次のように話しています。「アメリカやロシアに比べて、中国は宇宙産業において、とりわけ衛星回収技術や宇宙飛行測定コントロール等では先進国並みのレベルを有するものの、総体的な技術においてはまだかなりの距離があり

ます。」
　また、中国の宇宙スペース技術研究者を務める技術者も、「我々はまだ満足していません。今最も大きな問題は、有人宇宙に関わる多くの技術問題の突破をいかに生産力に結びつけるか、それによって技術を牽引すること及び国民経済を促進させることを実現することです。これらの技術問題は早急に解決しなければなりません」と述べています。
　中国国家自然科学基金の協力で実施された研究によると、中国は初歩的には完全な宇宙飛行の工業体系を整えましたが、そのエネルギー転換力、市場力及び産業技術力はまだ脆弱なもので、総体的な競争力はそれほど強くはなく、全面的に国際競争に関わっていくのは難しいということです。
　さらに、資金導入方式の単一化や体制管理のブロック別管轄問題は依然として中国の宇宙飛行事業の更なる発展を妨げています。宇宙スペース研究者の一人は、次のような考えを述べました。「過去長い間、中国は宇宙飛行に関する技術の研究を重視してきましたが、それを衛星の応用産業と連携することを軽んじてきました。」したがって、今後は衛星の応用技術の発展を国民経済及び情報化の総体的発展プランに組み入れ、統一的に中長期にわたる天地一体化の発展プランを制定することを進めています。それによって、長期的、安定的に運営できる宇宙スペースの基礎施設を作り、関連政策を策定し、民間企業に積極的に衛星の応用産業に加わることを奨励すると同時に、進んだ技術の研究開発の加速化を図らなければならないこともアドバイスしています。
　20世紀80年代末に、銭学森氏はすでに「宇宙飛行機」の戦略的な考え方を示しました。「ハイテクな宇宙飛行分野の研究のフォローは、……長い目で見なければなりません。それに21世紀の半ばまで、見通しをしておかなければなりません。そうすれば、中国の宇宙飛行技術は一部分においては世界レベルに達することができるかもしれませんし、宇宙スペースにおける国際協力にも加わることができます。」
　先人の科学者の強い望みは、今日すでに第一歩を踏み出し、実現されましたが、次は、宇宙飛行士が宇宙空間を遊泳できる研究やスペースシャトルの交替の研究開発、或いはスペースステーションの建設等に関わる仕事を進めていかなければなりません。
　激しい競争にさらされている宇宙事業を目の前にして、宇宙事業を戦略産

参考译文

業の一つとして、中国の宇宙飛行関連事業は、国の明確的、且つ総合的戦略指導が必要であると同時に、はっきりとした国際協力の戦略及び効率の高い、しっかりした科学研究体系のサポート及び優秀な人材と優れたチームワークも必要だと中国科学院の関係者がアドバイスしています。

B. 日訳中

　　为悼念在太平洋战争空袭中遇难的日本普通市民而在兵库县姬路市修建的"太平洋战争全国战灾都市空袭死难者慰灵塔"建成已有50年。在战败纪念日8月15日前夕，该塔的清洗整修工作已基本完成。负责这项工作的事务局负责人称，"我们发誓守卫和平，将永远保护慰灵塔"。

　　慰灵塔坐落在距JR姬路站以西1.5公里处的手柄山上，由钢筋混凝土建造，高约27米，其造型为一把插入大地的刀，表现出"永不再战"的决心。

　　时任姬路市市长的石见元秀等人认为，"政府悼念的是军人和军中文职人员，却没有顾及普通市民"，于是便提议建设一座祭奠普通市民并祈祷世界和平的慰灵塔。在他的提议下，该塔于1956年建成。

　　在塔基部分，雕刻着一张日本地图，显示当时从北海道至鹿儿岛地区，日本全国共有113个城市遭受战祸。而在慰灵塔左右两侧的柱子上，则以地方政府为单位分别刻上了50万空袭死难者人数和955万空袭受害人数。

　　由于慰灵塔和两侧的柱子严重老化，出现了污损和裂缝，负责管理的财团法人"太平洋战争全国空袭死难者慰灵协会"（事务局位于姬路市）花费了约2千万日元，从6月开始进行修补施工。

第十三课　思维方式的切换与正确表达

セクション1　文と小段落の中文日訳と日文中訳

A. 中訳日

1. 受身文

(1)「以心伝心」という言葉がするように、「気に食わない」という気持ちがあれば、相手からもそうみられていると考えていいでしょう。人は自分を映す鏡です。鏡に向かってほほえめば、やさしい笑顔でこたえてくれるものなのです。

(2) 面談、交渉の場は真剣勝負の場であり、適当な気持ちや甘えは許されま

せん。しかし、若いうちは、未熟で経験も浅いため、わからない点、聞き逃した言葉などがあるものです。そのまま放っておくととんでもないことにもなりかねません。

(3) アテネ五輪で金メダル6個のマイケル・フェルプスは「母国で、誰もが観戦できる時間に放送されるのはいいこと。条件は皆同じ。朝泳げない選手がいるなら、泳がなければいい」と語りました。

(4) 日本は会議後に発表される共同声明に報告書の内容を反映させ、構想実現への道筋をつけたい考えです。

2. 自発態

(1) そういう態度をもって言葉の中で生きていこうとするとき、一語一語のささやかな言葉の、ささやかなそのものの大きな意味が実感されてくるのではないでしょうか。美しい言葉、正しい言葉というものも、そのとき初めて私たちの身近なものになるでしょう。

(2) 彼女はアンジエリコの「受胎告知」をすばらしかったと言い、私もそれは同感だったが、またぞろ冬の旅をあこがれずにいられませんでした。

(3) 京都の嵯峨に住む染織家志村ふくみさんの仕事場で話していたおり、志村さんがなんとも美しい桜色に染まった糸で織った着物を見せてくれました。そのピンクは、淡いようでいて、しかも燃えるような強さを内に秘め、はなやかでしかも深く落ち着いている色でした。その美しさは目と心を吸い込むように感じられました。

(4) うちの庭に四、五日前、赤いつばきが三輪咲きました。私はそれを茶の間から見、見ただけではすまなくて、「まあ、つばきが咲いたわ。」とひとりごとを言ってみました。そうして口に出してはじめて、つばきの咲いたことが実感となって胸に伝わってきます。でも、まだそれだけでは気がすまなくて、娘に声をかけました。そして、「ほんと! きれいね。」と言う娘の言葉を聞いて、花の咲いたことがまたいっそう楽しいものに思われてきたのです。

3. 敬語

(1) 胡適之先生は我々に、こう述べられたことがあります。「話したい内容があるなら、それを話なさい。表現したいように表現しなさい。」と。

(2) どうかお宅に帰られたのと同じようにくつろがれて、楽しくお過ごし下さい。

(3) ご参考のために、今わが国のそれに関わる法律を通訳の五さんに渡し

て、日本語に訳してもらっているところです。でき次第にお渡しします。
　(4) ご退職後はあちこち見て回ったり、いろいろ楽しんでください。
4. 授受関係
　(1) みんなにキミを好きになってもらおうと思ったら、もちろん人に好かれる特性を少しでも多く持つことですよ！これまでに言ってきたような人に好かれる特性、例えば親しみやすいとか、ケチくさくない、誠意がある、信用を重んじる、責任感があるなどのほかに、クラスで最も人気のあるクラスメートたちを観察して、どんなワケで彼らに人気があるのかを見てみるといいですよ。人に好まれる特性をより多く持つようにすれば、きっとキミもすぐにみんなから好かれる人になれるに違いませんね！
　(2) 金山農民画はこれからも市場の変動にあまり影響されず、素朴で魅力的なものとして発展してもらいたいです。
　(3) 2001年上海で開催されたAPEC首脳会議で、ホスト国中国が会議に出席した首脳たちに着てもらったのがこの「唐装」、チャイナ服であります。
　(4) 日本語ができて、私たちの考え方も理解できるし、頭の回転も速いから、できれば管理のことについて勉強してもらおうかなと思っています。最近いろんなことに触れさせるのは、王さんにいろいろ経験してもらうためです。
5. 婉曲的な表現
　(1) これには本当に我が同級生の一家はまいってしまいました。考えると、当時一般家庭で乗用車をほしがったりなどするでしょうか。庶民はおろか、100人くらいの機関でさえも乗用車を持つことがまだ許可されていなかったのですから。
　(2) 今のところ、市場に出回っているお茶のソフトドリンクは、ウーロン茶、紅茶、緑茶の三種のみであります。例えば緑茶の場合、ソフトドリンクと実際に入れたお茶の味、口あたり、香りは同じでしょうか？
　(3) 陶影は一人でバスに乗るとき、キップを買わないことが多いです。どうしてキップを買う必要があるのでしょうか？彼女が乗らないとしても、バスはどの停留所の間もきちんと運行させなければならないし、運転手や車掌が不必要になるわけでもないし、ガソリンを節約することだってできないのですから。
　(4) 勿論、中国では、ソーシャルワーカーは始まろうとしたばかりで、人手

不足や力の及ばない現状に置かれていますが、今後はますます大きくなっていくことだろうと信じています。

6. 音訳

(1) 中国に投資する海外の多国籍企業にとって、合弁企業の設立は中国市場参入への相対的な近道にすぎばせんでした。中国の世界貿易機関(WTO)への加盟により、より手軽な投資ルートが提供されるようになった現在、一部海外企業は合弁企業という「かけ橋」から撤退し始めています。2002年以降、これまで松下電器、プロクター・アンド・ギャンブル(P&G)、シーメンスなどが中国に設立した合弁企業を単独出資の100％る会社に再編してきました。

(2) 国連テロ対策委員会(CTC)の活動は、国連加盟国全ての大きな関心事であり、その意味からも本日安保理メンバー国以外の関心国にも発言の機会が与えられたことを評価します。

(3) 中国は台湾に対して主権を有していることは『カイロ宣言』と『ポツダム宣言』の規定で明確に定められているもので、国際社会で公認されているものです。台湾当局の一部のものは「民主」の名を借りて「台湾独立」を目指す「住民投票」を行おうとしています。実際は国際公認の一つの中国の原則をぶちこわし、台湾海峡地域の安定を脅かすことになります。

(4) 妻から離婚を求められる男性には、「会社人間」が多いです。これらの男性は、自分で家庭を養うために残業をし、夜遅くまで客の接待をしながら一生懸命働いている、会社のために休日返上して接待ゴルフなどに出かけます。ところが、彼らの妻たらにとっては、それはマイナスの要素しかなりません。

7. 言葉選定に関する発想と考えの流れ

(1) 豊かさや便利さを求めて発達してきた20世紀の技術は、人びとの生活を快適にしました。しかし、それと引きかえに、公害や污染といった地球環境を悪化させる事態も引き起こしています。地球を再生し、本当に豊かな生活を実現しようと、今、新しい技術が続々と生み出されています。

(2) なぜ、こうも日本ではアニメが盛んなのでしょう。そして、今に至って、なぜ注目を浴び始めたのでしょう。それを考えるには、アニメに原作を提供しているマンガの広がりを無視してはならない。多くの人により受け入れやすく、各国の仕様に変換しやすいアニメという形式によって、日本のマンが

の持つ物語世界やキャラクターが広く伝えられている、という見方もできるでしょう。

（3）日本の会社で本当に競争に勝とうとすれば、個人の能力と調和の精神をうまく釣り合わせることが必要不可欠です。

（4）多くの中国人団体観光客は東京や大阪を巡るツアー。東京のお台場や秋葉原、関西では中国ゆかりの唐招提寺が定番てなります。

B. 日訳中

1. 受身文

（1）如果没锁上就认为里边没有人。

（2）京都自794年至1868年间曾为日本的首都，而且，二战时幸免了美军的空袭。因此，京都仍保留着一些古老的神社、佛寺，街道也是古风犹存。

（3）现在流通在股票市场上的证券和债券，其种类是很多的。其中很多是在美国市场上发展了之后被引进日本的。在报纸上登载的证券、债券名称，有些可以看成是美国证券名称的翻译。

（4）日本首相小泉纯一郎28日上午就一直批评其参拜靖国神社的自民党前干事长加藤纮一的老家和事务所遭人纵火烧毁一事表示，"决不容许通过暴力手段来封锁言论自由，这一点必须严加注意"。

2. 自发态

（1）2020年到2030年，中国的平均气温将会上升1.7摄氏度，到2050年将上升2.2度，变暖幅度由南向北增强。

（2）随着岁月的流逝，昔日的往事反而会越发记忆犹新。

（3）为繁忙人群提供的送货服务等，这几年也呈扩大的趋势。这些服务令人感到"顾客代理店"的确是以为繁忙人群服务为宗旨的。

（4）各位读者，请回顾一下自己的童年时代，也许你们会想起自己当时也曾选择过师哥师姐、老师、演员以及亲戚中的某一个人作为自己模仿的对象，并为之付出了极大的努力。

3. 敬语

（1）我还想和大家讲的一点是，小时候怎样做才能使自己的知识得到延伸和拓展，以及长大了以后如何让这一切和工作、生活联系到一起。今天你们的爸爸妈妈也都来了，希望做父母的也能听我讲一下我自己的学习过程。

（2）现在，牧野担任复印机的销售一职。在肩负公司"招牌"的紧张感中，每

天奔走在北京的大街上。牧野说:"复印机的高性能化,要求自己多加学习、不断提高对其的认知程度。我会努力递出令顾客满意的提案。"

（3）松本部长表示:"正如我们所期待的,牧野的表现相当活跃。希望JAC为我们介绍更多的人才。"

（4）日本科学未来馆馆长毛利卫是日本第一位乘航天飞船进入太空世界的宇航员。日前采访了毛利卫,请他谈谈有关日本的技术在世界航天事业中的应用。

4. 授受関係

（1）木村佳乃说:"我的祖父曾经担任过国际观光振兴机构(JNTO)的理事,从事对海外的旅游宣传。同时,我的父亲现在在大学里讲授旅游学原理的课程。这次我被选为旅游宣传大使虽然与我的家庭背景没有任何关系,但是,我总觉得有一种奇妙的缘分。父亲也许是有同样感觉吧,他也非常为我高兴。"

（2）大家都已经知道品质对于工厂来讲非常重要。但是,大家有没有考虑过什么时候才能清楚品质的好坏。

（3）泽木委员长表示:"因为考察地是中国,所以不知道调查能否顺利进行,但还是希望能让更多的人看一看实地。"

（4）在洗澡与饮食方面,由于民族、国情不同,习惯也往往不同。重要的是向他们说明日本的习惯与规则,求得他们的理解。

5. 婉曲な表現

（1）原野上,一个结实的高个汉子在闷头走着,他脚下的砂石在寂静中咔嚓咔嚓地滚响。仿佛只有傍晚时才有的那种阴凉的风已经吹来了。他走得很累,但却没有出汗。

（2）很多人认为东京很可能会获得半数28票以上的选票。

（3）并且他们还预测"今后十几年里这一状况将继续恶化。由于冰川融解而上升的河流水位可能会给经济和环境问题带来巨大的冲击。"

（4）积极提供学习机会是件好事,但是这个制度立也有很多问题。尊重儿童的意愿比什么都要重要吧。

6. 音訳

（1）有人提出进入"快速发展期"的中国动画产业热潮有其"虚张声势"的一面。和美日等国相比,国产动画的最大弱点是缺少原创作品,没有独创品牌及动漫人物形象。因此,竞争力弱、收视率低是国产动画产业的实际状况。据中国青年报调查,在受欢迎的动漫人物中日本、美国和中国的动漫作品分别占78％、10％和9％。另外,在全国和主要城市进行的关于日本动漫人物形象认知

度的问卷调查中,排名第一的"蜡笔小新"的认知度为77%,"樱桃小丸子"和"机器猫"居其次。而我们找不到能与其相抗衡的"中国制造"的动漫人物。除此以外,中国动画产业还存有诸多问题,如缺少综合性产业链、缺乏创新性人才及文化内涵等。美国、日本等外国动画制作公司也对中国市场表现出很大的兴趣。它们正瞄准中国市场的占有率,加快参与中国的动画、漫画、电影等领域。

(2) 村山首相向正在日本访问的联合国秘书长<u>加利</u>表明了日本加入常任理事国的意图。

(3) 沿南北美大陆的太平洋沿岸北上,<u>经阿拉斯加</u>、日本列岛、<u>菲律宾群岛</u>,最后到达<u>新西兰</u>这一太平洋沿岸带状地区,被称为环太平洋地震带。在这条地震带上,经常发生震源深度小于50～60公里的浅源地震。

(4) 10月4日下午10点23分左右,以北海道为中心,东北、关东等地区发生了强烈的地震。震源位于室根半岛东部约150公里、北纬43.8度、东经147.9度,深度为40～50公里的海底。据推测震级为7.9级。

7. 言葉選定に関する発想と考えの流れ

(1) 手机的功能越来越多。除通话、短信、数码照相的功能以外,最近还能作为电影票、公交车票使用,甚至还能代替投币式存放柜的钥匙。虽然方便了,但丢失及被盗的危险性也随之增加。如果忘带或丢失了手机,确认是否是本人,重新买票等反而要花时间,或许还会<u>由此引起纠纷</u>。

(2) 生物的所有细胞中都<u>含有</u>基因。

(3) 第二次世界大战以后,随着经济的发展,人们在日常生活中对树林的意识感急剧减弱,树林成为远景中的一个自然物。但是,当社会开始日益成熟时,人们开始追求生活的<u>高质量</u>和<u>多情趣</u>,于是树林又再度进入人们的意识范围。

(4) "存钱要三不"这句谚语是说想要存钱就必须不讲道义、不讲人情、不讲交际,<u>收入有限</u>的受薪者要存钱的话,必须彻底贯彻这个"三不",否则即使年已五十也不能有自己的房子。但是,做到这样极端来存钱,是否合适呢?应当有:能存钱也好,不能存钱也好的态度,如果能用这种心情对待生活,是<u>再好不过了</u>。

セクション2　文章の中文日訳と日文中訳

A. 中訳日

以前、インターネット上で次のような話が流れました。

アメリカに留学したあるコンピューター博士号取得者が職を探しましたが、何度試みてもうまくいきませんでした。そこで、学位記をしまい込み、高

卒の身分で、ある会社にプログラム入力要員として採用されました。彼の仕事ぶりは堅実で、時には独創的なアイデアを打ち出したため、社長は驚嘆させ、重用されたといいます。当時、人々はこの事を一笑に付したものでした。しかし今では、このような事が現実に起きたとしても目新しくはなくなりました。高学歴の人材に対する浮ついた採用熱は下火になり始め、多くの博士課程大学院生は皆、就職の難しさを嘆いています。

今年28歳になる李楊は、大学院の博士課程に在学中でありますが、就職の話をするとふさぎ込んでしまいます。彼女は次のように言います。「もうすぐ卒業ですが、今になっても仕事に関しては何の糸口もつかめていません。私は歴史学専攻で、専門に合う職業はもともと少ないのです。今年の求人説明会に来ていた職場は少なくありませんでしたが、適当なところはどこもありませんでした。履歴書を一通りに提出してみたのですが、梨のつぶてです。多くの職場は、私の履歴を一目見ただけで、やんわりと私のことを拒み、自分たちのところでは博士課程の大学院生は要らないと言うのです。」

B. 日訳中

太郎和我住在广岛的时候养一只猫,皮毛不如大白,智力远在花子之上。那时我亲戚从城里抱来的一只小郎猫,才满月,刚断奶。它妈妈是白色长毛的纯波斯种,这儿子却是黑白杂色:背上三个黑圆,一条黑尾巴,四只黑爪子,脸上有匀匀的两个黑半圆,像时髦人戴的大黑眼镜,大得遮去半个脸,不过他连耳朵也是黑的。它是圆脸,灰蓝眼珠,眼神之美不输花子。它忽被人抱出城来,一声声直叫唤。我不忍,把小猫抱在怀里一整天,所以它和我最亲。

我们的田中阿姨爱猫。她说:"带气儿的我都爱。"小猫来了我只会抱着,喂小猫的是她,幸子也是她起的名字。那天傍晚她对我说:"我已经给它把了一泡屎,我再把它一泡尿,教会了它,以后就不脏屋子了。"我不知道田中阿姨是怎么"把",怎么教的,幸子从来没有弄脏过屋子,一次也没有。

第十四课　直译和意译

セクション1　文と小段落の中文日訳と日文中訳

A. 中訳日

(1) 上海の水産関係者の話によりますと、ここ最近、別の産地の蟹でも品質

がよく陽澄湖に負けないくらいのものも出てくるとのことです。蟹の販売に20年携わってきたある店の主は市場にある太湖蟹と洪沢湖蟹の品質が陽澄湖蟹に負けないだけではなく、陽澄湖蟹よりいいのもまであります。

(2) 41歳の留学帰国者呉鷹は、中国の富豪の中で税金を最も多く納めた企業家になり、彼が経営するUT斯達康社の去年の納税額は1億5000万ドルに上りました。

(3) 私は毎日、田舎の人達が自分でも食べるのがもったいないとするものを食べ、心にもないことなど話し、日々すっかり酔うほど飲んで帰ってくるので、心中たいへん苦しかったです。

(4) 私たちの田舎の町の人は、私たちのような外に出ている者を、ひとかどの人物と思いやすいです。あなたが土地を出てしまえば、彼らはあなたが普通の人とは異なるのだと考えます。

(5) お父さんは一日中暗い顔をして、にこりともしません。家の中がちらかり放題でも、かたづけようともしません。

(6) 一流ブランド経営分野からみて、プラザ66が南京西路沿線において一番高級なデパートとして一目置かれています。ここで、個性豊かなファッション製品、長い歴史をもつブランド文化が他のデパートとは一味違う地位を築き上げています。プラザ66で飾られている商品の数々にはデザイナーと職人のアイデアが盛り込まれ、国際ファッション界のトップといわれるものばかりです。

(7) プラザ66の経営方針は一流ブランドの商品を買収して、一定の管理費を払うことで、店の管理権をブランド商に返還しています。こうして、プラザ66は店の売り上げと店舗代の両方を納めています。しかし、まだここで買い物をする消費者は極わずかですが、プラザ66は未来に希望を託しているようです。

(8) 正しいことをやること自体は、さほど難しくないかもしれませんが、問題は正しいことをやりたいのに、回りではその環境が整っておらず、笑われたり冷やかされたりして、それで恥ずかしい気持になり、やりたくてもできなかったり、あるいしよ最後まで続けられない、という点です。

(9) ここまで時代が進めば、より生産的に、より効率的に、より繊細にと、とどまる所を知りません。ちょっと休めばもう試験に落ちたり首にされたりライバルから追い越されたりして、時代に取り残されかねません。まさに食うか

食われるかです。

(10) <u>少し高みから見ると</u>、中日関係の未来には多くの選択肢が存在します。

B. 日訳中

(1) 社会上有各种各样的人,价值观也不尽相同,因此即使有人对自己的行为不满意也是<u>无可厚非</u>的。对别人的话什么都介意的话,就会没完没了,而且根本无所适从。凡事还是<u>根据自己的具体情况</u>为好。

(2) 我<u>偏食很厉害,同样性格也爱憎分明。凡事都得搞个黑白分明不可。</u>所以说,和想法、观点,乃至价值观一致的人很合得来,很亲近。反之,跟自己想法、观点不同的人,心理上总有点距离。

(3) 大鱼吃小鱼,小鱼吃虾米,所有的动植物都从其他生物中吸收养分,同时也是其他物种的养分来源。如果把所有产业<u>串</u>成<u>食物链</u>,自成为一个生态系,自家的原料来源于<u>其他产业的废弃物</u>,而自家产生的废弃物又成为其他产业的原料的话,废弃物的问题就解决一大半了吧。

(4) 我不知为什么常这么想,幸亏没那么做,而不常想这么做就好了。即使因工作没做好<u>稍微有点想不开</u>,但也只是一时的,马上就自我安慰说<u>总比失败要强</u>。

(5) 为了把大学的知识产权<u>交还给</u>地区居民和企业,并为社会做贡献,就需要有符合更加高度研究体制和取得所期望成果的研究生院。一个研究生院研究科由<u>护理专业和营养学专业</u>组成,这在我国<u>还属首例</u>。我研究生院有望培养出在类似领域的其他研究生院中独一无二的<u>高级专业人才</u>。

(6) 在拥挤不堪的电车里,几个年轻男女坐在<u>老弱病残专座</u>上。男的<u>不是</u>叉开大腿看漫画,<u>就</u>是闭目带着耳机装作在欣赏立体声音乐。而女的则<u>无一例外地</u>是那种传统式的假睡。哪张脸都令人厌恶。

(7) 以"<u>不受国界的束缚</u>,培养用新的信息和技术为世界做出贡献的人才"、"培养爱护地球和人类的人才"、"建立用全球视野广泛地与世界先进的教育机构展开竞争的信息据点"为教育目标。为达此目标,制定如下教育方针。

(8) <u>一届学生约 240 名</u>,而全校就约有 80 名专职教员。这是为实现我校的<u>对话式教学</u>。学生可以一边学习一边自由地向教员提出自己的想法和疑问。

(9) 11月树木凋零,落叶纷纷。刺骨的寒风扑面而来,忽降忽止的秋雨打湿了街道两旁的落叶,让人们感觉到漫长的冬天即将来临。也许是惋惜这逝去的秋色,在游览地人们纷至沓来。另外,为了纪念3日的文化节,日本全国各地举办展览会、音乐会,前来参加的人们络绎不绝。

(10) 经济产业省将在今夏举办"首届电脑安全甲子园"活动,其目的在于发掘掌握连黑客都自叹不如的电脑知识、技术的年轻人,把他们培养成优秀的开发专家。由来自全国的高中生,专门学校的学生组成的二十个小组相互比拼进入对方服务系统的本领。冠军队的成员将获得去美国留学的资格,由政府提供学费和停留期间的费用等。另外,前几名获奖者将得到进入国内大学的入学推荐。

セクション2　文章の中文日訳と日文中訳

A. 中訳日

商売をする人はやさしい応対を心掛けて富を生むもの、私は一消費者として、口調のやさしい所(店)を選んで買い物をします。豆腐を買うとしましょう。わが家の斜め向かいに大きな商店があって豆腐を売っています。そこの店員はいつもそっけない態度で、さもなくば一言"老头"です。この一言のために、私は店を変えてしまいました。自由市場に、豆腐売りのぽっちゃりした娘さんがいて、浙江省の人ですが、話しぶりが本当にやさしいんです。私が彼女の売り場に近づくたびにまず"おじいさん(男性の年長者に対する尊称)"と呼びかけて「いらっしゃいませ!」といいます。続けてまた「"おじいさん"、何丁お入り用ですか」、豆腐をビニール袋に入れて私に手渡すと、もう一度「"おじいさん"、お気をつけてお帰りください」。

豆腐を一丁に三回の"おじいさん"を享受するのだから、ここで豆腐を買わないでどうして平気でいられるものですか。だから私はむしろ遠まわししてでも、たとえよそより幾分高くても、私は構わないんです。三回の"おじいさん"は、もっと高い値段を払うに値します。これがつまり「やさしさが富を生む」の一例でしょう。

商売をする人はみなちょっとやさしくなってほしいものと願います。この温かさ・やさしさは必ずあなたの経済的効果と利益を高めるはずだから。信じないなら試してごらんなさい。もちろん、話ぶりがうまくても、そのうえ値段が適正で物がよくなければならないですよ。

B. 日訳中

日前,日本电子媒体策划制作企业"数码信息开发"公司(位于山形市)成功地开发出一种"虚拟钢琴",只需敲击红外线激光投影在平面上的键盘即可演奏出美妙的乐曲。只要有平面就可以弹奏,公司以这种简便的演奏方式为卖点,准备于年内将其推向市场。

该产品尺寸为 3×2×10 厘米,重量约为 100 克,比手机更小更轻,可放入口袋。弹奏者把"钢琴"放置在桌上后,外激光放射出两个八度音阶共计 25 个红色琴键。由红外传感器感知手指的动作,内置扬声器发出相应的音高。该产品采用与市场上普通电子钢琴相同的音源,可以靠感知手指下落的速度来表现音符的强弱。

除了钢琴的音色外,该产品还可模拟管风琴等三种乐器的音色。该公司计划在推出该产品的同时,发售另一种使用相同技术制成的虚拟打击乐器,人们只要敲打激光四环就能演奏打击乐。

该公司社长佐藤顺英(53 岁)本人也是一位作词家。据他透露,设计该产品的创意来自"想要随身携带钢琴键盘"的想法。该产品应用了靠红外线感知手指运动来传令给电脑的虚拟键盘技术。目前该产品定价为 1.5 万日元左右,公司决定先投产 3 万台。

佐藤表示,"期待大家能和着乐器的音调,在旅途中享受演奏的乐趣。"

第十五课　加强母语的表达修养

セクション1　文と小段落の中文日訳と日文中訳

A. 中訳日

(1) ここの子供は皆苦労人で、働き者であり、弟妹を連れて遊んでいます。私はよく彼らがかごを担ぎ、鍬を持ち、黒色土を担ぐために長い道のりを走っていくのを目にします。黒色土が乾いたらオンドルをたくことができます。

(2) 石像全体の姿かたちはどのようにすべきか、顔つきはどのようにすべきか、小さなところでは手の指はどのようにすべきか、細かいところでは髪の毛一本をどのようにすべきかということまで、彼は熟考しました。

(3) それは小雪の舞う日のことで、店内は普段にもましてひっそりと静まりかえっていました。私がフランス語部に入っていたときには、着ていたオ

ーバーにはうっすらと白く雪がつき、学帽のつばから解けた雪の滴が滴っていました。

(4) 希望とは、もともとあるものだとも言えませんし、ないものだとも言えません。それは地上の道のようなものであります。地上にはもともと道はありません。歩く人が多くなれば、それが道になるのです。

(5) 祖父の言葉はなまりが強く、はじめは聞き取れませんでしたが、慣れてくると、とてもリズムがあっていいなと思いました。

(6) 世の中にはイエローカードをこわがる人ばかりか、この"黄"という文字を忌み嫌う人もいます。商売をやる上で"黄了"(黄色くなった)といえば、それはすなわち元手をすってしまいました、店をたたんでしまうということになります。

(7) "黒"は"亮"と対をなしており、あることが成功しなかったら、当然それは光明を見出すことができないわけであるから、"黒了"といえばとてもイメージが浮かびやすく、人々も理解しやすいです。

(8) 我々はたまたまこの世にやって来、たまたま命を終えます。生命それ自身が一つの偶然であり、こうした偶然の死こそ、生命の必然そのものかもしれません。

(9) 当然ながら彼女には人を見る目があって、まじめに責務を果たそうとしている車掌に出会ったならば、さっさとキップを買いました。ただ、例のいいかげんな仕事をしている連中に対してだけは、彼女はちょっとした罰を与えてやるのであり、それは同時に自分自身のためにも少しばかりの金の節約になりました。

陶影はある工場内の食堂の調理員であり、主食の調理場で、(小麦粉を練ったものを)焼くことを専ら担当しており、ゴマみそをたっぷりつけたうずまき型の小さな「火焼(フオシャオ)」を焼く仕事をしていました。

(10) 黄昏がいつのまにか降りていました。

原野を、がっしりとした背の高い男がひとり、黙々と歩いています。足もとの砂利が静けさのなかでザクザクと音をたてます。晩方にしか吹かないあのうすら寒い風が、もう吹いてきたようです。男は歩き疲れてはいますが、汗はかいていません。すでに枯れあがった乾季の草原には丘が起伏し、赤褐色の岩脈を露出しており、遠くからながめるとなんだか炭火のようで、からだが日照っています。とはいえ今、その赤褐色の丘も、まわりの丸坊主になっ

た草地も、徐々に降りる暮色に冷やされつつありました。耳をつんざく騒音も冷えてしまったようです。それにしても、耳もとでずっと鳴りつづけていた鋭い騒音が失わせてしまうと、人は薪をひきぬかれた炎のように、知らず知らず力がぬけてしまいます。

B. 日訳中

　　（1）从去年开始以订多少货生产多少产品的方式销售以来，订单如雪片般飞来。为了让人们体会到拍照片和摆弄相机的乐趣而进行的设计，受到了对"全自动相机"抱有怨言的人们的欢迎。

　　（2）县立长崎西博尔德大学继承开拓近代日本的西博尔德鸣泷塾精神，是第一所用片假名作校名的国公立大学，创办于1999年（平成11年）4月。她还继承了于2000年（平成12年）3月停办的长崎县立女子短期大学的传统。长崎县从历史及地理位置来说，都是日本向世界以及亚洲打开的门户。我们要把大学办成与有近代日本黎明地之称的长崎相称的一所大学。

　　（3）应各国之邀，日本相扑团曾分别于2004年在韩国和中国、2005年在美国拉斯维加斯举行了海外公演。但不同于公演的是，海外巡演一般由当地的演出公司主办。不过两者都有一个相同的目的，那就是通过相扑力士们现场展现绝技来普及相扑运动，并为国际友好活动贡献力量。

　　（4）从人员交往来看，反映出最近日韩关系有所改善，旅游者的人数激增可是在发给韩国人签证方面依然存在着严格的限制，"寒冬"状态仍在持续。而资本交易如上所述也不容乐观。因此，可以认为日韩经济关系"虽近实远"的说法也并非言过其实。

　　（5）日本官房长官安倍晋三在28日上午的记者会上透露，日方已就中国正在东海"日中中间线"附近的中国一侧建设新的开采设施一事向中方表示担忧。
　　该设施是日本海上保安厅6月在中方一侧的平湖油气田附近确认的。安倍称："日方对于中方不断开发这一既成事实表示强烈关注并深感忧虑。"他强调希望"通过对话迅速解决"。

　　（6）步行、坐下、起立等我们在日常生活中的任何场面都要使用肌肉。为了不使肌肉衰退，有必要做些带负荷的锻炼。现在利用斜坡的健身运动引起人们的关注，即使不太陡的斜坡其运动量也是平地的二至三倍。除了能提高心肺功能等快步行走的效果以外，还能在短时间内增强肌肉，耐力和平衡感也能得到提高。

(7) 现在的孩子虽然体格变好了,但忍耐力却不够。用指导这次调查的教授的话说,孩子的运动能力与他们的竞争意识、积极性、忍耐力等精神层面的因素有很大关系。虽然这次展开的是一次对儿童的调查,但它预示着这批孩子长大之后,在未来的社会里,体格高大,精神脆弱的成年人数量势必会增加。

(8) 艺术家刘某曾在美国看到一个令他感动不已的展览。展览规模不大,展出的也不是什么前卫新潮的艺术家的作品,而是大家都十分熟悉的梵高的画。介绍作品的导听磁带中,播放的不是纷杂的艺术讨论,而是配合绘画作品的时代,讲解梵高与弟弟德欧之间往返书信的内容。由此使其感到"这样一种展览要表现的岂止是艺术作品,而是人生本身"。

(9) 诸如此类的问题在国际上屡屡发生。为了维护国际正义,1989年联合国环境规划署在巴塞尔通过了"巴塞尔公约",目前已有121个国家签署。公约的内容主要涉及有害废弃物的定义及其国际处理规定事项,并强调了有害废弃物的产生者必须承担主要责任。另外,巴塞尔公约也规定,工业先进的发达国家不得向发展中国家出口有害废弃物。

(10) 在和总经理交谈时,要极力避免公私不分。无论如何都想谈一下个人的事的场合,那要先让总经理知道,使之与公事区别开来,然后再谈。

セクション2　文章の中文日訳と日文中訳

A. 中訳日

　怒りと失望と寂寥が、三太太のあの塀のすみの新しい穴も掘って見ないではいられなくしました。掘り始めると、まずあの二匹の親兎が穴の外に飛び出して来ました。三太太は兎たちが引越しをしていたのだと思い、ひどく喜びました。しかし、そのままつづけて、底が見えるところまで掘ると、ここにも草の葉と兎の毛が敷いてありましたが、その上に七匹の小さな子兎が眠っていました。全身薄紅色で、よく見ると、まだみな眼が開いていませんでした。

　すべてがはっきりしました。三太太の予測は間違っていなかったのです。三太太は危険予防のために、七匹の子兎を木の箱に入れ、自分の部屋に持ち込み、さらに母兎も箱の中に押し込んで、むりやりにでも授乳させることにしました。

　これ以来三太太は黒猫を深く憎んだだけでなく、親兎もよくないとつよく思うようになりました。彼女の話によると、はじめあの二匹の子兎が殺され

るより前に、死んだのがまだきっといたはずだ、なぜなら兎たちは、ひと腹に二匹だけというようなことは決してないからだ、それなのにちゃんと公平に乳を飲ませなかったために、飲みはぐれたのが先に死んだのだ、ということでした。おそらくそのとおりでしょう。現に七匹の中に二匹もやせて弱そうなのがいます。そこで三太太はひまをみては、母兎をつかまえ、子兎を一匹ずつ順にその腹の上に乗せて乳を飲ませてやり、不公平が起こることを許しませんでした。

　母は私に、あんな面倒な兎の飼い方は、話にも聞いたことがないよ、『無双譜』に入れたっていいくらいだね、といいました。

　白兎の家族はますます繁栄し、みんなもまた喜びました。

　しかし、このあと、私はいつも寂寥を感じないではおれませんでした。夜中に灯のもとで机に座って思いました。あの二匹の小さな生命は、誰にも知られることなく、いつとも知れず、とっくに失われてしまいました。生物史上に何の痕跡もとどめず、そしてSさえひと声も発せずに。そこで、過去のことを思い出しました。以前会館に住んでいたころ、朝起きてみると大きな槐の下に一面に鳩の羽毛が散らばっていました。明らかに餌食になったのです。だが、午前中に小使いが来て掃除をすると、あとかたものこりません。ここで一個の生命が絶たれたことなど誰にわかるのでしょう。また、かつて西四牌楼を通りかかった時、一匹の小犬が馬車にひかれて死にそうにしているのを見ました。だが、帰りに通ったときには何もありませんでした。運び去られたのでしょう。通行人たちはひっきりなしに行き来しますが、ここで一個の生命が絶たれたことなど誰にわかるのでしょう。夏の夜、窓の外で、よくハエがながくジージー鳴いているのを聞きます。きっとハエトリグモに咬みつかれているのです。ところが、私はこれまでそのことに全く無関心でした。さらに、他の人たちはその声を聞いてさえいません。

B. 日訳中

　　1823年作为出岛荷兰商馆的医师，德国人菲利普・弗兰茨・冯・西博尔德来到了日本其目的不仅仅是作为医生，还要作为自然调查官详细调查贸易对象国日本的情况。在闭关锁国的情况下，为了开发新的贸易货物，有必要详细调查日本的国情、地理、风俗和物产。在长崎获得名医名声的西博尔德于1824年在长崎郊外的鸣泷购入一间民房，对病人进行治疗，对来自全国的门生进行医

学教育,并在门生的协助下进行日本研究。这个地方就被称为鸣泷塾。出于这种性质,鸣泷塾不局限于医学,而成为由日本全国各地而来学习兰学(西学)的优秀年轻人的集聚点。可以说以高野长英、二宫敬作、美马顺三、高良斋为代表,西博尔德的优秀门生们后来成为传播西方的知识和学问,日本开国,迈入现代化的强大动力。自西博尔德开办鸣泷塾175年后的1999年,县立长崎西博尔德大学开办了。我们期待汇集到这个校园里的年轻人一定会像在鸣泷塾学习的先人们那样开创新时代。

第十六课　视　　译

セクション1　文と小段落の中文日訳と日文中訳

A. 中訳日

(1)「万巻の書を読み、万里の道を行く」ことによって、もちろん学問の充実させ見聞を広めることができます。しかし大事なことはやはり思想に基いた啓発を有することであります。さもなければ、たとえ腹中の本箱がパンパンにふくれていて、そこから文章につかう文や語句を捜し求めてきたとしても、みかけだけの飾り物の学問に過ぎず、「文章は春の花のように美しく、思いは湧き出ずる泉のように豊か」といった境地には到達し得ないでしょう。

(2) 事実、自家用車の増加も確かに都市現代化のレベルを測る基準ではあります。問題は私たちがいかに国情・都市事情・家庭事情にもとづいてこの事柄を取り扱うかであります。

人々はハイになっているとき、往々にしてその後にもたらされる結果には注意を怠りがちです。自家用車の増加は、必ずや交通渋滞・大気汚染・エネルギーの制御不能という三大難問をもたらすでしょう。これら後顧の憂えは、先進国が長年回り道をしたあげく結論として出した教訓であります。

(3) 一年余りの期間で、ウォールストリート英語教室は上海で経営地盤を固め、中国の英語教室の仲間入りを実現し、英語教育において新しい概念をもたらしました。しかし、外資英語教育機構の中で、ウォールストリートの上海進出は早い方とはいえません。二年前に、世界最大の私立教育グループEF言葉学校が上海を拠点に中国進出を遂げています。

(4) 日本のやきものの歴史は長いです。古くは、紀元前1万年ごろの縄文式土器までさかのぼります。5世紀の古墳時代に朝鮮半島から高度な技術の

作品が持ち込まれ、8世紀の奈良時代には中国のやきものが日本に入ってきました。朝鮮や中国の技術が日本のやきものに大きな影響を与えたのです。

（5）メゾンモードの経営方針は、売り場をレンタルすると同時に、ブランドの管理にも積極的に取り組んでいるのが特徴です。商品イメージを大切にしている一流ブランドにとって、店員はそのブランドの鏡です。そのため、メゾンモードは店員の養成に力を注ぎ、ブランド名の読み方から接客に至るまで幅広く教育を行ってきました。

（6）1926年当時、フランス租界のメインストリートであったジョフレ通り（現時の淮海中路）に、誇らしくパリの香り漂う"フランス倶楽部"が誕生したのでした。20年代、この庭園はテニスや屋外ボーリングを楽しむ人々のための運動場として使われました。

元々倶楽部屋上には二軒のあずまやがありましたが、1949年に建物の沈下が起こり、建築重量軽減のために取り除かれました。現在庭園にあるあずまやは50年代に模造された物です。

（7）今のところ、市場に出回っているお茶のソフトドリンクは、ウーロン茶、紅茶、緑茶の三種のみであります。例えば緑茶の場合、ソフトドリンクと実際に入れたお茶の味、口あたり、香りは同じでしょうか？茶葉は百パーセント天然のものであり、お茶としていれて飲めばその栄養分を余すところなく吸収できます。しかし、ソフトドリンクだといれたお茶より栄養分は劣るし、お茶以外のものも多く含まれ、口にするのは密封された液体であるから、栄養面からいっても、当然いれて飲む方がより優れているのであります。

専門家は、天然のお茶の中でも、とりわけ言及すべきは有機茶であると指摘しています。現在、市場で有機茶と銘うって販売されているものも少なくありません。では、どんなお茶が有機茶といえるのでしょうか。それは、汚染源から遠く離れている産地で、有機栽培のシステムと方法によって原料（の茶葉）を生産し、加工・包装・保管と輸送の過程でいかなる化学物質の汚染も受けていないこと、さらに有機茶認証機関による審査と認定を受けている茶葉であってこそ、初めて有機茶といえるのであります。

また、有機茶の最大の特徴は、さらに第三者機関による認証が必要だということであります。有機茶の選定には、必ず有機茶の加工証、販売証、茶葉の原産地証明の提示を求めなければならず、さらに代理販売にも認証が必要であることも含めて、一件でも欠けるとだめなのであります。

(8) 本書は一貫して写真を中心に編纂されています。この写真の収集という制約があるため、旧北京人の生活状況に関する百科全書的な書物にはなりようがありません。そのうえ、当時の写真は、その多くが外国人カメラマンの撮影したもので、彼らの文化的関心と観察の視点から、必然的に伝統的な中国固有のものにより注意が向けられているのであります。事実、彼らの撮影した旧北京人の暮らしぶりの中には、まさに消えなんとするきざしが当時すでに現れているものもあります。だからこそ、いっそうこうした写真の画像がきわめて貴重なものとなるのであります。

　いつの日にか、昔ながらの北京が消え去ってしまったとき、人々はおそらくこうした写真に向き合うことでしか、東洋の古都特有の風雅な趣きをリアルに感じ取れなくなるでしょう。いうまでもなく、見渡すかぎりの高層ビルと絶え間なく行くかう車の流れを前にしては、かつての北京人がもっていた古風な飾り気のなさやゆったりとしたのびやかさを思い浮かべるすべもありません。まして、路地をくまなくめぐり歩くあの物売り達の、まさに多種多様、あちこちに高く響きわたる呼び売りの声をつぶさに感じ取ることなどできるはずもないのですが……。

　(9) 1978年以降になると、良書がどっと出版されました。かつてその名を聞くのみで、人の家の書棚にあるのを見て羨ましさに心震わせたような書籍があふれ出すのを、目の当たりにするようになりました。私たちは、あたかも山の中から迷い出てきたばかりの人達のように、空腹に目がくらみそうなところへノロジカの肉と塩が目に入って、それらをわしづかみにして呑みくだすかのように、価値のある書だろうが得体の知れない書であろうが構わずに全て買いあさりました。狂ったように本を買ったので、生活に必要な出費以外は全て切りつめました。一日のうちに二度、書店に足を運ぶことさえありました。一冊の本を手に入れるたびに数日の間嬉しい気持ちでいられましたが、心の中は落ち着いていて、それはまるで、金儲けをした時、あるいは文章を公表する直前の時のような心境で、いずれにしても、良いことが目前に迫りつつあるような感覚でありました。もしも数日間本を買わずにいたら、生活はしっくりとはいかなくなってしまったでしょう。本を買ってきて、一冊一冊カバーをかけ、書棚の中に並べることは、あたかも子供を連れて家に入りケラケラという笑い声が遠くから近づいてくるかのようなもので、人の心をとろけさせてしまいます。この、美しく、その膨大な量による威容に

満ち溢れた書籍のギャラリー。そこに近づき、五本の指で本の背をそっとなでると、遥か彼方へと飛んでいってしまいそうな心もちがしました。

(10) 日本経済はひどい不況に見舞われました。バブル経済が崩れた影響が重なって「複合不況」ともいわれています。金融機関は貸し付けをやたらに増やしたため、担保に取った土地や建物をたくさん抱え込んでいます。それが地価の下落で、売っても貸した金の分を取り返せない、という状況です。これを金融機関の不良債権といいます。今度の政府の景気対策は、こうした金融機関を救う対策も含んでいるので、問題をはらんでいます。

B. 日訳中

(1) 受英国炸机未遂事件的影响,越来越多的欧洲游客开始对乘坐飞机心存顾虑,这使得连接英国和欧洲大陆的国际高速列车"欧洲之星"号10、11日两天将近客满。

据列车运营公司透露,行驶于巴黎—伦敦、布鲁塞尔—伦敦之间的列车这两天共计有1.5万人追加预定。据说即使到周末预约也是接连不断,目前空余座位已所剩无几。

(2) 国家之间的争端不应诉诸武力,而应根据条约和习惯性做法等诸多规则,通过协商解决,而且这是可行的,事实上除此以外也无他法。对国家以外的集体或个人的犯罪行为和违法行为以及恐怖活动,可共同通过警方或军事力量予以打击。在采取这些措施的过程中如发生争端,可通过设立与安保合作有关的法庭,按照以在协调性安保实施方面一致同意的事项为中心的国际决议行事。不用说,在这一过程中应压缩不必要的军备。

(3) 日本是一个水进口的大国。不但进口矿泉水那样的饮用水,还进口使用大量的水生产的工业产品和农业产品,因此也可认为日本从各国进口水。在水资源较为丰富的日本,日常生活中很少感到用水不便,但是世界上缺水的问题也是我们的问题。每个人稍微注意点儿用水就能节约很多水。

(4) 横纲朝青龙和大关白鹏此次是首度来到台湾。平日里就对历史情有独钟的朝青龙饶有兴趣地表示:"首先想去故宫博物院看看。我猜想台湾应该是一个融合了日本、韩国等各种文化元素的地方。"白鹏也笑着表示:"很期待。感觉应该有很多极具历史气息的大型寺庙。"

另一方面,颇具人气的高见盛则极度乐衷于"吃"。他满怀期待地表示:"我想去吃我最喜欢的辣辣的麻婆豆腐。虽然绍兴黄酒不太能喝。"相信今年夏天

这些"半裸的亲善大使"们将在台湾掀起一把相扑热。

(5) 区域一体化并不是单纯的"地盘争夺战"。在今后的国际经济事务中,在投资、竞争政策、环境问题、电子商务、金融市场的统一等诸多领域里,预计将进一步推进对各国经济产生巨大影响的规则制定。试观NAFTA(北美自由贸易协议)、EU统一的动向,由区域向世界(如WTO)范围扩展的趋势非常明显。区域一体化同时也是大国为将有利于本国利益的规则扩大到国际社会而展开的竞争。

(6) 竞选纲领题为"日本的潜力——力争营造充满活力的安泰社会"。其中明确提出为使政府和党在决定政策时沟通更为顺畅,将"加强政府的领导"。此外,还将把内阁官房和内阁府合并,设置政府综合战略机构,由副相和党政务调查会的各部门负责人兼任。

纲领中还提出将通过修改《教育基本法》,使幼儿园和保育园实现一体化,并纳入义务教育体系。为保持经济稳定增长,将实施政策减税,而另一方面也会"根据需要,要求增税",其中还提到将来可能会上调消费税税率。

(7) 据主办方透露,已退役的中田与球迷进行了约15分钟的交流,中田对球迷说:"想问问大家今后我该做些什么"、"如果看到我,别忘了和我打招呼"。现场也有球迷热泪盈眶。

店内展示着中田在德国世界杯最后一战对阵巴西队的比赛中所穿的球衣与球鞋。该店外墙上也挂着一面写有约8 000条球迷留言的旗帜,上面写有"都是因为中田我才喜欢上足球"等球迷的真挚心声。

在横滨市打工的球迷太田健(25岁)表示,"我相信中田所说的人生即旅途的引退宣言,今后自己也会更加努力。"

该咖啡馆直播了德国世界杯所有64场比赛。从4月开张至今,共约有16.8万人曾光顾此店。

(8) 工作中严禁与同事闲聊。不要在对方专注工作时与人搭话。开玩笑和聊家常不是不可以,不过那是工作时间以外的事。尽管本人并无恶意,但这种不顾对周围的影响随便搭话,严重干扰对方的行为,可以说是典型的恶习。

(9) 如果想要提高手写的速度,往往字就写得潦草。写错了的时候,用圆珠笔或钢笔写的字是擦不掉的,如果涂改的话又会显得十分难看。而如果用电脑打印,只要熟悉了键盘操作,就能写得很快。用电脑写作,还可以不考虑最终的结果,只管把想到的内容输入电脑。最后,再操作键盘进行订正、删除、插入、移动,构成符合要求的文章。电脑的各种功能非常俱全,但选择文字的

是人。由于汉字变换错误而产生的同训异字或同音异义词的错误，或者令人啼笑皆非的别字出现，是常有的现象。另外，由于键盘操作错误，无意中删除了文件中的重要项目，或者使用了往年的年月日期之类的差错也可能发生，必须加以注意。

（10）日本佐贺县门司海关伊万里海关分署日前从停靠在伊万里市的伊万里港的韩国轮船公司某货轮的所载货物中没收了手提包、服装等总计约7万件假冒名牌商品。警方正在加紧调查这一涉嫌违反《海关法》（违禁商品进口未遂）的犯罪团伙及其走私途径。

据悉，在和歌山县也同样查获了大量假冒名牌商品，门司海关正在调查两起案件之间的关联。

据调查，该轮船途径中国厦门、韩国釜山，于去年11月17日停靠于伊万里港，假冒名牌是在船上的集装箱内被发现的。据悉，集装箱内靠近箱门处堆放着化妆小包等正规商品，而未获进口许可的假名牌则被藏在箱内深处。

セクション2　文章の中文日訳と日文中訳

A.　中訳日

　　蘭芝堂は幼かった私の記憶によれば、非常に大きな邸宅で、いくつもの中庭と、いくつもの部屋があるところでした。私と弟たちは、この部屋を使ってかくれんぼをしましたが、父や母にも探し出せないなどということもよくあることでした。祖父は私たち三人の孫を大変かわいがってくれました。麒麟は小さな頃から「大頭」で、私と下の弟は手をたたいて彼をからかったものでした。

　　「大頭大頭、雨が降っても大丈夫、皆には傘があるけれど、私には大頭がある！」

　　祖父は、しかし、麒麟の角張った頭と大きな耳のことを、将来きっと幸福をもたらすにちがいないと、うれしく思っていました。下の弟の巧三はとても機転がきく子で、口も達者でした。私たちは初めて故郷につくと、祖父と一緒に新しい家に住みました。祖父はいろいろはあめやビスケットなどを買ってくれました。しかし、私たちが食べ過ぎないように、ビスケットの箱やあめの入った箱を高い棚の上において、私たちが届かないようにしてしまいました。ある日、祖父が部屋に入ると、下の弟が台所から砂糖をこっそり盗み出して食べてしまっていました。砂糖が顔中にこびりついて、白いひげがはえた

みたいになっていました。しかし、それでもまだ満足ではなく、まさに背の高い椅子の上に立ってビスケットの筒を引っ掛けようとしていました。祖父はそれを見て、大変驚き、弟が落っこちるのではないかと思って、思わず大声をあげたのでした。聞くところによると、下の弟は振り向いて、顔を赤くすることもなく、息をはずませるなんてこともなく、こう言ったとのことであります：

「おじいちゃん、ビスケットを取って、おじいちゃんに食べてもらおうと思ったんだよ。」

祖父これを聞いたとたん、うれしくてたまらなくなってしまいました。そして、もともと弟をかわいがっていたのですが、この一件以来更にかわいがるようになったのでした。

B. 日訳中

几乎每年都会发生流感。在美国以老年人为主,已有约3万6 000人因此丧命。但正因为流感发生地如此频繁,所以我们对于普通的流感已经或多或少具备了一些抵抗能力。

不过1997年5月危险的H5N1型禽流感袭击了人类。在东南亚潜伏了8年,令1亿4 000万只鸟类(包括为防止感染扩大而被扑杀的鸟类)被扑杀,68人丧命的H5N1型禽流感在2005年进一步扩大了感染范围。先是北边的蒙古和西伯利亚,接着又扩大到西面的乌克兰、克罗地亚和土耳其。

经过无数的细胞分裂和突变之后,H5N1型禽流感已变成一种令人不可思议的杀人病毒。目前虽然只证实禽流感可以由禽类传染给人,但如果变成人传染给人的话,也许它将扩散到全世界。现在没有人对此具有免疫力,以往的那些疫苗对它也无任何效果。而且,令人不惑的是禽流感的致命性相当高。感染者中大半致命。据世界卫生组织推算,最坏的结果就是禽流感的死亡人数可能上升到740万人。

一般的流感病毒是破坏上呼吸道。这样一来,各种病原体就易侵入人体。原本体质较差的患者(老年人和幼儿等)就会并发病毒性肺炎而致死亡。但H5N1型病毒具有直接将对方致死的能力。西班牙流感的病毒是破坏肺深层部位的细胞组织,引起强烈的免疫反应而导致肺部大出血。目前H5N1型病毒被认为和西班牙病毒同属一类型,要是这样的话,连那些年轻力壮的人也不可放松警惕。

H5N1型病毒由人传染给人的明显感染病例一旦被确认,按照WHO的计划该地区将被立即封锁、隔离。全面禁止人和物的进出,学校和商店将被关闭,并禁止集会。当然,虽然由政府决定隔离措施,但居民的积极配合也是必不可少的。

　　在防止感染扩大方面,抗病毒药物也成了有力武器。现阶段口服药达菲和粉状吸入性喷剂瑞乐沙已被确认有效。无论哪种都具有阻止病毒在体内繁殖的作用。一般认为在感染早期服用的话,可以减轻病症并恢复。如果给健康人群进行"预防接种"的话,也许能使禽流感大爆发防患于未然。

　　WHO劝告各国政府储备相当于本国人口十分之一的抗病毒药物。而另一方面许多人四处奔走,个人"囤积"达菲。这种个人储备的行为虽不违法,但有可能会变成和政府抢夺数量有限的药物,而且胡乱服用的话,可能会增强病毒的抗药性。

　　但也有报告称已经出现了达菲对其无效的病毒。现在正流行的病毒是只通过禽类传染给人。真正让人恐惧的是病毒突变后,由人传染给人的时候。病毒的抗原体自身也在变化,所以我们对于现在研制中的疫苗效果不能太过于期待。人们仍旧担心会出现具有强大病原体的新型病毒。

　　这样的话,这将是一场病毒突变的自然力量和与之相抗衡的人类力量之间的较量。

附 录

上海市日语高级口译岗位资格证书
考试大纲（2006年版）

一、考试目的

开设"上海市日语高级口译岗位资格证书"考试目的是为上海地区的国家机关、企事业单位、日资企业、涉外部门考核和遴选能胜任外事接待、外贸洽谈，以及会议交替传译等工作的日语高级口译人才。

二、考试定位

"上海市日语高级口译岗位资格证书"考试是重点测试视译技巧和口译能力的考核。凡获得日语中级口译岗位资格证书和具有同等水平或具有相当于"日语能力考试1级"以上水平的人员，经过必要的培训或训练，均可报考日语高级口译岗位资格考试。获得该证书者均具有良好的日语口语表达能力和日汉语互译能力和技巧。

三、考试项目

本考试是一种测试应试者口译能力的参照性标准化考试，由视译和听译两部分组成。总分为100分。其中视译1. 日译汉20分，2. 汉译日30分；听译1. 日译汉20分，2. 汉译日30分。

四、考试内容和要求

（一）视译

（1）测试要求

要求考生以视译的形式进行口译。语音语调准确,遣词造句贴切,语气表达得当,译文通顺流畅。

(2) 测试题型

要求考生在规定时间内完成篇幅为 300~350 词的日语文章和 150~200 词的汉语文章的口译。

(3) 测试目的

测试考生日汉语互译的综合能力及技巧。

(二) 听译

(1) 测试要求

要求考生以听译的形式进行口译。语音语调准确,遣词造句贴切,语气表达得当,译文通顺流畅。

(2) 测试题型

日译汉:短文 5 段,每段长度为 50~60 词;汉译日:短文 5 段,每段长度为由 40~50 词左右组成,可边听边做笔记。

(3) 测试目的

测试考生日汉语互译的综合能力及技巧。

五、试题选材原则

从生活娱乐、文化教育、社会焦点、风土人情、环境保护、高新技术、经贸商务、时事新闻等题材中选材,内容体现时代的特征。

（视译部分）上海市日语高级口译岗位资格证书考试视译部分文字

上海市日语高级口译岗位资格证书考试

汉语（女声）：上海市日语高级口译岗位资格证书视译部分考试现在开始。

問題一、日語（男声）：次の日本語を中国語に訳しなさい。
　　　準備時間は5～10分、通訳時間は15分で、正確さと流暢さが要求されます。

　　中国が日本に原材料を輸出し、日本から完成品を輸入するという従来の垂直分業の形態は変わりつつあります。対中直接投資によって、中日間の産業内分業と企業内分業が急速に展開され、原材料・部品の相互交換、完成品の相互輸出入という重層的な国際分業形態が形成されつつあります。特に、対中直接投資が活発している繊維・アパレル、機械機器等においては、産業内と企業内の水平分業の拡大により、日系企業間の貿易比率が約50％まで上がったと推定されています。

　　日本の対中直接投資は、資金不足の補填、工業生産の増加、産業構造の高度化、輸出の促進などの面で中国の経済成長へ貢献していますが、円高による生産コスト上昇の克服、海外市場の確保、産業構造調整の円滑化、国内価格体系の再構築などの面で日本経済の発展にも寄与しています。しかし、中国において、技術移転による比較優位の確立、電気通信・自動車産業への進出、多角的投資による相互補完的な生産システムの形成などの面では、日本は明らかに欧米諸国より立ち遅れています。

　　中国の経済成長を脅威と受け止めるのではなく、中日経済交流を深めるプラスの要素と認識することはグローバリゼーションに当てはまる思考であります。特に、中国のWTO加盟は両国の経済交流に新しいフロンティアを切り開くことになります。

　　まず、関税引き下げと非関税障壁の撤廃により、中日のビジネス・チャンス

が一層拡大されます。この過程において、日本は他の国・地域と比べ、最大の受益国になります。日本の対中輸出商品は中国のWTO加盟による関税・非関税撤廃の対象品目に集中しています。そのうち、対日関税引下げ幅の順は輸送機械（－52.01ポイント）、電気機械（－31.17ポイント）、一般機械（－13.85ポイント）で、それにより、日本の対中貿易収支がいっそう改善されます。

問題二、日語（男声）：次の中国語を日本語に訳しなさい。
　　　準備時間は5～10分、通訳時間は20分で、正確さと流暢さが要求されます。

　　上海在迈向国际化大都市的进程中，每天都发生着巨大的变化。人们的文化娱乐也随之发生着变化。如今，喝喝咖啡，泡泡吧，已成为上海人生活的一部分。
　　上海的街头露天咖啡座现在已成为了一道亮丽的风景线。因此，有时会给路人一种错觉，自己似乎是走在法国巴黎的街头。因为，咖啡馆文化渊源于法国——欧洲一个浪漫的国度。
　　在上海，随着外籍人士增加，咖啡馆也如雨后春笋般的出现在上海街头。各国的咖啡连锁店也竞相落户上海。无论是公司员工还是观光游客，都把这些具有中国风情的咖啡馆当作休闲的好去处。
　　时至今日，咖啡已经成为世界贸易量最大的商品之一，仅次于石油。咖啡中溶入了深厚的历史与文化韵味，从某种意义上说，喝咖啡不仅仅是品尝一杯咖啡，更可以从中了解到咖啡所赐予的文化精神。
　　中国人一贯爱茶，茶的凝重和沉重塑造了茶文化的魅力。相比之下，咖啡的感觉似乎要淡得多，可它讲究的是一种感觉，它是心境、气氛和美味的完美组合。
　　咖啡走过了500年的历史，对现代的年轻人而言，它的许多惊险有趣的经历已经成为过去，人们更多关心的是它的口味、效用和气氛。清晨起床后喝一杯醒脑，白天工作时喝一口提神，晚上休息时品一壶回味无穷。
　　不管是与知己小聚，还是与生意场中人"谈判"；不管是与恋人沉迷爱河，还是与家人共享天伦，咖啡馆都是一个绝妙的场合。它能缩短人与人之间的距离，提升人的品位，让温馨和舒适围绕四周。
　　因此，如今咖啡不仅仅是人们喜爱的饮料，或许可以称之为文化多元化的结晶。

(听译部分)上海市日语高级口译岗位资格
证书考试口译部分录音文字

問題三、日語(男声):次の日本語を中国語に訳しなさい。五問からなっています。でははじめます。

1. ヨーロッパの歴史は、一面において、戦争の歴史と言っても過言ではありません。しかし、EUはこれまで、苦難の末に、様々な障壁を乗り越え、経済統合の最終段階である通貨統合を果たしました。
2. 環境保護の流れの下で、企業は法令を満たしてさえいればいいというわけにはいかなくなりました。国際的に現在推進されているISO14000シリーズの認証は、まさに環境保護の責任を果たすように企業に求めたものであります。今、この認証を取得するために、各社が努力しています。
3. 日本には「一事万事」という諺があります。これは一つの事柄を見れば、他の全てを推し量ることができるということの喩えです。即ち、商務訪問という一つのことを通じて、当事者の人柄や能力など、全て窺うことができるから、「小事も大事」という諺のように、ちょっとした小さなことでも疎かにしてはいけません。
4. 日本はビジネス分野で昔からビジネスマンを戒める諺があります。これは「商いは牛のよだれ」という諺です。即ち、ビジネスは牛のよだれが垂れるように細く長いもので、根気よく努力しなければよいビジネス成績がとれないという戒めです。
5. 近ごろ、日本の多く場所が、突然男子立ち入り禁止区域となっています。女性消費者を対象とした各種施設やサービスなどが相次いで登場していますが、このことから日本の女性が男性の目の入らないところで自分の世界を持ちたいと願っていることが分かります。この種の女性専用エリアは、電車から永遠の落ち着き先——墓地に至るまで、すべてそろっています。

問題四、日語(男声):次の中国語を日本語に訳しなさい。五問からなっています。でははじめます。

1. 以历史为鉴,就是要认真吸取中日关系中的历史教训,前事不忘,后事之师,

坚持走中日友好的正确道路;面向未来,就是要以中日友好的大局为重,注视现实,着眼未来,推动中日关系不断向前发展。
2. 社工不是义工,他们不是利用业余时间为人做好事,今天扶盲人过马路,明天帮孤老擦窗户,而是以理性化、职业化专业人员的身份帮助他人。例如,协助政府做青少年教育工作,照顾老人,为失业人员介绍工作等等。
3. 全球气候变暖会使冰川溶化,海平面升高,侵蚀沿海地区,引起海水沿河道倒灌。据推测,如果海平面上升 1 米,位于尼罗河的埃及就会有约 500 万人的生活受到影响,一些珊瑚岛国也会随着海平面的上升处于全岛覆没的危险之中。
4. 日商投资上海的动机大致有两点,一是扩大中国市场。因为上海是中国最大的经济中心,其产品有良好信誉,通过上海可以辐射全国。二是以低成本的竞争优势,将商品返销本国或是进入第三国。
5. 礼貌语言是出自对人的尊重和关心,不是虚伪,不是纯粹的客套话。只要尊重别人,就不会出口伤人,讲一些无理粗鲁以至蛮横的话。人与人之间应当是互相关心的,从这样的出发点来讲话,不仅会有礼貌,而且使人感到真挚,感到温暖。

上海市日语高级口译岗位资格证书考试
视译部分参考译文

问题一

　　中国原有的向日本出口原材料、从日本进口成品的垂直分工形态正在发生变化。由对华直接投资形成的中日间产业内及企业内的分工迅速发展,原材料、零部件的互换,成品的双向进出口,这种多层次的国际分工形态正在形成。尤其是在对华直接投资迅速增长的纺织、服装和机械等领域,产业内和企业内的水平分工不断深化,预计日本企业间的贸易比率高达约50%。

　　日本的对华直接投资,在填补资金的空缺、增加工业生产、提升产业结构的层次、促进出口等方面,对中国的经济发展起着很大的作用。另一方面,日本对华直接投资为日本在克服日元升值导致的生产成本上升、确保海外市场、顺利推进产业结构调整以及重建国内价格体系等方面,对日本经济的发展也作出了贡献。但是,在中国,在通过技术转让确立互比优势、通过打入电器通讯及汽车产业进行多元化投资,形成互补性生产体系等方面,日本明显落后于欧美国家。

　　不是把中国的经济增长当作威胁,而是把它看作是加深中日经济交流的有利因素,这才是符合经济全球化发展的思维。尤其是中国的入世,将为两国的经济交流开创新的天地。

　　首先,关税减让和非关税壁垒的取消,将进一步扩大中日间的商机。在这过程中,日本将是最大的受益者。日本对中国的出口商品集中在中国入世承诺的减让关税及取消非关税壁垒的商品类别中,其中对日关税减让的顺序是:运输机械(−52.01个百分点)、电气机械(−31.17个百分点)、一般机械(−13.85个百分点)。由此,日本对华贸易收支将得到进一步的改善。

問題二

　　上海は、国際的大都会を目指して邁進する中で、日々大きな変化を見せています。それによって、人々のレジャーに関するあり方の認識にも変化が見られるようになりました。今では、コーヒーを飲んだり、バーでくつろいだりするということも上海市民の生活の一部分になっています。

　　今では、上海のテラス喫茶店も上海の新しい風物になっているとも言えます、ですから、上海の街を歩いていると、時々パリの街頭を散策しているよう

な錯覚に陥ることさえあります。何故なら、喫茶店はロマンチックなパリにその源があるからです。

　上海で働く外国人が増えるにつれて、喫茶店やコーヒーショップのチェーン店なども雨後の筍のように上海の街頭に現れてきました。それらのエキゾチックな店は、いまや上海の会社員や外国の観光客たちにとって最もふさわしい憩いの場所になっています。

　今日、コーヒーは、貿易取引においては、石油に次ぐ商品になってきています。コーヒーには、深みのある歴史と文化の趣が溶け込んでいるので、ある意味では、コーヒーを飲むということは、ただ一杯のコーヒーを飲むにとどまらず、その中から、更にコーヒーが与えてくれるエスプリのようなものをも理解することができると言えます。

　中国人はお茶をこよなく愛好してきました、ですから、お茶の奥深さや重厚さは、確かに茶文化の魅力をつくりました、それに比べて、コーヒーは何か淡い感じを人々に与えますが、人々にある種の感覚、つまり気持ちや雰囲気、そして美味さのパーフェクトな融合を求めます。

　コーヒーは500年もの歴史を持っています、現代の若者にとっては、コーヒーをめぐる数々の面白くてスリリングな探検物語はもはや過去のものになりました。人々は、むしろコーヒーの味、効能と雰囲気に関心を示します。朝起きてコーヒーを一杯飲むと、頭をすっきりさせ、仕事の時も、一杯飲むとしゃっきりとし、夜のくつろぎの時の一杯も味わい深いものになります。

　いずれにせよ、友人とちょっと会う時、あるいは取引での話し合いの時、更に恋人との愛の語らいのひと時、もしくは家族とのくつろぎの時など、喫茶店はもってこいの場所です、それは人と人との距離を縮めることができるだけでなく、人々のステータスをグレードアップすることもでき、更にある種のぬくもりやリラックスした雰囲気をまわりに漂わせることもできます。

　従って、今では、コーヒーはただ単に嗜好品としての飲み物だけではなく、多様化してゆく文化の結晶と言えるかも知れません。

上海市日语高级口译岗位资格证书考试
口译部分参考译文

問題三

1. 欧洲的历史,从某种意义上说就是战争的历史。但是,欧盟在经历了种种苦难之后,克服了重重障碍,实现了经济一体化的最后步骤——货币统一。
2. 在环保的潮流下,企业只要符合法规就行的那一套已经行不通了。现在国际上推行的ISO14000体系的认证正是要求企业更加负起环保的责任。如今,各个公司都在为了取得这一认证而努力。
3. 日语有句谚语叫"一事见万事",比喻通过一件小事可以推断其他所有的事。也就是说,通过商务访问这一件事可以看出当事人的为人和能力。还有一句谚语叫"小事即大事",意思说即使是不起眼的小事也不能马虎对待。
4. 日本在商界有句告诫商人的成语叫"经商恰似牛淌口水"。意思是说做生意要像牛淌口水似地细水长流。如果不耐心努力地去做,便不能取得好的业绩。
5. 日本许多地方突然变成了男士的禁区,以女性消费者为对象的各种设施和服务等相继出台,显示出日本女性希望在男人的眼光之外,能享有自己的一片天地。而这种女性的专属领地,从电车到永远的归宿——坟墓,一应俱全。

問題四

1. 「歴史を鑑とする」とは、すなわち中日関係の歴史的教訓のなかから真摯に学び取るということであり、前の事を忘れることなく、後の戒めとしながら、中日友好の正しい道を確実に歩み続けるということであります。「未来に向かう」とは、中日友好の大局に重きを置き、現実を直視しながら、将来を見据え、中日関係をたえず前向きに発展させるべく推進していくことであります。
2. ソーシャルワーカーはボランティアとは違って、余暇を使って人のために働くというわけではなく、つまり、目の不自由な人の道渡りをお供したり、一人暮らし老人に窓拭きのサービスをしたりすることではありません。理性化、組織化された専門職として人を助ける仕事なのであって、たとえば、政府に替わって、青少年の教育をしたり、お年寄りの世話をしたり、失

業者の再就職斡旋をしたりします。
3. 地球温暖化によって、氷河も溶け始めたり海面も上昇したりします。そして、沿海の陸部も浸食されたり海水も市街に逆流したりするようになります。推測によると、海面が1メートル上がれば、ナイル川の河口に位置するエジプトでは約500万人の生活が影響されます。海面上昇によって全島が沈没される危険に陥っているサンゴの島もあります。
4. 日本企業の上海進出には理由が二つあります。一点目は中国市場を拡大することです。上海は中国で最も大きい経済都市で、上海を通じて評価の良い製品を中国全土に広げることができます。二点目は低コストの競争力で製品を自国または第三国へ輸出することです。
5. 礼儀正しい言葉は、人への尊重と思いやりに根ざすものであって、虚偽や通りいっぺんの挨拶ではありません。他人を尊重するなら、道理や教養のない、更には粗暴な言葉で、人を傷つけるはずがありません。人は互いに思いやりを持つべきという点から出発すれば、話し方が礼儀正しいだけでなく、相手にまじめさと暖かさを感じさせることができます。

参考书目

《口译理论概述》 鲍刚 2005年 中国对外翻译出版公司
《口译的技术》 小松达也 2005年 研究社

例句出自：

《中国语》 中国语友の会编集 90年第10期、03年第1期、03年第2期、03年第3期、03年第6期、03年第7期、03年第8期、03年第9期、03年第10期、03年第11期、03年第12期、04年第1期、04年第2期、04年第3期

《日语新干线》

共同社新闻

《日语口语》 许慈惠 上海外语教育出版社
《同声传译》 周殿清编著 2004年 大连理工大学出版社
《读听新闻日语》 片山朝雄 2000年 大连理工大学出版社
《新编日语阅读文选》 季林根、陆静华 2003年 上海外语教育出版社
《口语口译实务》
《中日英三语对照国际营销管理综合文例》 伍毅敏 2003年 汕头大学出版社
《中日英三语对照企业经营管理综合文例》 陈多友 2003年 汕头大学出版社
《日语课外阅读精编上 伊索寓言》 莊野晴己 史美芳 宫副裕子 1998年 世界图书出版公司
《にっぽにあ》 2004年 No.31 2003No.24 2003No.27

平凡社

《商务日语会话与修养》 安田贺计 2006年 学林出版社

《日本商务礼仪》 安田贺计 2006年 学林出版社

《「自分の木」の下で》 大江健三郎 2002年 朝日新闻社

《在自己的树下》 大江健三郎 秦岚、刘晓峰译 2004年 南海出版公司

《现代日语语法大全》 战宪斌 大连理工大学出版社

《実戦ビシネス中国語会話》 塚本慶一 1999年 白水社等